北京市社科基金课题“首都高校支持学校改进20年研究”(18JYB017)研究成果
大学支持学校变革实践研究丛书
丛书主编：杨朝晖

这里的改进静悄悄

——基于伙伴合作学校自主发展十年探索

杨朝晖　林春腾　主编

首都师范大学出版社
CAPITAL NORMAL UNIVERSITY PRESS

图书在版编目(CIP)数据

这里的改进静悄悄：基于伙伴合作学校自主发展十年探索/杨朝晖，林春腾主编. —北京：首都师范大学出版社，2022.12

(大学支持学校变革实践研究丛书)

ISBN 978-7-5656-7320-7

Ⅰ.①这… Ⅱ.①杨… ②林… Ⅲ.①高等学校—学校管理—研究—中国 Ⅳ.①G647

中国版本图书馆 CIP 数据核字(2022)第 228854 号

ZHELI DE GAIJIN JINGQIAOQIAO

这里的改进静悄悄

——基于伙伴合作学校自主发展十年探索

杨朝晖 林春腾 主编

丛书策划 王兰玉

责任编辑 王兰玉

首都师范大学出版社出版发行

地 址 北京西三环北路 105 号

邮 编 100048

电 话 68418523(总编室) 68982468(发行部)

网 址 http://cnupn.cnu.edu.cn

印 刷 北京印刷集团有限责任公司

经 销 全国新华书店

版 次 2022 年 12 月第 1 版

印 次 2022 年 12 月第 1 次印刷

开 本 710mm×1000mm 1/16

印 张 16.75

字 数 292 千

定 价 49.00 元

序

实现学校的内涵发展与品质提升，既是每一位校长的职业追求，也是教师、学生和家长的由衷期许。但是，在许多学校的办学实践中，这一愿景往往因学校自身能力与运行制度的局限而难以实现。其中，校长及管理团队的管理能力与领导力水平往往决定着一所学校的运行效能。

作为北京市基础教育发展重要支撑的首都师范大学，受北京市教委委托，以促进校长领导力建设与学校改进为己任，派出大学骨干研究人员，深度介入基层学校开展长期实践，致力于探索如何以有效的外部专业支持方式，助力校长领导力提升与学校内涵发展。通过20多年探索，走出了一条以系统优化学校生态、激发学校发展潜能为特色的变革之路，并由此形成了以“大学—区域—学校”（UDS）合作共同体为基础，以学校自主内生能力建设为主线，以日常文化改进与效能提升为核心目标，统筹大学、地方和学校三方优势，促进学校变革与合作共赢发展的特有经验。

首都师范大学杨朝晖教授全程参与了上述探索，并在实践能力及学术研究两个方面取得了丰硕成果。自2010年开始，她应北京市西城区教委邀请，与西城区教育科学研究院携手，以西城区育翔小学、三里河第三小学等13所学校为对象，开展了长达10年的合作。本书《这里的改进静悄悄——基于伙伴合作学校自主发展十年探索》所展现的，正是杨朝晖教授带领团队在伙伴协作与学校改进领域的又一项实践创新的真实记录与研究成果。

这项成果从不同侧面揭示出推动学校变革的整体性、深入性、开放性与有效性，对于指导解决具有高度复杂性和系统性的学校教育问题具有很好的启示和借鉴意义，为更多学校开展变革提供了新的思路、新的路径和新的方法。这些创新主要体现在以下几方面。

一是转变了以单一变革要素提升学校办学水平与质量的思路，转而以UDS合作促进学校自主发展，以生态优化方式创生了内外互动、整体有机、激活学校内在发展动能的机制，推进了学校的整体发展和质量提升。

二是转变了以教师作为发展和变革重心的常规思路，转而从干部团队的行政文化变革和领导力建设入手，从自上而下启动变革，提出“学校发展从我做起，从计划开始”“改进在日常”等理念，并借助“三微行动”“三划建设”“三会变革”“三文能力”等一系列具体措施，将干部、教师、学生三个主体相互嵌套发展，从而抓住了学校变革与可持续发展的根本。

三是转变了以单一外部力量驱动学校发展的思路，转而致力于创建学校自主内生发展机制，充分尊重学校主体地位，发挥学校自身潜能优势，从学校日常可控、可改进的质量保障关键性因素入手，聚焦学校日常文化变革，从而解决了学校可持续发展的动力问题。

四是转变了以行政化思维解决问题方式，转而以“大家一起做”的反思性实践路径，构建平等对话、主体承责的共同体文化，实现了外部支持整体、深入、持续的方式转型。

总之，这项成果为我们呈现了首都师范大学如何运用学校变革理念与策略同地方教育行政部门和基层学校开展多赢的实践过程、有效策略及实践成果。此成果由各个合作单位共同完成，也显示出“实践出真知”“协同共发展”的教育研究服务学校发展的基本规律。他们专注于学校发展的教育初心和职业精神，都是值得大力弘扬的。

在此，我愿意向杨朝晖教授及其合作团队表示由衷敬意！由衷期待更多同志能够从这项实践创新及研究成果中汲取促进学校变革发展的力量。

中国教育学会学术委员会副主任委员

2022 年 6 月 24 日

目　录

致力于变革，改进静悄悄

——探索基于伙伴合作的学校自主发展之路

首都师范大学　杨朝晖

2020年，西城项目四期在科研月的项目经验推介中落下帷幕。从2010年项目一期启动到2020年四期结束，回首项目十年发展历程，我不禁感慨万千，2010年启动的情景仿佛就在昨天。

一、真诚邀约，开启一段人生新旅程

记得2010年5月，我收到了赵蓬欣主任的电话邀请，希望我帮西城做两所学校改进的工作。我当时非常犹豫，因为那时我母亲已经病重三年，一周三次透析已经压得我喘不上气来，女儿即将要上一年级，而我在北京大学还未完成博士学业；工作上，除每周下校一天，到顺义一所农村学校做改进工作以外，我还承担着大学的教学工作，实在觉得分身乏术，力不从心。其实就在同一周，我也刚刚婉拒了海淀区主管小学教育张凤华主任的邀请，理由是一样的。

放下蓬欣主任的电话，我的心情异常矛盾。因为此时我已经完成了北京市教委专项“全面提升北京市初中教育质量研究”“高校支持北京市初中教育质量提升”两大工程项目，正在参加顺义区优质学校建设项目，积累了一定的实践改进经验，特别是到香港学习了一年，研究总结了伙伴协作与学校改进的全国经验，正想在一个新的平台上加以运用施展。然而，现实又是如此残酷，我好像被生活的层层枷锁捆绑着，心有余而力不足。

然而，蓬欣主任的热情与恳切让人有一种无法抵挡的力量，我还是受邀走进了三里河第三小学——这所曾经辉煌过的老牌名校。随着一路参观学校的校园文化，听蓬欣主任和刚刚上任不久的邢校长对这所学校的介绍，我还是不免有一种跃跃欲试的冲动。这所学校太需要前进动力了，它确实在很多方面已经落伍，需要加以改进，如果此时有外力助推一下，也许会有所改观。看着蓬欣主任和校长们恳切的目光，我的心动摇了。

要么不做，要做就一定把它做好！我暗自下决心，而且和海淀一起联

合做！

二、继承发展，开启伙伴协作新探索

然而，怎么做？谁来做？从哪里开始做？一连串的实践难题摆在我面前。在首都师范大学首都基础教育发展研究院领导的大力支持下，我迅速组建了由大学人员和退休优秀校长组成的大学项目团队，共同研究项目的需求、特点和项目实施方案。

经过认真研究，我们确定了项目的名称是"基于 UDS 合作下的学校自主发展共同体建设项目"。之所以起这样一个名称，是基于我们自身多年学校改进经验的积累、我们对学校改进性质以及中国本土化特征的认真思考。这里包含了三个主题词。

首先，基于 UDS 合作。这是把 UDS 合作作为项目实施开展的基本前提条件来认识的。所谓"UDS"是大学、区域和学校的英文首个字母的组合，"U"是指大学（University），"D"指区域（District），"S"指学校（School）。采用"UDS"称谓目的主要是简便，其表达的核心的内容就是"合作"二字。

在我参与的以往项目运作中，大学、学校与区域的关系是接受与执行的关系，地方行政部门更多的是扮演项目委托者、经费提供者以及项目绩效检查者的角色。在这样的关系中，大学与区域和学校的三方地位是不平等的，大学往往是按照地方教委的委托加以被动执行，学校处于被动接受改进的地位。而本项目我们强调合作就在于要改变原有的这种相互关系，建立一种彼此平等、相互尊重、各自承责、共赢共生的合作新文化，最终实现共同发展。

有关"合作"的理念，源于西方国家尤其是英美自 20 世纪七八十年代以来兴起的伙伴协作与学校改进运动。然而，西方的合作更多强调 US 合作，因为在西方，政府是不直接干预教育的。但是，在中国大陆的体制下，地方政府则扮演了非常重要的角色。可以说，没有地方行政力量的领导与介入，无论是"U"还是"S"都很难有所作为。这也是我们之前开展的伙伴协作与学校改进中获得的最真切的体会。由此，在与顺义区的伙伴协作学校改进中，我们成功进行了 UDS 合作的探索，并取得了非常好的实践成效。由此，我们也非常希望这一成功经验能在这一项目中得到继续运用，并加以丰富和发展。

其次，我们特别强调"学校自主发展"。这里包含了两层含义。其一，我们的变革主体单位是学校而不是个人；其二，我们学校改进是立足于学校的自主发展，而不是依靠外力的发展，也就是立足于“造血”而不是“输血”。这也是基于我们前期项目运作的教训得出的经验。在以往的思路下，大学发挥专业引领的主要方式是开展针对不同人群主体的培训，抑或到学校进行讲座。实践证明，这样的方式难以形成持续跟进，不同人员主体回归学校的变革合力、学以致用的效果不显著。同时，在原有的文化下，学校往往是被动接受上级的要求而被指派加入项目的，这样就存在学校不是发自内心想要改变的状况。即使学校想改变，也往往寄希望于依靠专家的指导，将自己置于弱势被帮扶的地位，因而缺少自我改进的动力与行动。这些教训都让我们认识到，无论是“U”还是“D”，终究是学校发展的外部促进力量，而学校才是教育变革的真正主体力量。学校改进要想发挥实效，就必须走以校为本的发展道路，激发学校作为变革主体的自觉性与主动性。只有这样，才能创生出学校发展的内在活力与可持续发展动能。

再次，我们强调“共同体建设”。这里的共同体建设包含了三个层面的含义。1. UDS 三方合作共同体的建设。作为一种由三个位置、三种身份、三种文化构成的以合作为基础的共同体，要改变原有的文化习惯并不是轻而易举、一蹴而就的，它不仅需要合作的机制，更需要持续不断地自我反思与并肩作战形成的相互理解、情谊和互补支撑。2. 项目学校之间组成的共同体建设。由于项目学校来自不同的区域，每所学校不仅带有各自的校本特征，同时也带有鲜明的区域特征，虽都想把学校办好，但也需要机制与文化，把大家凝聚、联结起来，形成共同的理念、共同的目标、共同的文化，实现在相互参看中学习，在相互学习中自主提升。3. 以校长为核心的学校领导团队共同体建设。以往的学校领导力建设往往是“单子化”建设思路。所谓“单子化”建设就是以某个人员身份角色为划分依据，进行的脱产或半脱产学习。这种建设思路导致各受训主体虽然都各自获得了或多或少的发展，但是在回归学校后、在真实复杂情景中难以形成理念一致、思路一致的学校整体发展。因此，我们需要改变传统的建设思路，构建起校长与中层领导团队、学校领导团队与学校教师的发展共同体，实现立足岗位的学校组织生态整体改进与人的整体发展。

以上这三个主题词，既是我们项目的指导思想，也是项目的发展目标。在此指引下，我们形成了如下建设思路与项目操作模式与特色。

(一)自上而下，启动变革

不言而喻，领导者对于学校文化的形成起着重要的作用。不同的领导风格、管理方式会形成不同的学校氛围以及学校成员之间的相互关系，尤其是领导者团队秉承的教育信念、思维假定、教师观念、思维方式、工作习惯等，对学校的整体发展和文化建设起着至关重要的作用。因此，在推进学校变革中，我们首先从管理团队入手，聚焦于领导团队的整体建设，自上而下启动变革。为此，我们提出“成事、成人、成己”三位一体的干部领导团队发展目标。

所谓“成事”是指提升干部作为学校组织运行环境营造者和执行者的工作效能，包括提升日常计划制订与执行的能力、活动策划与组织的能力、工作总结与反思的能力等，以优化日常的组织方式、工作流程、管理习惯等。

所谓“成人”是指提升干部作为校本教师领导者的身份角色意识的认知与能力提升，包括优化学校现有提升教师的日常发展途径与做法，如校本培养的规划与落实、参与式校本培训的策划与组织、以行动研究深化校本教研等。

所谓“成己”是指在成就他人、成功工作的过程中，也实现自我的发展，实现内在的心灵成长与工作价值、意义感的获得。

在此过程中，项目组提出“三会文化变革”(行政例会、教师会、家长会)，“三文能力提升”(总结、案例、简报)，“三划能力建设”(规划、计划、策划)，以此促进干部“成事、成人、成己”三位一体的发展。

(二)聚焦结构，优化过程

管理学结构理论认为，结构决定组织功能。只有组织的结构合理，组织的功能才能达到最完全的发挥。因为学校组织结构规定了组织内部的职权和责任的界限，确定了学校中的信息沟通渠道和沟通方式，确立了各专业教师间的活动方式，确立了学校中的有效资源的分配。所以学校的日常运行结构会影响学校的效能和文化。

那么，怎样才能干预和改进学校日常发展的运行结构，促进学校的整体优化呢？在此，我们借鉴了对过程进行改进的结构性方法——“休哈特循环”，即计划(plan)—行动(do)—检查(check)—改进(act)—再循环(PDCA 循环)，并将行动研究的理念与思路嵌入学校的组织发展脉络，提出“教育发展因规划而长远，学校工作因计划而扎实，校园生活因策划而精彩”的理念，努力提升学校理性办学能力，建立发展的目标意识；通过“制订、执行、总结”三个环节的优化与创新，促使学校建立起自主发展的闭环机制；通过“三划能力”(规划、计划、策划)建设，帮助学校形成从宏观到微观、从整体到局部的各个大小齿轮持续自主发展和运作的良好机制。

(三)笃行于微，改进在日常

叶澜教授曾这样来描述基础教育改革之艰：已有的教学理论传统之长，深入实践主根之深，形成的硬壳之坚，传习的可接受性之强，都使今日教学改革面临着强劲的真实“对手”。教学改革要改变的不仅是传统的教学理论，还要改变千百万教师的观念，改变他们每天都在进行着的、习以为常的教学行为，这几乎等于要改变教师习惯了的生活方式，其艰巨性就不言而喻了。①

为什么教育的变革如此之艰，如此之难？因为我们的变革不仅遇到了来自社会政治、经济、文化等外界制约，更遇到了来自教育自身文化的阻碍。的确，我们在改革中遇到的真正的难题和挑战，不是课程的加加减减，教材的修修改改；而是我们习以为常的日常生活方式，是来自教育者自身文化的阻碍。

早有学者对我们的日常生活进行了研究与批判。他们认为，所谓日常生活是我们须臾不可分离的活动世界。它往往是一个凭借重复性实践和重复性思维而运行，以传统习俗、经验、常识等经验主义因素为基本图式，以生存本能、血缘关系、天然情感等自然主义因素为立根基础的自在的和未分化的领域。② 也许初看起来，日常生活有着微不足道的卑微外观，这也正是人们经常轻视它的原因。然而，日常生活通过家庭、教育、社会示范、模仿类比等方式，自发地渗透到一代又一代日常生活的主体之中，成为直接左右人的活动的“生活的样法”，即自在的文化因素。于是，日常生活的自在性、自发性与传统文化的惰性、保守性达到了契合。重复性和自在性的日常生活为具有稳固性和惰性的传统文化因素提供了根基和寓所，而传统文化的稳定性和保守性反过来进一步加强了日常生活的重复性和自在性。③

因此，有的学者认为，日常生活的转型是现代现象最直观、最具特色的形态表现，也是文化的内在动力机制。中国现代化所期待的文化转型任务如要落到实处，就应当是对日常生活进行批判与重建。而这一重建的核心就是人自身的现代化。即在经历日常生活批判与重建的过程中，使人从自在、自发的存在状态，向自由、自觉的存在状态跃升。④

---

① 叶澜．让课堂焕发生命的活力[J]．教育参考，1997(4)：7.

② 李小娟．走向中国的日常生活批判[M]．北京：人民出版社，2005：84.

③ 衣俊卿．现代化与日常生活批判——人自身现代化的文化透视[M]．北京：人民出版社，2005：4.

④ 同上。

由此看来，如果我们不能对日常生活加以批判和突破，教育的变革只会停留在表层，而不能引发文化的真正变革。那么，学校的日常生活存在于哪里？它存在于每天习以为常的时空和例行化的事物之中。为此，我们提出“顺势而为”“改进在日常”的发展理念。学校日常的作息、节奏、流程、节日、典礼、仪式、活动、会议、班级、科组等都是我们进行日常文化变革的对象和作用空间。

我们深知，学校日常文化的改进不但是长期性的、艰巨的、无止境的，而且又必须是渐进的、持续不断的、目标明晰的。所以，我们致力于“三微行动”(微改进、微研究、微创新)，依托一些小而实的载体和抓手，通过行动研究和反思性学研文化的建立，聚焦习以为常，关注熟视无睹，以触碰日常文化的深层内核，实现发展的迭代螺旋式上升，学校师生日常生活与发展空间的重构与优化。

在此过程中，我们对领导者团队开展了“在相互参看中学习，在自我反思中成长”“在行动研究中发展前行”“再学行动研究”“让工作因策划而精彩”“今年我们这样做总结”等主题工作坊研修，开展了“让故事在校园流传”的教育叙事案例培训和案例评比，以帮助干部“学会在熟视无睹中发现问题，学会在习以为常中反思定式，学会在彼此参看中系统思考，学会在言说表达中明晰自我，学会在交流碰撞中获取思路”。我们相信，“量的积累会带来质的飞跃”。

(四)促进自主，伴飞引领

鸡蛋由外打破是死亡，由内打破是新生。真正的文化变革必须要建立在学校内部主体意识的觉醒与生命力的勃发之上。

我们认为，学校是教育系统的基本组织单位，是一个自组织系统。每一所学校都是不一样的，每一所学校都有能力认识和改进自己的问题。因此，我们提出“以校为本，主体承责”，即充分尊重学校的主体地位，充分调动学校领导、教师、学生的主体积极性和责任意识，充分认识和尊重学校原有经验的价值与基础，帮助学校挖掘自身的发展潜力，依据自身的现实条件，解决自身的特有问题，实现学校的自主发展。

但是，由于我们所致力于改变的日常文化具有异常坚固的保守性和稳定性，学校内部成员对此常常处于熟视无睹之中，很难进行自我问题发现，进而自己从内打破和改变，因此，学校就需要借助外力，撬动变革，引入“鲇鱼”，产生鲇鱼效应。

我们的实践证明，作为外部力量的介入者——大学人员和地方行政人员共同以合作的方式介入学校发展的变革，不仅是必要的，而且是有效的。我们很好地扮演了“鲇鱼”的角色。

在介入学校实践变革的过程中，大学项目团队始终以智力、道德、情感三位一体的能量聚集，作为我们的立身之本和推动变革的基本力量，坚守如下的工作理念：“尊重主体，顺势而为”“站在身后，不替代”“做推手不做枪手”“帮忙而不添乱”。

在这样的理念之下，我们首先全面沉浸了解已有文化，帮助学校找到变革的突破口。在项目启动初期，我们对学校开展了全面的文化诊断。而项目所采取的沉浸式校本支持方式则显示出了特有的功能魅力。通过持续的深入现场观察和感受，我们了解和诊断出了影响学校发展的学校文化中存在的深层主要问题，并帮助学校制定出有针对性的发展策略。校本支持专家与学校开展的持续的“日常性互动研讨”、“追问式”互动，成为我们发挥外来专业人员“鲇鱼”角色、帮助学校人员破解原有的思维观念和思维方式的主要策略。

在日常互动中，我们倡导“关注效率，更关注价值；关注眼前，更关注未来；关注结果，更关注过程”的学校发展价值理念；在学校发展目的上，我们主张“回归原点，守正固本”“尊重规律，回归本真”，努力创建一种“自主而多彩的校园生活”，让学校成为真正“被称作学校”的地方；在思维方式上，我们引导干部“从关注事到关注人，从被动应对到自主创造，从单向思维到系统思考，从关注技术到关注状态”；在行为习惯上，我们倡导“变要求监督为搭台引领，变布置检查为参与策划，变宏观要求为具体帮助，变问责批评为欣赏倾听，变居高临下为平等尊重，变被动执行为主动创造，变前台演员为后台导演，变盲目行动为理性工作，变有始无终为持续跟进”，形成以“计划、策划、总结、再跟进”为特征的闭环工作方式和以“质疑、对话、反思”为特征的研究工作习惯。

(五)发挥合力，催生变革

我们认为，在中国现有的文化与组织架构下，要撬动学校变革，必须多主体参与形成合力才能使变革卓有成效。为此，我们提出“UDS合作共同体”的发展理念，并搭建了三个相互支撑、相互补充的外部助推路径与机制，即：UD联动下的共性引领路径、大学团队沉浸式助推的校本支持路径、合作共同体学校间的互动互助路径。共性引领路径的内容包括：校长沙龙、专题论坛、工作坊研修、简报刊发、案例评选、微信群共享等。校本支持路径的内容包括：日常互动、专题咨询、项目视导、活动策划等。互动互助路径的内容包括：校园活动开放与相互参访、自主交流与结对等。此外，我们还建立了大学团队联合校本支援、联席工作会议、假期项目研修、教育叙事案例评比、项目简报播报、项目联系人建设等基本制度，从而形成了“主动”“引动”“互动”“推动”“牵动”“驱动”“促动”“拉动”“联动”等诸多活动方式合力发展效应，发挥出了“自主发展、同伴互助、专业引领、行政助力”四位一体的合力优势，实现了“UDS 合作共同体”的整体成长和学校自主发展的快速提升。

三、笃行深耕，让这里的改变静悄悄

UDS 项目理念和工作机制，营建了一个交流、展示、借鉴和开放的平台，UDS 项目校成为受益者，激活了学校校长和干部自主发展的意识。十年来，我们的项目在一轮又一轮的推进和实践中不断发展、成熟，我们的共同体也在“改进在日常”的文化变革中，悄然无声地发生着一点一点但又是实实在在的变化。

在每一轮的项目推进中，项目校的干部们都多次参加融研修和工作推进于一体的“项目工作坊研修”。他们潜心学习，虚心参看，理性思考，不断改进，将“追求卓越，止于至善”的项目理念深深地根植于心中，不断站在学校发展的高度和学生发展的角度，用身体力行的务实行动，深刻体悟自我改进的魅力。在工作中，他们不断理解、转变着自我工作角色定位，打破传统的工作模式，通过“休哈特循环”——“计划—行动—检查—改进—再循环”——的途径，提升自己的工作效能，学会在智慧工作中悄然“成事”。于是，凝聚着师生智慧的学校发展规划成为学校科学发展的航标；学期计划的制订与引领就成为学校改进的起点和重点；细致、务实的各项策划成为服务师生、提升教育和管理智慧、促进不断改进与发展的重要载体和依托；及时的总结、反思与跟进，使“制订、执行、总结”的闭环机制成为新常态。

在每一轮的项目推进中，都有不少干部学会了领导与管理艺术，在日常工作中默默“成人”。他们通过项目式管理、校本研修的规划与落实、参与式校本培训的策划与组织、教育叙事案例的撰写、行动研究的实践，提升了自己的组织力与领导力。他们努力唤醒每一位教师自主参与和发展的意识，激发每一位教师的发展原动力，无私地为教师发展搭建平台，成就不同层次教师的发展与成长。而在此过程中，他们也自觉“成己”——成就他人成功的过程中，实现自我内在的生长与超越。

在每一轮的项目推进中，一篇篇“改进在日常”的干部案例，折射出项目学校干部工作作风与思维方式的深刻变化。办公室主任面对的各种烦琐报表，认真比对，整合改进，研制出了既方便老师又节省时间的新报表，提高了效益；总务主任从为师生发展服务的角度把后勤工作事事做在前面；为了建设以学生为中心的学校，干部们将活动的策划一改再改……点点滴滴的日常行为改变，汇集起学校思想理念的悄悄改变和整体效能的提升，进而营造了自主承责、团结进取、真抓实干、真诚服务、勇于创新、不断改进的新型文化。如今，“改进在日常”“建设以学生为中心的学校”的理念已经深入人心，“三微行动”(微改进、微研究、微创新)成为新的日常工作状态，“三划”(规划、计划、策划)、“三文”(总结、案例、简报)、“三成”(成人、成事、成己)能力得到提升，“教育发展因规划而长远、学校工作因计划而扎实、校园生活因策划而精彩”的发展愿景得以实现。

在进行项目总结时，项目校的干部们说：“我们的变化是微不足道的，但又是每时每刻都在发生的。‘改进在日常’，改进无处不在，这是我们最深切的体验。改进会带来不适甚至阵痛，但是我们痛并快乐着!”

干部的改变，带来的是教师、学生日常生活的变化。各个项目学校的开学典礼、毕业典礼、国旗下讲话、艺术节、科技节、六一节、毕业季、大课间、小讲坛……一系列的日常教育生活空间都在不知不觉中发生着变化：开学典礼、国旗下的讲话，从传统的说教模式变成学生自己当家做主的生动课堂；家长会、教师大会，从被动听讲、接受训导变成主动参与、互动研讨的开放式会议；社会大课堂从松散游玩的简单活动组织，到有策划、有组织、有研究、有体验的研究性课程；六一儿童节，从只是少数孩子的表演舞台变成所有孩子自己的欢乐“嘉年华”；毕业典礼，从草草收场的简单仪式变成丰富多彩、情趣盎然的系列毕业季课程……

不仅S在发生变化，D的角色作用也在发生着变化。在以往诸多的研究项目中，教委相关部门更多扮演的是保障和监督者的角色。而在UDS合作共同体中，教委相关部门的角色不仅发生了改变，而且还实现了拓展。在我们的项目中，西城区教委与U、S建立起了平等的伙伴关系，并委派林春腾院长共同参与学校发展的研究与探索。林院长积极联系项目组专家对学校进行联合沉浸式指导，深入学校了解具体情况，帮助解决实际问题，努力搭建平台，建立展示交流机制，积极推广辐射项目经验。正是在这种一次次的互动与合作中，他们实现了从委托者、保障者到参与者、研究者，从评价者、监督者到激励者、传播者的角色转变。

作为U方的大学团队，我们自身的改变与发展也极其显著。在此过程中，大学项目团队逐渐形成发展学校的“人本”“校本”理念，形成以系统性、复杂性思维开展学校建设，以“整体改进”提升学校教育质量的思想，形成了学校日常文化变革与特色发展，校长、干部团队建设与校本教师发展等诸多领域的学校改进经验，积累生成“立足校本的校长专业发展”“中层干部团队建设”“学校自主发展的共同体建设”“教师做行动研究”“学校发展从计划开始”“学会做总结”“平稳度过一年级”“以教育叙事促进教师发展”等多项主题的实践性知识。

在方法路径上，我们以组建合作实践研究共同体开展行动研究作为主要推动机制，同时更加注重个体支持与团队支持、学校个体发展与群体发展的有机结合，初步形成“大学支持学校群体发展模式”和“沉浸式校本支持学校个体发展模式”，创造了具有实质内涵和运作过程的 UDS 三方合作机制，提升了师范大学服务功能与机制创新，扩大了大学的社会影响力。项目团队连续多年在“全国伙伴协作与学校改进研讨会”上进行专场成果展示。我们的实践成果还成为教育部人文社科课题“以‘UDS 合作实践共同体’为孵化器，促进教育学知识创生与实践转化的行动研究”(批准号：11YJA880134)的实践研究成果。

四、收获果实，让变革的种子再传播

十年来所取得的实实在在的成果证明：学校日常生活文化是可以改变的。这种改变虽然是缓慢萌生的、潜移默化的，却是水到渠成、自然花开的。我们实现了静悄悄的革命。

为了更好地传播项目的发展理念和学校自主发展经验，我们及时总结一期项目成果经验，出版了“学校日常变革自主发展叙事”丛书。陶西平先生对我们的成果给予了高度肯定，并欣然作序。他在序言中写道：

纵观这一成果，我觉得有几个突出的特点：

第一，学校实践改进探索的内容聚焦学校的日常文化变革和自主发展，具有学校变革的深刻性和务实性。

长期以来，中国的基础教育改革总是停留在课程的加加减减、教材的修修改改以及教学技术和模式的建构，而没有关注到来自教育者自身日常文化的阻碍。而该研究抓住日常生活转型——这一现代现象最直观、最具特色的形态表现，对日常生活进行批判与重建，鲜明地提出“改进在日常”的学校改进理念，并依托一些小而实的载体和抓手，通过行动研究范式下的“三微行动”和以“质疑、对话、反思”为特征的反思性学研文化的建立，聚焦习以为常，关注熟视无睹，触碰日常文化的深层内核，重构与优化了学校师生日常生活空间和文化变革，从而将中国现代化所期待的文化转型任务落到了实处。因此，这一探索是非常具有前瞻性和深刻性的。

第二，这是一个非常务实的探索，成果具有可推广性。

这种务实不仅体现在“尊重规律，回归本真”指导思想上，更体现在“改进在日常”的操作性和适切性上。校校可以改进，人人可以改进，处处可以改进，时时可以改进。这不仅激发了教育工作者不断审视自我、寻求改变的向善愿望，更唤醒了每一个教育工作者自身的主体意识，激活了日常生活的新鲜感，激发了每一个主体的创新潜能，形成了在自身现有环境空间内的行动力，实现在学校教育各个空间的微改进、微创新，从而为学生造就了新的文化成长环境。因此，这一成果具有很强的推广性，适合于所有学校的自我变革。

第三，符合时代发展的要求，体现了教育改革发展的方向，探索具有前瞻性。

新课程改革以来，非常强调和重视学校的主体地位和主体能动性的发挥。在十八大的文件中，也明确提出教育要进行整体综合改革，要进行“管、办、评”分离的探索，强调开展学校治理与协同创新。而本成果以整体、有机、复杂的思维方式，以 UDS 合作共同体为依托，从行政文化变革入手，聚焦于学校领导团队的整体建设，充分依靠组织的结构和系统，自上而下启动变革。通过借鉴对过程进行改进的结构性方法——“休哈特循环”。即计划（plan）—行动（do）—检查（check）—改进（act）—再循环（PDCA 循环），提出“学校因规划而长远，工作因计划而扎实，生活因策划而精彩”的理念，通过“三划能力”建设，通过“制订、执行、总结”三个环节的优化与创新，促使学校建立起自主发展的闭环机制，帮助学校形成从宏观到微观、从整体到局部的各个大小齿轮持续自主发展和运作的良好机制，从而很好地实现了发展的迭代螺旋式上升。这一发展经验符合当前学校治理中通过系统、通过结构优化功能的思想，对学校进行了深层的文化变革，体现了“深综改”的理念。

第四，促进了合作文化的新发展以及教育协同合作机制的新发展。

该成果在 US 合作的基础上，结合我国特有的国情，生成新型的 UDS 合作文化与机制。S 从被动的执行者、实践者，转化为主动的发展者、行动研究的探索者、实践性知识的生成者；U 从旁观的研究者、指导者，转化拓展为学校教育实践的介入者、支持者和行动研究者。D 从项目的委托者、监督者、保障者，转变拓展为实践共同体的参与者、研究者和传播者，实现了 US 合作文化的新发展。

我认为，这种合作共赢的结果在今天的中国教育界是非常难能可贵的。尤其是不仅提升了学校自主发展的意识与能力，还促进、提升了师范大学自身的服务功能与机制创新以及地方行政角色的拓展与改变。这样的实践成果也是不多见的。

陶西平先生的肯定和鼓励，给我们增添了更大的信心和前进的动力。我们希望将我们集十年之力探索出的宝贵经验，继续应用到更大、更广阔的项目平台与空间中，以影响带动更多学校的发展，由此有了编辑此项目十年学校总结的意愿与行动。这些项目总结都是每一所学校的发展精华，既有项目的共性理念、操作要求，也有共性之下的个性创新和自主发展特色；不仅叙述了跟随项目一起发展的真实历程、心理感受，也介绍了各自发展改进的实施路径、操作流程，并附有非常多的鲜活案例，由此形成了项目理念与校本实施、教育理论与实践的有机结合和相互呼应。它犹如一个大型的乐队，在指挥的引领下，大家各自发声又完美协调统一，从而构成一个伙伴协作与学校改进的华美乐章。相信这个华美乐章一定会带给很多学校自主发展的享受。

迈克尔·富兰说：变革是一项旅行，而不是一张蓝图。[①] 他旨在说明变革的不确定性和复杂性。如今，我国已经进入社会主义发展的新时代。新时代新特征新要求，给基础教育发展提出一系列新挑战、新变革。但是，在变革面前，问题恰是我们的朋友，需要我们不断去面对，去创新；同时，也需要站在前人的肩膀上，汲取前人的智慧与经验，以少走弯路。

同时，我们也相信种子的力量，希望这本集十年实践探索的教育智慧，能像蒲公英的种子那样，在广阔的教育大地上不断生根、发芽、开花、结果……

最后，我要特别感谢原国家教育咨询委员会委员陶西平先生，北京市基础教育处张凤华处长，西城区教委赵蓬欣主任、张燕军主任、芦乃静科长，首都师范大学首都基础教育发展研究院郑开义院长、张景斌院长等领导的支持。因为有了他们的支持与帮助，我们的项目才得以启动与发展；因为有了他们的关注与鼓励，我们才有了不断前行的力量。

这里特别要向项目组驻校专家苏尚锋教授、王玉华教授、张梅青校长、杨英校长、高玉兰校长、王志明博士致谢！感谢他们沉浸式的悉心指导，帮助学校干部教师不断更新教育理念，转变思维方式，改进管理教育行为，给予学校自主发展的力量支撑。感谢他们贴心的关怀和陪伴，使大

① 迈克尔·富兰．变革的力量——透视教育改革[M]．中央教育科学研究所，加拿大多伦多国际学院，译．北京：教育科学出版社，2000：35.

家在不断成长中感悟幸福。

还要感谢UDS项目的顾问万福院长和项目D方代表林春腾院长。每每在学校遇到困难的时候，他们都会及时出现，通过团队会诊、专家把脉、定向指导等方式，推动学校的研究不断走向深入。

在这里，我更要感谢UDS项目共同体的所有学校伙伴们。“伴飞”的形容真是再贴切不过了！十年的风风雨雨，十年的伴飞历程，不仅让我们彼此成长、成熟，更让我们的心连在一起，收获到在其他的工作中难以获得的幸福和快乐。虽然一路风雨兼程，但是，我们从不言弃，因为在那遥远的地方，有我们一直追逐的目标和梦想。

伴飞十年路，互动共成长
——在伙伴合作中的D方角色与感悟

西城区教育科学研究学院　林春腾

2007年10月，根据北京市教委要求，西城区全面启动了小学规范化建设工程。西城教育围绕实现“均衡发展的先进区、素质教育的示范区、创新教育的实践区和优秀人才培养高产区”的工作要求，以“校校精彩，人人成功”为目标，关注每所学校的内涵发展，学校改进势在必行。

西城区教委清醒地认识到，学校改进仅仅靠学校的内部力量是不够的，需要外部的支援，才能突破自身发展局限，应该争取外部各种支持力量的加入。首都作为全国的首善之区，高等院校云集，借助高校的智力资源，推动区域教育的高水平发展，成为西城区教育发展的战略之一。

2010年，西城区教委启动“西城区高校支持小学发展项目”，分别与北京师范大学、首都师范大学、北京教育学院开展合作，旨在探索一种以学校实践为基础、以学校领导团队共同成长为基本特征的学校发展模式，形成大学支持下的干部成长带动学校发展、项目学校发展带动区域发展的良好格局。

2010年至2020年的十年间，西城区教委与首都师范大学首都基础教育发展研究院合作开展的UDS项目，13所小学先后加入，得到专家团队的融入式支持。项目专家团队提出的“改进在日常”理念深入人心，13所学校的干部核心团队在工作理念、工作能力方面得到显著提高。

UDS项目的特色之一就在于倡导一种基于合作的发展共同体理念。这是一种新的文化发展理念。在这种文化中，UDS之间不是“指导—被指导”的关系，而是一种“我们在一起”的有机伙伴关系。在这种关系中，大家彼此作为独立的主体相互理解，相互对话，相互影响，努力实现多元主体的共同发展，即人与学校共发展、校长与中层团队共发展、项目团队与项目学校共发展、共同体学校共同发展、项目辐射区域带动更多学校共同发展。

作为一种新的文化创生，我们经历了相互了解与理解、碰撞与共识的过程，实现了规范化、科学化与常态化，实现了 1+1+1>3 的协同效益。作为 D 方的代表，我参与了 UDS 合作发展的十年历程，由此也感悟到 D 方角色在 UDS 合作中的重要地位与作用，获得了 D 方参与 UDS 合作的一些深刻体验与基本经验。

一、教育行政部门自觉转型，角色定位清晰

教育行政职能转变一直是各个阶段教育改革的重点。党的十八届三中全会提出“推进国家治理体系和治理能力现代化”，首次提出了治理的概念。从管理到治理，虽然仅一字之差，但其内涵和外延都发生了根本性的改变。相对于“管理”的居高临下，“治理”更强调教育主体的多元性，强调教育治理过程的互动性和民主性。

在项目推进过程中，基于治理理念的西城教委，除了保障资金到位以外，不是简单地为政绩考核求快、求结果，而是将自己在项目中的角色定位为：以学校改进为本的顶层设计者、激发学校发展内在动力的引导促进者和关注研究的平等参与者。这一“专业化领导”的角色定位，减少了行政色彩，给高校和小学充分的自主发展空间，突显了合作促进学校改进的共同体发展的实效性。

二、三方相互理解与信任，合作机制稳定

参与各方的相互理解是合作的基础。合作中，大学专家和小学干部、教师不仅彼此信任，而且始终对“共同解决问题”的合作充满信心，基于信任的合作机制与工作流程得到不断完善，保证了项目的顺利推进。

在每期项目启动时，教委小教科组织学校和大学进行调研，了解需求，根据需求经过双向选择确定参与项目的学校，三方签署协议后开始实施。在实施过程中，大学与学校首先依据合作主题进行充分研讨，细化推进步骤和实施方式。13 所学校通过以干部领导团队的整体发展，带动学校的整体发展。依托规划、计划、策划能力建设，提升干部的做事能力；借助反思、总结与教育叙事案例撰写提升干部自我学习力和自我价值感的实现。教委和大学团队以联席例会、简报宣传、项目研修(工作坊、沙龙)、现场展示等不同的形式，组织对话交流，分享和总结学校改进经验，形成了与高校专家较为固定的工作模式，助力学校自主发展。西城区教委利用每年的科研月活动组织的 10 场区域性展示活动，也成为助推项目发展、传播推广项目经验的重要机制，引起广泛关注，辐射带动了其他学校的发展。

三、项目运行方式有效，实践成效显著

在实践中，项目立足校本，倡导学校自主发展。从学校领导团队整体发展入手，自上而下启动变革；从学校发展计划入手，优化学校整体运行结构和发展过程；通过行动研究和“三微行动”(微改进、微创新与微研究)促进学校日常文化变革。在此过程中，大学项目团队以沉浸式校本支持的方式，融入学校，日常跟进，伴飞引领。同时，充分发挥 UDS 的合作优势，催生变革，实现了学校日常文化静悄悄的革命以及 UDS 合作共同体的共同发展。

十年间，在首都师范大学项目组专家团队指导下，学校举办各类开放活动 62 场。在高校协同下，学校间的相互学习和参看，不仅帮助学校提升了活动质量，也督促干部将所学的计划、策划、总结策略不断应用到工作中，使干部的能力在实践中得到有效提升。

西城区实施高校支持小学发展项目，旨在满足学校自身的改进需求，从教育行政部门强制要求的“外源式”改进，变为由学校主动思考的“内源式”改进。十年来，学校在校长的带领下，始终有明确的发展目标，有不断进行自我改进的强烈愿望。在高校的指导下，学校不仅在日常工作中不断尝试“微改进”，而且在各种研讨、培训交流中踊跃发言，在相互参看中碰撞思想。学校的中层干部计划、策划、总结能力在一次次的主题活动组织中不断提高，得到校长的肯定、学校教师的认可。干部们也不断反思自己的工作，他们把自己真实的案例以故事、论文的形式呈现，通过写作，深度反思，持续改进。在首都师范大学项目团队组织的 4 次案例评选中，参与干部近 800 人次，积累了大量有价值的教育案例，生动反映出了校长、干部和教师们的发展与变化。

我们结集出版的这本经验集锦，是 13 所学校自主发展的经验结晶，也是一部沉甸甸的实践成果。这种沉甸甸不仅因为它浓缩了十年学校实践改进与发展的历程，更因为它是一群教育的追梦人，勇于面对现实、勇于面对自我、实现自我超越的现实成果。

在此，我向十年来帮助和支持西城小学发展的杨朝晖教授及团队专家深表感激！感谢他们给予了西城项目学校发展的支撑和实践指导，给予了各校不断自主发展的勇气和信心，是他们引领、陪伴着项目学校伙伴在研究的路上执着向前。

同时，我也要感谢西城区教委赵蓬欣主任、张燕军副主任、梁勇科长、芦乃静科长等教委领导，感谢 13 所项目校的校长、干部、教师，以及

所有为西城教育发展做出贡献的人们！因为他们的默默付出，才使得我们西城的教育充满活力，成为首都高质量教育发展的高地，为老百姓获得公平而有质量的教育满足提供了更多的空间和可能，也让教育的本质与初心得以显现。

项目引领促发展，自我更进办“育心”

西城区育翔小学

自2010年9月起至2016年止，我校加入“基于UDS合作学校自主发展共同体建设项目”，开始实施“伴飞计划”。我们紧紧抓住这一契机，在项目组的悉心指导下，借助项目组专家指导团队的力量，共同开展调研，找出了学校办学最突出的两大优势：一是“行为更进式”校本教研策略，促进教师队伍专业化发展，确保学校教育教学高质量；二是“全元心育”育人模式的提出为学校特色建设奠定坚实基础。在项目扎实的推进过程中，我校取得了丰富的成果，鲜活的管理案例、教育教学案例不断涌现，在UDS项目组织的案例评选以及区案例及论文评选过程中，我校干部、教师的获奖率明显提高。也正是通过这些扎实细致的项目推进活动，一些优秀的各具特色的教研组脱颖而出，一些深具感染力的打动学生心灵的教育活动应运而生。

一、项目引领，学校发展从计划开始

2010年7月，UDS项目暑期工作坊围绕“学校发展从我做起，从计划开始”的主题进行研修，让我们在反思与实践中逐步明确：依托计划更进，促进学校发展的工作思路。三年来，在UDS项目的引领下，在“育心教育”理念的指导下，干部队伍快速成长。

（一）计划原来有“大名堂”

制订计划是我们每学期都做的工作，是习以为常的事情，但项目组的培训恰恰从“制订计划”开始。为谁制订计划？制订计划为了什么？如何制订好计划？培训指出了学校工作计划中经常出现的问题：只见肉不见魂，只见事不见人，只见点不见线，只见要不见帮。也就是：有目标，没目的；有目的，没内容；有内容，没措施；有任务，没分工；有要求，没检查。当培训进入深层次的时候，我们才发现看似简单的“制订计划”，却深藏着“大名堂”。细品起来，培训专家指出的制订计划的各种问题，我们或多或少都存在着。我们似乎习惯于这样制订和完成计划，不觉得有什么不妥，但对照项目专家的讲述，才真正发现我校计划中存在诸多问题。

关于计划针对性的反思：我们总是在被动地完成上级部署的工作，对于我校完成这项工作的目的和意义何在、能帮助我校解决什么问题上思考甚少，造成上级部署的工作与我校工作经常是两条线，缺少针对学校实际的工作主线、重点和促进学校发展的内容。

关于计划引领性的反思：这一点我们做得比较好，各位干部在宣讲计划时，都会重点就学校办学理念、先进的教育理念等进行解读。只是由于计划本身存在的一些问题，使计划引领性有待进一步提高。

关于计划系统性的反思：我们各部门的工作目标能够围绕学校工作指导思想制定，但各部门计划的项目与目标不匹配，有的内容繁杂，有的措施与安排面面俱到，使老师们看不出工作重点和主线，只感到工作特别繁重。有时，各部门工作集中在一个时间段，缺少协调，“撞车”情况时有发生。

关于计划执行性的思考：我们的计划可操作性较强，有明确分工，能够落实到校历和日常工作中，但跟进行为与措施方面略有所欠缺。

关于计划约束性的反思：计划落实后的工作评价，我们没有给予足够的重视，缺少对计划完成的反思环节。总结时，也缺少对照计划有重点总结的意识和行为。

(二)让计划成为自我改变的开始

参加项目培训后，针对过去计划制订过程中的不足，我们首先在“计划是为了更好、更有效地指导我们的工作，要有明确的目标和工作思路，要针对目标制定具体可行的执行措施”的认识上达成了共识。接着，我们对已经完成的计划进行调整：突出了计划中指导思想的针对性和指导性；增加了学期工作思路；明确了各部门工作目标，并对应目标制定具体执行措施。调整的过程促进了干部的主动和理性思考，清晰了工作思路。

下面以《2010—2011 第一学期学校计划》的改进为例，说明我校工作变化。

计划的核心是指导思想和工作思路，而以往学校计划中的指导思想，多是区级计划指导思想的摘录，基本是戴“大帽”，与本校计划没有直接关系，往往缺乏针对性。为此，我们首先对指导思想进行重新定位，明确学校工作计划中的指导思想是统领全局的，指导全面的，学校所有工作安排和具体实施都是在指导思想下制定的。因此，应具有很强的针对性和指导性。

于是，在制订《2010—2011 第一学期学校计划》时，我们将指导思想修改为："深入学习贯彻全教会精神和《国家中长期教育改革和发展规划纲要》，落实市、区教育工作精神，以推进'小学规范化建设工程'、实现学校五年发展规划为目标，以高校与小学合作开展学校实践改进项目为契机，加强两支队伍建设，认真落实《学科指导意见》，提高课堂实效性和综合效益；坚持育人为本，遵循学生身心发展规律，促进每个学生主动发展。以创新的思路和扎实的工作，推进学校整体工作。"

计划中的工作思路是执行计划的路径，也是计划的关键。我们确立的工作思路为："以队伍建设为核心，以打造管理文化为突破，以制定'十二五'规划为统领，凝心聚力"。

计划制订好以后，学校开展了教师计划制订的培训。在计划宣讲时，校长进行了重点解读，使大家对计划有了更深入的了解，形成共识，突出体现计划对价值观、思维方式和行为方式的引领。

在计划中增加的工作思路以及计划制订的改进，对于我们干部团队来讲可以说意义重大。它让我们明确了工作要有明确的指导思想，即为什么要做？工作要有明确的目标，即要达到的结果是怎样的？工作要有清晰的思路和执行措施，即怎样去做？通过对计划的改进，促进了干部对工作的理性思考，提高了干部对工作计划重要性的认识。改进后的计划，突出了工作主线，各部门的工作思路更加清晰。在学校整体工作思路的统领下，各部门就可以制定本部门的工作目标和工作重点，以及相应的配套措施，以提高计划的针对性和执行性。

在此基础上，我们的学期计划持续更进：第二学期，我们紧扣学校、师生发展的主题；第三学期，我们体现学校发展规划年度目标的落实；第四学期，基于制约学校发展的问题解决等，我们突出计划的导向性、连续性、可操作性……使计划做到目标明确，主线鲜明，措施到位，引领学校自主发展的方向。

(三)让工作策划带来落实与精彩

学校计划重在执行，执行的成效与干部、教师主体主动的工作态度、价值观念和创新行为密切相关。UDS 项目组织的"从计划到策划"的培训与交流，引导我们通过策划使计划重落实，更精彩。合作共同体学校一个个精彩的活动策划给了我们很大的启示，也进一步激励着我们的干部努力改进工作，力图在一个个精彩的活动策划中更好地实现计划的目标。于是，"'我与育翔'师德教育系列活动、开学典礼、入队典礼、主题班会"等一系列策划开始出现。在项目团队的相互交流、参看中，我们的策划意识和水平不断提高，我们更进计划的落实水平也在不断提升。一个个精心的策划，使我们的工作和生活更加精彩、各项工作更加富有实效。如今策划已经成为我们干部一种自觉的工作习惯。

如果说计划是一条线，那么一个个精彩的策划就是这条线上的一颗颗璀璨的珍珠，以精彩策划助推计划的落实，使计划最终成为一条美丽的项链。在UDS项目专家对我们进行几次培训之后，我们已初步养成了一个习惯，那就是：在做一项工作之前，首先思考我们为什么要做这项工作，此项工作对计划的落实有什么帮助，怎样做才能使此项工作实效性最强……我们毕业典礼的活动策划可以说是我们学会策划的典型代表。

毕业典礼是学生离校前的最后一次聚会，也是学校给学生上的最后一课。为了让学生对六年的小学生活有一个美好的回忆，在项目的引领下，2013年6月17日，我们成功策划了以“感恩母校，扬帆远航”为主题的毕业典礼。通过毕业典礼，激发学生对母校、对老师的感激之情，更重要的是在学生心中培植一种感恩的情感，让学生在“知恩、感恩、报恩”中树立尊敬师长、热爱祖国、回报社会的崇高道德风尚，使每一个学生在心灵被震撼、被感动的同时，明白自己已经长大，要满怀信心地迎接新的开始，带着远大的理想、带着老师的期望，扬帆起航。

最感动人心的一幕——阅读家长信函

现代人的生活节奏快，平时家长工作忙，又因孩子正处于青春期和逆反期，和孩子交流的机会很少，甚至很难沟通。为了让孩子能够理解、体会到家长对自己的关爱和期望。我们事先让每一个家长给孩子写一封信，用信封装好。毕业典礼上，班主任老师亲自发到每个孩子手中，学生当场阅读信函。

当学生们在舒缓的音乐声中，激动地打开信函，认真地阅读起爸爸妈妈的信时，我们看到有的孩子情不自禁地流下了眼泪，有的孩子感动得说不出话来。此情此景，老师们眼眶也不禁湿润了，这感人的场景打动人心。这是家长与孩子心灵的沟通，情感的交融。可以说，这是孩子们即将迈入青少年时代收到的最珍贵的礼物，因为字里行间饱含了家长对孩子的爱。

最激动人心的一刻——颁发毕业证书

毕业证书是学校颁发给学生的最高荣誉证书，是学校对学生美好的祝福，是学生永久的珍藏。对每一个学生来说，毕业证书不仅仅是一个阶段学业完成的证明，它见证了学生小学六年的学习，是对学生的学业成绩以及各个方面的一个肯定；它还是一段人生旅程的记录。在证书上的文字背后，包含着学生多少欢笑、多少汗水与泪水，记录着他们成长岁月中点点滴滴的珍贵记忆。校长亲自为每一位毕业生颁发毕业证书，这样的情景只有高等学校才有。在毕业典礼上，我们设计校长亲自为每一位学生颁发毕业证书的环节，想通过这样的形式，给学生留下美好的回忆，也让学生真切地感受到成长的喜悦。颁发毕业证书将典礼推向了高潮。伴随着欢快的音乐声，学生们迈出矫健的步伐，依次登上主席台，从胡校长手中接过红彤彤的毕业证书，每个学生脸上洋溢着幸福的笑容，接受着校长的深切祝福："柯欣怡同学，祝贺你小学毕业了，以后常来母校看看……"面对着校长勉励的目光、亲切的笑容，学生们抑制不住激动之情说："我感到十分幸运。这是学校给我的最大鼓励。""这是小学时光最辉煌的时刻！我太幸福了！""谢谢老师们六年来对我们的教导和关心，我们一定会更加努力……"听着学生们发自肺腑的话语，老师们深深地感到，孩子们长大了，即将走向新的学校，开始人生的新阶段，他们就像一只只小鹰要展翅翱翔，飞向更广阔的天地，而育翔就是他们腾飞的起点，是他们成长的摇篮。

最打动人心的场面——我们可爱的学生

毕业典礼上，学生们在精心制作的留言板上贴满了他们真诚而热情的毕业感言，写出了他们对母校的美好祝愿、对老师的感激、对同学的情谊。全体毕业生手拉手合唱《放心去飞》，将毕业典礼推向另一个高潮，孩子们饱含深情的歌声回响在礼堂上空久久不能散去，澎湃的心情、激动得欢呼、惜别的泪水、紧紧地拥抱……

最后孩子们举起右拳，慷慨激昂地高呼育翔小学的校训："诚实、善学、健美、和谐"。这是育翔的精神和文化，而这些已经犹如印记一般深深地刻在每个育翔孩子的心中，他们将带着这些印记开始新的生活，坚定踏实地走好他们人生的每一步。

毕业典礼结束了，作为老师，我们感受到了他们的成长，体验到了他们的快乐，仿佛也回到了自己的少年时代，向青春致敬。这次毕业典礼积聚了老师们的智慧，充分地体现了"以心育心"的教育理念，扎实地实施了"心动德育"的过程。通过毕业典礼，学生不仅知道了感恩，而且感悟成长的魅力，并决心用行动回报父母，回报母校。不仅学生的心灵受到洗礼，而且家长、老师们的心灵一直被感动着、震撼着。

我们认为，一个好的策划应具有以下标准：1. 目标明确，所有工作围绕此目标前行；2. 有一定理论依据，能够保证其科学性并可以避免盲从和迷失；3. 可操作，要具备所需条件和基础；4. 可检测，通过教师和学生反馈效果；5. 成系列，可持续改进，以实现我校行为更进策略促进学校发展的目标。

这次毕业季活动策划，以毕业典礼的形式将活动推向高潮，对学生进行了一次“感恩与责任的教育”，感恩与责任是一种文明，感恩与责任是一种品德。人有了感恩与责任之心，人与人、人与自然、人与社会也会变得更加和谐、更加亲切。懂得感恩与责任，才会懂得付出，才会懂得回报。相信这次毕业典礼活动策划，一定会给学生留下终生难忘的印记，我们也将毕业典礼活动策划作为育翔小学的一种传统、一种精神、一种文化永远延续下去。

(四)在总结更进中实现螺旋发展

总结是管理中的重要环节，也是行为更进的关键。项目组适时推出关于“如何做总结”的主题研修。我们对此也进行了反思。让我们对总结有了新的认识：总结不是简单地归拢与罗列，而是深入地分析与理性地提升；总结不是干部们的单向输出，而是和老师们之间的交流与互动；总结不是可有可无的形式，而是为老师服务、进行校本培训的重要过程；总结不仅是为了回顾和记录已经发生的“过去式”，更是为了引领今后工作的“将来时”。

在这一认识下，我们将总结的落脚点放在突出重点，即对照计划反思实施情况，以育心教育理念为导向梳理教育教学行为。这样的调整有利于强化计划落实的意识。同时，在总结工作的诸多环节上，也进行了微改进。

首先，我们把总结的时间放在了开学初，让总结有充足的思考准备时间，这样就避开了期末的忙乱紧张，时间相对充裕；更重要的是，开学初，老师们最关心的是如何制订好新学期的计划，以指导做好一个学期的教育教学工作。而总结传递的信息正是上一个学期中那些值得肯定的理念、值得坚持的做法，这与老师们的关注点、需求点紧密结合，这些因素都有利于老师们集中精力认真倾听、思考，从而从总结中有所收获。这样调整希望能够在新学期开始的时候，通过对上一学期良好教育教学行为的介绍、分析、提升，强化正向的信息导向，加深老师们的印象，激发老师们的热情，这无疑更利于大家在制订新学期计划，开始新学期工作的时候学习、借鉴同伴们好的做法，自觉践行正确、先进的教育理念。这样，才能更好地发挥总结的引领作用。

其次，总结的主体增加了组长与教师，突出导向性。以往的教育、教学总结，分别由主管这两个部门工作的副校长来做。改变后的总结，我们在主管领导总结“面”上工作的同时，还请几位骨干、一线老师兼顾具体的“点”，分别从不同学科、个人和教研组的不同角度、层次来具体谈是如何践行我们在本学期倡导的“育心教育”理念的。他们不仅要谈自己是如何做的，还要谈自己为什么要这样做；不仅谈行动之前是如何思考的，还谈到了行动之后的反思。这样，就使台下的老师们不仅知其然，还知其所以然；不仅分享发言者的做法，还分享了他们的思想、理念。与以往的不见“全豹”只见“一斑”相比，这无疑有利于老师们的理解、借鉴和学习，同时也有利于增强骨干教师的责任意识，使他们切实在教师群体中起到引领的作用。请一线老师参与学期总结，让老师们近距离地了解身边同事的实践和思考，使很多老师意识到，成为“榜样”并不遥远，这无疑是有利于调动全体教师进一步参与课改、践行新理念的积极性。

另外，改变“全面总结”为“重点反思”。以往的总结，我们主要突出全面性，无论是德育方面还是教学方面，都将开展的活动一一回顾。改变后的总结工作，我们努力做到突出重点，即对照计划反思实施情况，以“育心教育”理念为导向梳理教育教学行为。我们的总结紧紧围绕对计划落实的反思来进行，既是我们自己工作的需要，也是在对老师们进行培训，强化正确的教育教学理念。我们希望老师们通过我们的总结感受到，计划的制订应该是经过深思熟虑的，一个学期的工作是要围绕开学初制订的计划来实施的，最终的总结要回看计划，反思落实情况，这样，工作才能形成一个闭环，才能取得实效。这种感性的认识，会对老师们今后的计划、实施、总结都产生积极的影响。

同时，我们还通过日常反思、专项小结、学期总结来实现对计划执行中的微调整、效果自评等，使各项工作在总结中提升。

教师通过总结方式的一系列变化感受到，学校计划的制订是经过深思熟虑的，学期工作要时时围绕计划进行，总结要回看计划，反思落实情况，形成不断“行为更进”的发展态势。由此，在总结反思中“行为更进”的理念更加深入人心，已经逐渐成为“育翔人”自觉的行为文化。

从计划制订到执行，从活动策划到工作总结，在项目组的引领下，我们逐步走出了一条“日常调研—计划制订—策划方案—过程调控—总结反馈—反思改进”的“行为更进”螺旋式上升的发展机制。更为重要的是，它改变着我们习以为常的思维方式、工作方式和习惯，改变着我们的管理文化。

总之，我们认为：一个好计划，是在广泛征询意见，反思已有工作，明确发展现状，聚焦学校发展目标和重点工作的基础上生成的，融合了大政方针、政策法规、上级工作任务、学校的办学理念、学校发展规划、校本问题、日常工作等，体现了以人为本、以教师和学生的发展为中心的先进教育理念和管理理念，也融入了广大教师的意见和智慧，更加精简，突出重点，执行的效果明显。使工作有了明确的目标和具体的步骤，减少了盲目性；也对大家起到了协调行动、约束和督促作用。教师参与计划制订，增强了工作的主动性。执行中需要大家的主人翁精神和积极地参与配合、协调，才能保证各部门工作有条不紊地进行，才能有效地推进学校整体工作的开展。因此我们感到，制订、执行计划的过程，本身就是一种研究、促发展的过程。我们以计划的制订与执行为依托，在这个过程中，我们明确了学校发展的方向，培养、锻炼了干部队伍。

二、顺势而为，行为更进，推进育心教育特色发展

多年来，我校始终坚持"以人为本、和谐发展、严谨治学"的办学理念，取得教学高水平，得到社会赞誉。在"十五""十一五"期间，以科研促发展，学校行为更进式校本教研及心理健康教育的研究形成了鲜明特点，有效地促进了教师、学生的发展。2010年初，西城区教委明确提出"校校精彩，人人成功"的区域教育战略发展目标，旨在引导每一所学校办出自己的特色，用特色成就精彩；恰逢此时，我校又得到了UDS项目组的大力支持，我们依托高校智力资源，紧紧抓住这一契机，顺势而为，总结育翔小学多年来的办学优势，在"全元心育"育人理念的指导下，依托行为更进校本教研策略，形成"更进文化"；深化、拓展心理健康教育，将优势发展为学校的"育心教育"的办学特色——在学校管理、学校德育、课堂教学、师生活动等方面，体现以"育心"为核心取向，以心为先，以心育心，滋养心灵，培育师生健康的心理素质，形成健全、和谐人格，为师生的人生幸福服务，走出了一条以特色彰显卓越的文化引领之路。

(一)整体构建"育心教育"特色办学理念与建设框架

在我校筹备制定新的五年发展规划的关键时刻，胡晓峰校长调入，同时首都师范大学UDS项目组也入驻学校。胡校长与项目组专家一起精心制订调研计划，采取多种方式，开展了历时一个学期的以"我与育翔"为主题的系列化校本调研，总结经验，发现优势，分析不足。调研中发现，"全元心育"和"行为更进式"研修策略是育翔小学原有办学的两大优势。"全元心育"即全人化、全员化、全面化、全方位、全渠道地实施心理教育。"行为更进"即在行动研究中发展前行，在不断总结反思中发生行为

改变。

调研发现，“全元心育”理念很好，但只局限在学校的心理健康教育上，由小部分心理教师在实施关注，而广大教师对于广大学生身心的关注则远远不够，心理健康教育不能有效地促动学校整体的发展与提升。尤其值得关注的是，有相当一部分教师自身都存在职业倦怠的现象。这样的现状也很难实现“全元心育”的育人理念。为此，我校在 UDS 项目组专家的引领下，坚持在传承中发展，整合了学校两大优势，将“十二五”学校的发展方向确定为：以行为更进式策略，促进学校“育心教育”办学特色的形成。之后，我们将特有的“行为更进式”研修策略，拓展到德育、管理等方面，使之成为推动学校发展的有力保障，并逐步形成“更进文化”。这激发了全体干部教师的锐意进取的精神，为学校的可持续发展奠定了坚实的基础。

所谓“育心教育”是在学校管理、课程建设、学校德育、课堂教学、师生活动、校园环境等方面，体现以“育心”为核心取向，以心育心，滋养心灵，培育师生健康的心理素质，形成健全、和谐人格，促进学校内涵发展的教育。

为了让我校的干部、教师理解从“心育”到“育心”理念的变化和发展，校长引领全体教师广泛参与了规划的制定，经过自上而下、自下而上的学习、研讨、交流、碰撞，明确了从“心育”到“育心”的理念的不同，明确了“更进”从策略到文化的不同，制定出了“育心教育”特色发展总体规划。

我们认为“育心教育”的内涵是：

育：引导——遵循教育与身心发展规律；呵护——对生命的呵护与关爱；尊重——尊重个性与差异。

心：心灵——生命的核心与灵魂；心品——个性、心态、认知与情感。

育心的具体内涵包含三层：以心为先，以心育心，滋养心灵。

以心为先，即教育以育心为核心，育人以育心为本，育人从育心开始。

以心育心，即育心教育的途径是以心灵呵护心灵，以心灵启迪心灵，以心灵影响心灵，以教育者的健康自我成长影响带动学生的健康自我成长。

滋养心灵，指“关注学生心灵成长，提高生命价值”是我们培养目标的核心价值观。

这三层内涵，蕴含着我们对教育本质的理解，对教育与身心发展规律的尊重；其核心思想是让学生健康、快乐地成长，实现自我飞翔的目标——学生的个性得到发展、潜能得以开发、自信逐步建立、健康心态逐渐养成。预示着通过育翔六年“育心教育”的滋养，每一个育翔小学的学生都能成为一个有梦想、有智慧、有毅力、积极乐观、健康快乐的小学生，从育翔小学这片教育的热土中，飞翔到更远更好的天空中。

在大家的反复研讨中，我们将“育心教育”培养目标确定为：通过对孩子爱心、好奇心、自信心、进取心、责任心的培养，让小学阶段的孩子，在日常行为习惯养成的过程中，真正领悟到学校所赋予的品质和文化。“五心并育”，是“育心教育”培养目标实现路径的核心抓手。

从梳理办学优势到育心特色、更进文化的提出，学校特色办学理念不断清晰。我校全体教师在广泛参与调研、定向、完成特色发展规划制定的过程中，对学校发展特色从认知到认同，对理念不断理解、深化，这是凝心聚力、推动特色发展的重要过程。

在完善学校“育新教育”特色发展理念的同时，在实现理念落地中，我校以“行为更进”文化建设为依托，通过“育心团队建设”“心动德育建设”“心智课堂建设”，整体推进“育心教育”特色逐步形成。

——育心团队建设，引领飞翔。通过引领、熏陶、感染，去凝聚、建设积极向上、敬业爱生、团结和谐的育心型教师团队。

——心动德育建设，催生生命成长的力量。育心教育理念下的“心动德育”，指从学生的实际出发，遵循教育规律和学生身心发展特点而精心设计的、打动人心的教育活动。强调在以心育心、以心育德、育德育心的过程中，催生道德生命成长的生本力量，实现以心动促行动的教育目标。心动德育倡导做到“两化、两性”：教育内容生活化，教育形式儿童化；教育过程发挥主体性，教育方法符合规律性。

——心智课堂建设，让教学充满灵动与愉悦，激发生命成长的正能量。育心教育理念下的“心智课堂”，是开启智慧、陶冶情感，让每一个孩子的自主性充分表现，潜能得以发挥，充满灵动与愉悦的，师生在其中获得归属感，并学会尊重与爱的和谐课堂。

我校打造的心智课堂突出“三尊重”：尊重学生的主体地位，在参与中感悟；尊重孩子的天性，感受成长快乐；尊重个性差异，充满灵动与和谐。

(二)项目引领，建设“育心型”干部教师队伍

“要播撒阳光到别人心中，总得自己心中先有阳光。”要开展“育心教育”，干部、教师首先要心里有阳光。在“以心育心”的过程中，我校借助UDS项目的理念和人力支持，着力打造以“尊重、服务、高效”为核心的管

理文化，培养具有“公心、责任心、奉献心”的“育心型”干部。我们将管理心理学纳入干部中心组学习之中，树立了“尊重教师，服务教师”的管理理念，将尊重与欣赏运用于管理实践，凝聚教师发展力量。干部们以真挚的情感欣赏和支持教师，塑造了教师积极乐观、健康向上的心理品质。

在育心团队的建设中，教师的师德是关键。我们提出了“爱心、责任心、进取心”的师德建设目标，每学期开学的第一个月为师德教育月，以师德建设为核心，持续开展学习、研讨、先进经验交流，开阔眼界，转变观念。以每年“鸿翔杯”教学展示活动为载体，更新育心教育理念，提高教师育人能力。同时，以“行为更进”式校本研修不同模式调动大家的积极性，激发教师研究的热情。使教师在校本研修中，不断优化教学策略，改进教学行为，生成属于自己的教育智慧。

我们非常尊重教师的价值，关注教师的成长，把教育者自身的心灵成长与健康自我作为“育心教育”的重要组成部分。

在育翔的工作调研中，教师中的“累”声引发了我们对管理的深度反思。在调研改进的基础上，作为干部，要关心、理解教师，关注教师发展需求，努力为教师做好服务——提高管理实效，精简事务性工作，减轻教师工作负担和压力。为此，在新学期计划中，我们提出了“尊重、服务、高效”的管理文化建设目标，对干部管理行为转变提出了“三变四多”要求。其目标是要最大限度地调动教师工作积极性和主动发展的愿望，不断改进管理行为，提高管理实效。

尊重——尊重是管理文化的核心。尊重体现在尊重人格，尊重差异，尊重劳动。管理的尊重要从心开始，真诚相待，心存宽容，推己及人，由衷欣赏。

服务——管理中的服务是工作中的引领、指导，是为了发展的搭台、铺路，是遇到困难的关心、帮助，也是面对问题的及时解决。

高效——以管理中的尊重、服务为基石，围绕促进师生发展的目标，建立与之相适应的制度作为保障，制定行之有效的实施策略，实现高效目标。

“三变”——变布置工作为培训，变检查工作为指导，变评价为引领。

“四多”——多听、多看、多走、多思，及时发现问题，及时解决，提高工作效率。

新的管理目标和要求的提出，成为引领每一位干部自我改变的目标、方向和方法；干部们在新的管理文化的引领下，努力转变管理行为，实现“三变四多”的管理要求。

在新学期，干部们开始行动了：从尊重开始，将布置计划变为解读。让教师明白每项工作为什么要这么做？应该怎样去做？从需求出发，坚持调研反馈。工作事先听取意见，过程中及时发现亮点与问题，事后反思改进，让管理形成闭环。从减负高效、突出服务角度，我们精简会议，改进月评工作，改变会议形式，让“三变”落地。

在此基础上，我们又建立相关机制，实施多项保障措施。如以促进发展为目的，以突出实效性、激励性为原则，完成教育、教学月评价内容及标准，提高管理实效；围绕转变管理理念开展专题学习、研讨；运用管理心理学的原理指导管理实践；建立《干部管理手册》为平台，研究探索“行为更进式”管理策略，改进管理行为，提高管理实效，促进管理文化形成。

为了确保计划有效落实，我们还将“调研反馈、反思改进”纳入干部日常工作。在每周的工作例会上，我们会对调研的内容、原因、结果拿出来和大家讨论，共同围绕问题分析原因，深入挖掘，反思管理行为，思考管理改进，提高执行力。

总之，就是以服务为宗旨，及时发现问题，及时解决，提高工作效率。通过“三变”更多地突出引领和指导，通过“四多”让我们的管理流动起来，在“看、听、走”之后一定是思考，在思考中不断调整我们的管理行为，提高管理实效。新的管理方式的提出成为引领每一位干部的目标、方向和方法；指导着大家不断地反思、更进自己的管理行为。干部深入教研，了解需要，指导工作。让尊重、赏识、服务与反思融入日常管理，有效地促进了干部的自主发展意识和团队的建设。

(三)以“更进策划”打造“心动德育”

基于“育心教育”理念下的“心动德育”，使学生产生心动效应的德育的研究是从“活动让学生心动”开始的，以心动促行动。经过学期计划的制订，落实中的精心策划，开学典礼、读书节、体育节……一个个似曾相识但又透着新意的活动吸引了学生，走近了学生，触动着孩子们的心灵。2011 年开学的更进活动就是典型的例子。

过去，我们习惯于各类人选发言、讲话形式的开学典礼，难以激发师生奋进热情。参加 UDS 项目“学校发展从计划开始”“从计划到策划”培训后，我们已养成了一个习惯，那就是：在做一项工作之前，首先思考我们为什么要做这项工作，此项工作对计划的落实有什么帮助，怎样做才能使此项工作实效性最强……因此，我们首先对开学典礼进行了针对性改进。

第一更——开学典礼：快乐童谣唱响文明校园；第二更——庆祝教师节；第三更——读书活动启动仪式。

2011年8月制定开学典礼策划案前，我们首先研究了新学期计划中德育工作的重点，围绕“读好书、唱童谣——争做文明使者”主题教育内容，确定了新学年开学典礼的主题——“快乐童谣唱响文明校园”，使开学典礼为学校主题教育活动拉开序幕，也突出了学校“以读好书、唱童谣的方式落实养成教育”的德育工作重点。表现形式上，我们经过反复研究，决定改变以往以发言为主的套路，除了欢迎新生相关环节外，重点通过低中高三个年级段学生不同形式诵读童谣展示，激发全体学生参与活动热情，提高学生参与度，让快乐童谣唱响文明校园发挥教育实效。另外，结合我校合唱团刚刚参加了中央电视台的演出，我们特别邀请合唱团在开学典礼上进行了表演。

本次开学典礼获得了极大的成功，与会的师生、家长包括UDS项目组专家一致认为，这次策划的亮点是将主题教育活动与开学典礼活动相结合，将一年级新生工作与开学典礼活动有机结合，突出了开学典礼的教育性和多元效益性。不放过每一次教育的契机，做好每一次活动的策划，发挥每一次活动的综合效益，将成为我们今后努力的方向。

在这次活动策划中，我们的干部不仅增强了策划的意识，更为难能可贵的是我们有自我反思和成果及时固化的意识，这是我们不断进步的法宝。

2012年2月的开学典礼，正值市少代会向全体少先队员征集少代会设计作品，我校少先队员也热情参与了这项活动。于是，我们从千余幅学生设计的少代会logo中挑选出了若干精品，请设计者——普通的学生在校园电视上进行展示和讲解。另外，我们还开展了寒假学生读书活动，请学生手写手绘了读后感。紧扣读书活动主题，我们请撰写了精彩读后感的部分学生，现场朗读了他们的读后感，使孩子体验了参与的喜悦。之后，我们请学生为我校读书主题大队会进行了logo和吉祥物的设计。

2013年2月的开学典礼，我们将精心挑选的16幅学生设计的logo作品，制作成选票，发给全体学生。请16位小作者在校园电视台展示、讲解他们的设计意图，请全体学生在选票上勾出他们心目中最满意的作品。我们根据选票数量，确定了读书主题大队会logo，并为16位小作者颁发了一、二、三等奖证书。

通过开学典礼的更进，我们让更多的孩子体验了成功的快乐，更积极地投入读书活动。

就这样，一个又一个教育教学策划案在不断更进的过程中越来越完善，随之而来的是德育工作思维方式的转变和更进。组织了校级家长委员会、学生秋季实践活动、学生看话剧、疏散演习、冬季长跑等活动，每一次活动之前，都有一份研究修改过的策划，使得思路捋清，各个环节落实到位、责任到人，使管理逐渐形成了忙而不乱的工作局面。

接着，我们又将“行为更进”引入了德育管理。随着育翔“更进文化”的形成，教学中“行为更进”的教研方法被用于德育、德育管理，改变悄然发生。在校级层面心动德育活动的更进，体现方向的引领性：理念由完成任务向“以心育心”转变；活动由“轰轰烈烈”向“动心而扎实”转变；管理由布置检查向引领、自主转变；策划由零星独立向整体系列转变……点面结合，上下互动，心动德育的实效性随着改变而提高。年级层面心动德育活动更进，体现活动的针对性。在校级层面心动德育活动引领下，各年级针对学生年龄特点，结合本年级学生培养目标、实际情况和主要问题，开展了各具特色的年级心动德育活动，秉承着“以学生为本”的理念，“关注学生发展，关注学生心灵，开展让学生心动促情动，情动促行动”的育心教育，实现以心动促行动的教育目标。

本着“心动德育”文化所倡导的各项活动要让学生心动、以心动促行动的理念，学校运用“行为更进”策略，有效地推动了心动德育文化的建设。不论是管理者还是普通教师，都非常认同心动德育给学生带来的转变：学生们见到老师和客人主动问好；课间、小饭桌时间，学生们三三两两捧着书本阅读；楼道里互相谦让；认真欣赏各班级文化墙内容，从中汲取营养……老师们在对学生的教育过程中，已逐步形成这样的思考习惯：怎么做才能打动学生？怎样才能让更多的孩子们参与活动，产生心动效应？带着这样的思考，老师们在对学生的教育过程中，更加注重深入学生内心世界，了解学生真正的需求，针对学生需求开展教育活动，并不断以年级组为单位开展研究，改进各项教育活动，在活动中发挥各位教师的所长，互通有无，取长补短，促进了教师在活动中的共同提高和成长！

(四)发展“行为更进”研修模式，推进“心智课堂”

教师的话语诗意盎然，如春风化雨，滋润孩子的心田，教师的笑容激情荡漾，似阳光和煦温暖孩子的心房。课堂是孩子自由发展的空间，真情洋溢的世界。这就是我们所追求和不断探索的育心教育理念下的课堂——心智课堂。

为了实现我们每个人心中的理想“心智课堂”，我们不断变革原有的“行为更进”式校本研修模式，深化教师的研究意识，为“心智课堂”的深入探索和研究奠定了坚实的基础。在研究实践中，我们通过不同形式不断深化育心教育理念下心智课堂的内涵：

——课堂教学更加关注在知识的习得与能力的提升中塑造人，培养人。

——课堂的主人是学生，是每一个学生享受自我成长快乐的地方。

——课堂教学是引导学生体验、感受学科魅力的过程。

“心智课堂”突出关注学生的学业能力、人际交往能力的培养，如下图所示：

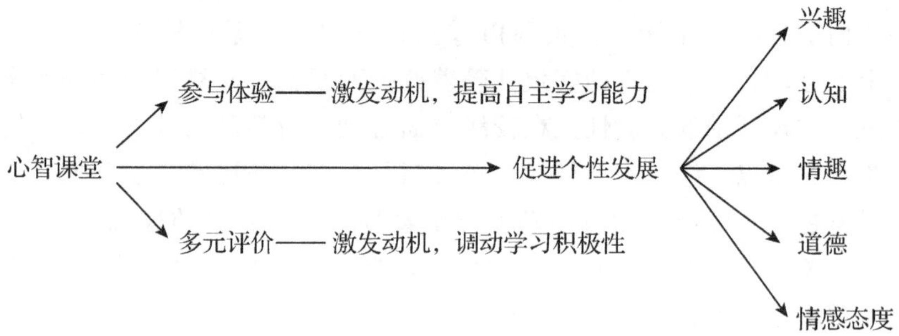

围绕学校“育心教育”特色建设目标，实现教师整体素质能力的提升成为重中之重。我们不断发展“行为更进”研修模式，推进“心智课堂”。我们希望进一步深入研究行为更进式校本研修策略，并依托策略，在教学工作中引导教师通过回环往复的实践、反思，不断提高自己的专业素养，改进教学实践，根据学生身心发展规律和年龄特点，依托教育心理学理论，尊重学生人格，关注学习习惯培养与学习方法指导，培养学生自主学习的能力，激发学生的求知欲望，调动学生自身发展的积极性，形成促进学生主体性发展。

“行为更进”式校本研修是我校在“十五”期间，通过探索、总结、提炼而形成的一种校本研修模式。“更”为“改变”，“进”是“前行”的意思，“更进”就是行为在动态过程中的改变。“行为更进”是指一种教学行为的不断改变和发展。“行为更进”式校本研修模式是以课例研究为突破口，以组内全体教师的主动参与为显著特点，关注教学方案的形成过程。到目前为止，我校实施较为成熟的“行为更进”式校本研修模式有：同年级多人同课更进模式，同年级一人同课更进模式，同年级多人多课更进模式，不同年级多人多课更进模式，同年级多人多课、分组更进模式，同年级多人同课螺旋式更进模式，微格式行为更进模式。

1. 同年级多人同课更进模式

同年级多人同课更进模式，即学科教研组在研究一节课的过程中，组内的每一位成员在同组教师实践的基础上，吸纳同伴优势，经过个人独立备课、教学实践、组内研讨，而最终形成的代表组内集体研究成果的实践活动。它的基本操作流程是：确定内容→研读资料→第一次组内更进（第一教案、第一次课堂实践、第一次组内研讨）→第二次组内更进（第二教案、第二次课堂实践、第二次组内研讨）→第三次组内更进（第三教案、第三次课堂实践、第三次组内研讨）……最终教案→汇报成果→学科评议→组内再反思。

在这个操作流程中，每一份教案的产生都是组内承担任务的教师在集体研究的基础上独立生成的，而后面生成的教案又是在前一份教案实施的基础上经过集体研讨后产生的。这样，每一位教师都有机会、有责任将自己对教材的理解、对课堂教学的把握呈现在全组教师面前，从而为每位教师的深度参与研究活动创造了条件。

2. 同年级一人同课更进模式

当“行为更进”式校本研修策略中，同年级多人同课更进模式的实施已经成为我校教师工作中的一种常态后，我们结合我校亟须培养青年骨干教师的现实情况，要求凡是有青年教师的教研组，采取同年级“一人同课更进”的模式，也就是由一位青年教师完成每一次更进。这时候的“一人同课更进”，已不再是几年前那种只有承担任务的教师及教研组长的压力较大，教导处领导疲于听、评课的状态，而是一人上课，全组每位教师都能经历一次“学习—实践—反思—再实践—再反思”的研究过程。

3. 同年级多人多课更进模式

虽然“同年级多人同课更进模式”和“同年级一人同课更进模式”在促进教师整体提高的过程中发挥了很大的作用；但是，这两种模式都是同一个学科中，各个年级教研组研究各自的内容，交流时大家彼此之间觉得没什么关系，难以引起共鸣，还是达不到最好的效果。我们认为，如果各个教研组根据学科特点，选择相同的研究点进行研究，把研究做成系列，一定能使每位教师对教材、对教法有一个整体的认识。如果我们的研究过程拥有一个共同的主题，相信老师们一定会有更精彩的碰撞。由此我们产生了尝试“多人多课更进模式”的想法，不同的年级组各出一或几节课，就同样的内容和主题进行研究，使不同年级的教师，对某个知识点有完整的认识和理解。由于过去没有人进行过这种尝试，也没有什么可以借鉴的经验，因此，我们是从同年级“多人多课更进”开始，一步步深化研究的。

通过对同年级多人多课更进模式的初步探索，我们感到，如果一位教师对整个单元的每节课都进行深入研究，精力是有限的。但“多人多课更进”模式中，每位教师深入研究其中的一节课，围绕同样的研究重点，充分发挥教研组每一位教师的力量，内容上层层更进，行为上层层更进，达到整体提高的目的。虽然大家讲授的知识不同，但在某一点或几点上进行横向联系，使整个教研活动形成了系列，最终会形成对某一类知识点的一系列较为成熟的认识和理解，形成一系列较为成熟的案例研究成果。每位教师都参与其中，集体的力量得到了充分发挥，每个人都是研究者，每个人都是受益者。

4. 不同年级多人多课更进模式

在“同年级多人多课更进模式”取得成功的基础上，我们大胆尝试了“不同年级多人多课更进模式”。针对教学中出现的共性问题，不同年级教研组的老师们开展了联动研修活动，从对教材内容的把握，到根据不同年级学生特点设计教学方法，进行了积极的探索。

例如，语文学科四、五年级两个教研组的老师们，选择我们从未涉足的作文教学作为研究内容，围绕“如何把握四、五年级对‘写具体’这一要求的不同标准”这一主题，开展了“不同年级多人多课更进”活动。

首先，根据已确定的研究主题，四、五年级组的老师们认真研读、揣摩《课标》及教材，初步确定了“将事情写具体”这一要求在两个年级的不同落实标准，确定了两个年级各自的主要教学目标。之后，两个教研组的老师们各自选定了教材中的一次习作作为研究的载体，以习作讲评这一课型进行课堂实践，研究怎样在教学中运用恰当的方法进行指导，扎实地落实教学目标，使学生们学有所获。接着，两个教研组开展了集体备课、联合更进，就如何更好地把握“把内容写具体”这一要求在两个年级的不同落实梯度开展研究。即在一个组的一位老师进行课堂实践的时候，另一个组的老师也参与听课、评课、讨论，提出意见和建议，大家共同修改教案，为下一次更进做准备；在这个过程中，听课的组也在反思自己的备课情况，改进自己的教案。

在数次更进的基础上，他们以教研开放日的形式做了展示。因为所选内容难度大，研究经验不足，他们付出了比以往研究阅读教学更多的时间、精力，但是也有了更多的收获。

较之以往各教研组的“单兵作战”，这种“不同年级多人多课更进”的研究形式明显加强了不同教研组之间的交流与合作，更加适合研究不同教研组共同关注、存在的问题，可以最大限度地发挥组际合力，不同的教研组在研究过程中既各自独立又成为一个研究共同体，从研究的结果看，也更富有实效性，取得了 1+1>2 的效果，实现了教研效益的最大化。

5. 同年级多人多课分组更进模式

随着学校规模进一步扩大同一年级的班级数越来越多，同时班级的学生人数越来越多，相应而来的就是教师队伍的构成也越来越复杂。面对学生多、班额大、教师团队的组成较为复杂的新局面，我们勇于实践，大胆突破，采用“多人多课、分组更进”的更进模式开展教学研究。“多人多课、分组更进”的研究模式是：分组备课，明确任务→全组听课，聚焦问题→取长补短，再次实践→更进展示，共同提高。

通过这样的教研活动，我们认为这种同年级“多人多课、分组更进”模式解决了班级多、教师人数多所带来的研修活动中的现实困难。分成小组教研使得教研的时间和地点更加灵活；根据教师不同特点制定的子课题，使研究针对性更强；全组参与听评课的研修模式使得研修的效果在组内得到充分的交流和分享，保证了在有限的时间内的教研效果的最大化。

6. 同年级多人同课螺旋式更进模式

同年级多人同课螺旋式更进模式，是由“同年级多人同课更进模式”发展而来的，是在组内教同一年级的老师完成一轮更进后，再交由一更老师修改教学设计、呈现教学过程的一种形式。旨在通过一轮教学实践后发现同年龄段学生的共性，寻找规律性的教学手段，以提高教学实效。

具体操作流程是：

确定研究内容，教研组共同分析理解教材→第一次更进（独立备课、课堂实践、组内研讨）→第二次更进（借鉴一更经验备课、课堂实践、组内研讨）→第三次更进（借鉴前两更经验备课、课堂实践、组内研讨）→第四次更进（一更教师借鉴其他参与更进教师的经验重新备课、课堂实践、组内研讨）。

这一操作过程不仅达到了同年级“多人同课更进”形式，使每一位教师都有机会、有责任将自己对教材的理解、对课堂教学的把握呈现在全组教师面前，为每位教师的深度参与研究活动创造了条件。由于在最后的环节中又加入了一更教师再次修改教学设计、进行教学实践的这一环节，对于一更教师来说，经过组内教师集体实践及研究的结果，不仅为其完善教学设计提供了支持，更为验证教学规律提供了可能。对于承担螺旋式更进任务的年轻教师，体验、对比不同教学细节带来的变化，更能直观地感悟到深入研究教学的重要性，从而更快成长起来。对于全体教师来说，由于投入其中，对发现的教学规律体验更为深刻，更能促进自己教学的改进。对于美术教研组来说，可以通过螺旋式更进抓住一个问题深入研究、深入探讨。这样的精钻细磨，为切实开展深度教研提供了有力支撑。

7. 微格式行为更进模式

微格教学英文为 Microteaching，意为微型化教学，又被称为“微型教学”“微观教学”或者“小型教学”。微格式行为更进即全组每位教师针对同一教学内容进行微格教学的研修模式。这里的微格式教学指的是教师授课，其他参与研修的教师当学生配合授课教师。这里的更进指不同教师的个性化设计在集体研究的过程中得到发展和改进的过程。英语组的微格式行为更进校本研修看似“同课异构”，但是又不同于以往的“同课异构”：研修过程中，上课的对象是教师，而不是学生；上课的内容既可以是一节课的完整内容，也可以仅仅是教学的部分内容，比如一个相对完整的教学点。微格式行为更进校本研修借鉴了微格教学的优点，但是又不同于“微格教学”。它增加了微格展示后的评课及对比评课两个环节，保证了教研活动中的“评和学”。

微格式校本研修模式为“一微格，三更进”。即一次微格式校本研修时间为三周，分为三个步骤，集体教研活动时间为三节课。我们初次尝试微格行为更进的教学内容为一年级的语音阅读课。

根据上述模式，我们进行了如下历程的探索：

微格第一周——自主学习，自主设计。英语组的每位教师得到教学内容及基本教学目标，老师们基于这个教学要求进行自主学习，利用一周时间根据这个模板和自己班上学生的特点，就同一教学内容，完成自己的教学设计。在这个过程中，如果遇到备课中的问题，教师可以和同组老师进行交流，保证了教师学习的自主性。

微格第二周——专家引领，修改设计。为了保证教研活动的实效性，学校聘请了专家做英语学科的教学指导。在这个阶段，教师将教学设计通过邮件发给指导老师，指导教师将设计的反馈传给教师，教师在指导教师的帮助下完成设计的修改。这种指导方式更具个性化，互通邮件和短信的联系方式凸显了现代化信息时代的优势，教师出现的问题能够得到及时有效解决。

微格第三周——微格展示，共同提高。英语组进行集中教研活动，所需课时为三节课。微格展示分为三步：一展示，二自评，三互评。一展示指英语组每位教师依次展示自己的教学设计；展示过程中，其他的教师充当学生的角色；然后展示一节评一节。为了保证研修效果，微格教研活动还规定了自评和互评的要求。提出了“两句话自评”和“分析式他评”的评价方式。两句话自评是：我觉得我刚才做得最好的一点是……；我需要改的是……(教学环节)。分析式他评指教师从学生或者教学理念的角度分析课的优点和不足，即引导教师多从“为什么”这样做的角度进行思考，力求加深教师对于教育理念的理解。

在这些多样的教研中，每位教师参与其中，研究教材、教法，研究学生的认知水平、激励……多元的思维碰撞，个人、集体的智慧得到了充分发挥，每个人都是研究者，每个人都是受益者，但最大的受益者是心智课堂中的学生。

我们在不断探索新的“更进”模式的同时，全体一线教师还充分利用课堂观察的科学方法，践行心智课堂，研究并开发、使用了适合心智课堂要求、不同学科教研特点的课堂观察表。把学生在课堂上的整体感觉，如孩子的参与程度、师生的课堂氛围等都能够在表格中得到呈现，从学生的课堂表现中体现出了愉悦的学习氛围、自主探究的学习过程，以利于观察后的改进和提升。观察表作为研究的一项内容，随着更进课的开展不断得到修改完善。受到教师欢迎的原因是具有针对性和指导性。由于课堂观察表是同组教师共同制定的，即授课教师也参与研究和制定课堂观察表，观察的内容其实就是授课教师要重点突破和体现的教学重点，因此引导教师更加关注学生在课堂中的情感体验，改进教学方法和策略，更加聚焦问题，进而解决问题，教学语言更加清晰简洁，更加注重在教学中“激趣、激情、激发学生主动思维”。

总之，在教学研究的行为更进式校本研修的基础上，经历着一次又一次的“学习—实践—反思—再实践—再反思”的研究过程，根据不同的研究重点和研究目标，不断创新更进模式，从而更好地关注教师的发展，促进学生的发展，最终一步步深入落实心智课堂。

三、反思与展望

参加项目以来，在项目组专家的指导下，我们坚持改进在日常，从计划的制订到执行，从计划到策划，从计划到总结，我们确实开始逐步改变着我们习以为常的工作方式和习惯，改变着我们的管理文化。我们学会了制订计划、策划、反思、总结；学会了站在全局，系统思考本部门的工作，全校一盘棋，增强了合力。在执行计划的过程中，我们已经将“调研反馈、反思改进、策划执行、总结更进”纳入自己日常工作。每项工作或活动组织前，干部们都会深入教师，听取意见，了解需求，再精心策划；活动结束后，总结反思，将做得好的地方及时固化下来，建立管理流程；围绕问题分析原因，深入挖掘，反思管理行为，共同思考管理改进，不断提高对计划的执行力。我们以研究为手段，探索实践“行为更进”式管理，逐步形成了“日常调研—策划方案—过程调控—总结反馈—反思改进”的螺旋式上升的行动研究机制和学校发展机制。有效的管理、更进文化的形成使得学校教育教学工作稳步推进，促进了师生的健康发展。

正是由于扎实的推进工作，我校多次获得机会在市、区级的活动中介绍我校的经验。如，“2011首都教育论坛—学校发展国际研讨会”上，我们作为项目学校成员有幸参加了中小学校长论坛，并做了大会发言；我校一年级教研组参加了项目组组织的“平稳度过一年级专题研讨会”，会上项目学校相互交流各自的做法与经验；我校英语教研组及数学教研组都分别承担了项目组开放教研活动的任务，并获得参与活动的专家和老师的一致好评。另外，我们还在全区校长会上做了经验介绍，通过科研周活动向全区进行了展示，让全区中小学了解了育翔。

我校在UDS项目组专家的引领下，在总结、挖掘、传承学校办学优势的基础上，在“全元心育”育人理念的指导下，依托行为更进校本教研策略，逐步形成“更进文化”；深化、拓展心理健康教育，将优势发展为学校的“育心教育”的办学特色——在学校管理、学校德育、课堂教学、师生活动等方面，体现以“育心”为核心取向，以心为先，以心育心，滋养心灵，培育师生健康的心理素质，形成健全、和谐人格，为师生的人生幸福服务。促进学校内涵发展，走出了一条以特色彰显卓越的文化引领之路，促进了学校的全面、协调、持续发展。

我们还会将我们的研究成果拓展到学校工作的方方面面，如课程体系、家校互动、校园建设等。正如我们现在已经开始进行的“育心”校本课程体系和评价体系的研究与开发，将为“育心教育”理念的实施搭建更为坚实的平台，继续推动我校教师不断探索、研究育心教育理念下的教育教学活动，逐步构建以“育心”为核心取向的核心价值观念体系和行为规范体系。

同时，在区域综合改革的背景下，我校也面临着新的挑战。随着我校办学规模逐步扩大，去年刚刚合并了区内另外一所小学，又扩充了新的校区。在新的外来文化的冲击下，如何保持住育翔已有的积极文化，同时还要兼顾、吸收其他外来文化的优势，进行学校文化的进一步融合，这是我校现阶段面临的巨大挑战。然而，挑战即机遇，我们全体育翔人有理由坚信我们的“育心型”的干部和教师团队，一定能够处理好未来所面临的新矛盾，在更大的机遇和挑战面前，继续将“育心教育”带向新的台阶。

（校长：胡晓峰；驻校专家：张梅青）

改进是为了更美好

西城区三里河第三小学

回首几年的参与实践，三里河第三小学参加 UDS 项目可以用“硕果累累”来形容。参与之初，作为一所走过五十年的学校，学校的整体工作处于大家辛辛苦苦地付出着，但是如何使工作科学化、系统化、讲究效率，使每一项工作落实，能扎实生根，形成真正的学校办学特色都还有很长的路要走。如何使学校的各项工作更加具有科学性、系统性是学校所要解决的任务。而 UDS 项目倡导“以计划为基，推进学校工作的扎实开展”，并以计划为基点，上至规划，下到策划，既高瞻远瞩又脚踏实地，使学校工作从宏观到微观各个层面都得到全面发展。

一、探索学校发展的上升螺旋

随着 UDS 项目组一期期活动的参与，在 UDS 项目组“学校发展从我做起、从计划做起”的培训开始，借助项目理念，三里河第三小学开始关注计划管理的特征与优势，同时紧紧抓住学校发展的关键所在，努力尝试在制订计划、执行计划、反思计划、总结计划的过程中实现学校的稳步、可持续发展。

(一)计划制订中的思考与改进

计划对于学校生活而言，具有指导和规定的功能。从某种程度上，规定着学校日常的工作轨迹和工作内容，决定着生活在学校里的人的生活空间和行为方式，构成了教师发展的组织环境。其制订得是否科学，运行是否顺畅，与教师的专业生活状态和生活质量息息相关。因此，科学有效地制订学期工作计划可以有效提升管理工作效能，改善教师工作环境，帮助教师从很多无效的劳动中解放出来，为教师的自主发展赢得更为宽松的空间。①

在学校管理中，制订计划是学校的一项常规工作，如何以计划为载

① 杨朝晖．学校发展从优化学期计划开始[J]．中小学管理，2011(5)：45.

体，促进学校工作开展一直是学校管理团队思考的问题。在 UDS 项目组的学习与培训中，学校的管理团队对计划的制订有了更为深入的理解。我们认为：第一，计划是做事的依据；第二，计划是反思的基础；第三，计划是发展的根本。尤其是我们探讨更多的“学期计划”，更有着其特殊的位置。从学校长期发展而言，它是学校发展的几十分之一；以学年而言它是二分之一；就一个学期而言，它就是百分之百。

学期计划的这种位置，决定了它在制订时必须考虑到以下三个重要方面。一是在学校规划之下这一学期的任务是什么？二是在全年的发展中这个学期的任务是什么？三是这个学期的任务与前后的关联是什么？基于这样的思考，学校在制订计划时强调计划制订是坚持常规工作的落实，特别提出发展性内容的确立。

再有，学校制订计划，要关注三个群体的需求：一是教育行政部门，二是学校的管理干部，三是普通教师。不同的角度需求所需要看到的计划的内容也会不尽相同。教育行政部门更希望看到哪所学校有新的提法、新的举措；管理干部更希望计划是我的一个手册，明确各项工作，做到忙而不乱；教师希望看到的计划是哪些是和我密切相关的。

在学校制订计划的过程中，我们首先是从管理干部本身以及教师层面给予更多的关注，做到计划的实用。因此，学校的计划除了文字叙述部分以外，我们会有一个非常详尽的月工作安排及周工作安排。这样，三个层级人员对于一学期所要做的事情就会一目了然。

(二)让执行成为计划效能发挥的关键

马克思说：“一步实际运动比一打纲领更重要。”[①]我们衡量一个组织机构和一个单位的工作不能光看他们的计划订得如何，而主要看他们的计划实行得怎样。工作成果的质和量，是做出来的，不是计划写出来的，也不是凭空检查和总结得来的。从上述意义看，实行阶段是管理活动全过程中占时最长的阶段，是管理人员需要花极大的精力去抓落实的阶段。

计划有了可执行性的要素，但这并不意味着就能在实际工作中真的能够执行。随着计划制订程序的逐步完善，学校管理团队思考如何使计划能更好地执行。原因有三：一是学校工作的复杂性；二是学校工作的突发性；三是计划执行的人的因素。

由于学校是一个复杂的基层组织系统，很多事情往往无法自我控制，

① 马克思．给威·白拉克的信[M]//马克思恩格斯选集：第三卷．北京：人民出版社，1972：3.

外来临时性任务很多，计划之初有时也无法做到很周到，计划与执行的分离使得计划成为一种形式与任务。学校工作中的突发事件也是很难避免的，在执行时如何将突发事件的处理纳入学校整体工作计划中，是每个学期都要面临的问题。再有就是执行计划的人的状态和水平也会直接影响到计划的执行成效。

正是基于以上对计划以及计划的执行的认识，如何寻找一个行动载体来落实计划的执行，发挥计划在学校发展中应有的作用，是我们迫切需要解决的问题。基于三里河三小的干部队伍整体比较年轻，管理经验相对不足的现状，在借助培训的同时如何使辛辛苦苦制订的工作计划能够有效执行呢？在思考中，学校领导有了一个初步的想法，通过设计“月工作计划总结反馈表”(表 1)来实现学校计划的落实和年轻干部们的成长。

表 1　西城区三里河三小月工作计划总结反馈表

年　　月　　　　　　　　　姓名　　　　　　　　主管工作

项目	工作记录	效果如何
已完成工作情况	(请用简要语言记录月主要工作)	(对应工作的领导自评效果，可以用“超好/很好/较好/一般/不满意”五个等级)
未完成工作及原因		
计划制订与执行的反思		
感悟		

“月工作计划总结反馈表”的设计意图是确保学校的计划得以执行。当第一个月过后，干部们把“月工作计划总结反馈表”上交后，校长迫不及待地进行了阅读，对于每一个可圈可点之处，校长都进行认真的批注，对于大家工作的辛苦与付出，校长不吝赞美之词，然后校长又把表传回给各位干部，让大家看到这是一张承载工作与情感的表格。

通过第一个月的使用，我们觉得这张表格达到了这样的目的：一是回头看学校的工作完成情况，从数量而言，看学校的工作完成了多少；从质量而言，看学校的工作是否达到预期效果；二是向前看学校的工作需要做哪些调整和完善，工作带给学校哪些思考和启迪。

为了进一步引导使用好这一表格，我们专门召开了月计划总结的工作会。在会上，校长向大家进一步重申了使用此表的目的、意义以及更为具体的操作要领。为了使大家相互借鉴，我们还将大家在九月计划中的感悟摘录下来，大家共享，促进向他人的学习。

有了第一个月初步尝试，我们更有信心了。我们邀请 UDS 项目的专家帮学校领导会诊。专家们对于我们的尝试给予了充分的肯定，同时也提出了改进的建议，提出了发挥综合效益的观念。专家们希望通过“月工作计划总结反馈表”这样一个载体，进一步培养干部发现的眼睛，培养对问题的敏感性以及干部的赏识意识。

根据专家们的建议和我们的工作经验，我们将“月工作计划总结反馈表”进行了修改，增加了发现问题及解决问题一栏；同时整合学校原有工作，增加好人好事一栏，以促进干部在实际工作中既要有欣赏的眼光看待事物，又能够有敏锐的眼光看到工作中的问题。

发现问题栏目的设立，一石激起千层浪，干部开始学习用敏锐的眼光看待周围习以为常的事物。在第二个月的反馈表中，大家提到了方方面面的问题有十几条之多，有些问题发现的同时就找到了解决问题的办法，有些则暂时还没有解决问题的办法，但提出来引发学校的进一步思考。

比如，有的干部在发现问题中这样写道：“课间减噪停留在表面，跟进的检查没有反馈，没有执行力度。”“现在依然是六年级楼道内相对安静。”“学生的礼仪常规有待培养。实际上这个问题深挖下去，是班主任的工作是否到位和学校德育工作的反馈。现在总有种感觉，班主任老师过多的精力投入教学，忽视了班集体的培养，忽略了学生的德育工作。发现问题，往往是简单处理，解决流于表面。”“工作流程出现问题。为什么会越过中层呢？是不放心？还是中层办事不力？不明白。”……

用欣赏的眼光看待周围的人和事，尊重每一个人的努力。很多点滴的小事被干部们看到了眼里。如一位干部在好人好事一栏中写道：

胡怡宁老师利用午休时间主动联系六(3)、六(4)班的老师，为学生加练广播操。杨娜主任是学校十月最辛苦的人，每日往返分校、本校数次，电话联系不断，一切都是为了本校、分校设备的正常使用。岳师傅不惧降温，坚持按时接送各种报表、各种文件。体育组全组教师为广播操评比付出了大量的心血和汗水。

学校领导将每一位干部提供的好人好事又做成一份在教职工中共同传阅的《好人好事简报》。在简报中，学校领导特地注明了好人好事的提供者，使全体教职员工感受到每一名干部都在欣赏着大家的努力与付出，使每一个人的努力都得到尊重。

对于学校相对周而复始的工作而言，反思是不断注入的新鲜血液，是发展的根本。因此要将反思纳入自己的工作中，变成自己思维链条的一部分。为了促进干部们的反思，学校领导还在“月工作计划总结反馈表”中加强了与干部们的对话与交流。

如一位干部在反思自己处理组织研究课过程中，“优柔寡断，有时又过于强硬，不近人情”。学校领导对他的反馈是：“你的认识很好，其实和老师的沟通很重要，一定要注意态度，这是沟通的基础。你发现的这些问题很有意义，能不能在有计划的基础上，在开始实施时，开组长会明确地重申要求后，再去执行。有问题大家会上就沟通好，可否避免一些问题呢？学校再探讨。”

在学校领导的不断引导下，干部们开始有了变化，下面这段话是学校教学干部结合当月听课情况的反思。

虽然新教材已经使用六年了，但是老师们对于教材的理解还是有不到位的地方。学校领导分析原因后觉得：一是教师对教材缺少系统的了解与分析；二是教师的数学学科的知识太少，导致对于教的理解不够深入，甚至出现偏差；三是教师平时的教学反思还没有形成习惯，教学交流还不够广泛，导致以前犯的错误现在还会犯，别人犯过的错误你还会再犯的情况。

这样一段反思就引起了学校新学期教学研究方式的变化。以数学组为例，他们打破了教学比赛大家各自选课的局面，而是大家共同探讨一个主题，这样就是在解决反思中的问题。

随着工作的推进，学校对“月工作计划总结反馈表”的使用又提出了更高的要求。即对工作的总结在完成状况简单评价的基础上，还要对相关工作进行分析，使月计划总结更具有价值。学校领导特别提示大家要关注以下几个方面：一是对自己预期要达到的目标是否完成加以分析；二是在执行的过程中教师、学生、家长反应如何；三是关注计划执行过程中产生的新的想法与思路。这样，每一项工作的执行都成为一个新的起点。

在“月工作计划总结反馈表”的不断改进与使用中，很快就迎来了期末，我们以“月计划总结”为依托，进行了管理案例的交流。在交流中，学校又对计划的制订、落实等情况进行反思，并对下学期的工作计划展开讨论，形成新学期工作思路。由此，通过一学期的探索，学校初步形成了“学期初制订计划—每周工作安排落实计划—月工作总结表调控计划—期末总结反思计划—假期研讨制订计划”的工作链条。依据这个链条，学校工作呈现出不断发展、螺旋式上升的局面，进而也形成了以计划管理为依托，促进学校不断发展的工作新机制、新模式。

“月工作计划总结反馈表”的使用，对于学校干部队伍的建设来说带来的变化与工作的促进是明显的，小举措带来大效应，促进了学校的发展。

第一，使校长与干部、干部与教师之间的关系进一步密切。从对干部月工作计划总结的点评中，干部能够感受到校长对他们每一个人工作的高度关注与理解，干部得到尊重与理解是焕发学校领导潜能的基础。教师从“好人好事”的简报中感受到干部赏识的目光，因而激发出积极向上的力量。

第二，促进了干部管理能力的提升。学校的中层干部其实也有一个干部专业发展的问题。中层干部大多是在教师岗位业务能力较强的，但是管理上人缺少专业训练。而“月工作计划总结反馈表”的使用，不仅让他们关注到自己工作任务的完成，更促使他们学会了发现，提高了发现问题和解决问题的能力，学会了对人的关注，激发了学校领导反思的意识。这些素质的提升，极大地促进了学校的发展。

第三，通过对月计划的总结，促进了干部队伍的计划形成与落实意识。现在学校的干部队伍的各项工作都能够做到计划与落实、总结反馈环环相扣，极大地提高了工作的效率；形成了一个闭环的过程，使得对工作的思考伴随着每一位干部的工作，提高了干部工作的意识。

第四，以月计划工作总结为依托，帮助学校形成对学校问题的系统思考。学校新近出台的教职工月评价等工作制度都是来源于月工作计划总结中干部们发现的问题所形成的共识和改进。

总之，通过实践我们认识到，计划落实的第一个环节是中层干部的执行，第二个环节是在执行过程中的调整，第三个环节是计划执行后的反思。为了促进工作计划的落实，我们采取的方法是执行前——行政进组落实(年级组、教研组、党小组)，执行中——随时调控，执行后——总结反思，具体措施就使用“月工作计划总结反馈表”，使之起到服务于计划落实的作用。

实施月计划工作总结是学校工作中的一个小小举措，但它对于学校各项工作所产生的效益却是巨大的。它为学校带来思考方式的转变，做事方式的转变，工作成效的转变。这一举措的实施得益于 UDS 项目最初“学校发展从计划开始，从学校领导做起”的培训，以及在计划执行过程中的跟踪、指导。同时，这个举措也来源于对学校领导对学校作为学习型组织的系统思考。为什么做？怎样做？做得怎样？怎样更好？都以这样一个小举措串联起来。

（三）案例总结让我们有了再提升

管理学认为，在学校各项工作任务中，不论大事小事，也不论是长期性工作或短期性工作，一般来讲，其管理活动周期都由计划、实行、检查、总结所构成，缺少任何一环都不是一个完整的周期。从发展上看，计划、实行、检查、总结，必按一定的顺序推进。在一个管理活动周期之内，计划与总结，一始一终。“计划—实行—检查—总结”四个基本环节或称阶段并不是各自孤立存在的，而是连成一体，缺一不可的，表现出它们的整体性。

根据这一原理，三里河第三小学不仅重视计划的制订与落实，更重视管理的检查与总结，并将这两个环节合并，将其定位为“反思”，由此，将行动研究的理念与步骤嵌入学校管理的环节，优化了计划的落实步骤，同时还在反思中对计划的进一步推进做细致的分析。

UDS项目倡导我们写叙事案例，我们大力践行。管理案例都是我们推动计划执行的过程中对问题的解决，有很多是对计划执行的再探讨。比如校长在干部队伍建设的反思中，提出加强干部的首遇负责制；有的主任提出了优化学习意识；有的主任提出了每一件常规工作都要当新任务来完成，提出了完成工作的高质量；有的主任提出加强沟通，促进工作；有的主任提出对科任教研组建设的思考。这些对于计划执行过程中的反思又成为我们新的计划的一个起点。在新的计划中这些点都有相关的落实。从而形成了一个以学期为单位，以“计划制订—落实—反思改进”为依托的发展闭环螺旋。

在这一发展的过程中，反思总结无疑是最重要的。写总结，我们自己从大到小写了无数次，但哪一次的总结是令我们印象深刻的，哪一次总结是令我们难忘的，哪一次做总结的经历能触动我们自身，好像我们都很模糊。UDS项目为了引导我们做好总结，对我们进行了专门的培训，引导我们认识到总结是为了更好地再出发，总结需要我们站在全校工作的高度、站在推动主管工作进步的高度去总结。总结应该与固化、与改进、与推进、与发展相结合。总结一定为改进而服务，为改进而奠定基础，并且还要不断进行改进。

于是，我校各部门依托“计划—执行—总结—再计划”的对照表，进行工作总结的再改进。其中，教学部门的总结改进可谓是最为典型的。

往年的教学工作总结都是我们教导处的3位干部结合学期初的教学工作计划和自己的月工作总结完成的。因而更多的是我们自己对于工作的回顾与反思。而今年的教学总结有了新的变化，对我们教学工作一学期的总结提出了新要求，即：一是本学期的教学工作总结案例以工作反思的形式进行；二是要求所有行政领导在聆听教学反思后，要结合自己所主管的工作提出相应的意见和建议，即在反思后的再反思；三是教学主管人员再次反思整理，形成系统思考；四是改进方案，并将改进的方案融入新学期的工作计划。这一总结的过程包括了以下几个环节：

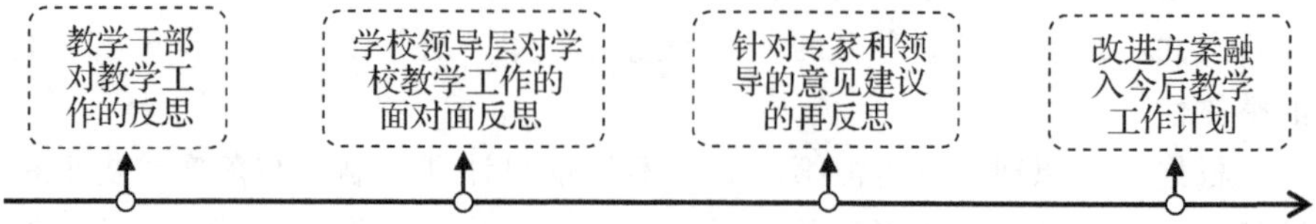

沿用以往的教学总结案例格式，教学干部从成绩与问题两个方面对近一年学校的教学管理工作进行了总结。

我们从以下几方面肯定了本学期教学管理工作中的成绩：强化常规管理，提高课堂教学质量；强化质量意识，转变监控角色；加强教研科研，促进教学提升；同时也从如何发挥学科带头人引领作用、教研组长工作怎样进一步开展、学校教师梯队如何建设等三个方面反思教学管理中存在的问题。

第一，如何发挥学科带头人引领作用？从 2011 学年度起，我们结合区里对学科带头人的履职要求以及校本教研的需求在教学管理中引进了——学科带头人公开课展示。本学期在此基础上，我们又在不断完善其制度，希望不断发展、延伸其作用。由上学期的展示改进为研究，就是希望充分发挥校内各学科带头人的作用，起到以点带面的辐射作用，提高学校教学整体研究的力度，提高教师的参与度，提高活动的辐射度。之前我们也进行了一系列的设计和规划，包括研究的专题、研究小组的分配、研究的时间安排等。但实际的推行和效果与我们的预期存在较大差距，活动从策划到执行有许多需要反思的地方。

第二，教研组长工作怎样进一步开展？当前随着新课程实施的不断推进，教师专业化发展需求的凸显，教研组无可回避地成为探讨教学问题、展开有效实践的重要阵地。教研组长作为这个团体的核心人物，如何成为学科教学的引领者和研究活动的有效策划者，是我们应该认真思考和实践的，也是学校进一步发展中值得重点关注的问题。

教研组活动关注“生成”。虽然教研组的活动结合学校的工作是有一定的计划和安排的，但作为教研组长要有敏锐的洞察力和科研引领的能力，要随时注意到教研组活动中新的“生成”，要善于捕捉教师在活动中的有感而发，要让教研组会议为教师搭建教学信息交流的平台，引导教师从简单的“有感而发”走向深入的“有思而研”。在平时的教研组活动中，教研组长应随时把大家零碎的感想和感言记录下来，从中发现和挖掘有共性的问题或有价值的可以深入探讨的东西，这样的议题才能真正贴近组内教师，真正对教师本体性知识的提高和教学实践有指导性。对于教师在教学中遇到的疑难和困惑，可以建立教研组的“问题库”，通过教研组或备课组的进一步研讨，共同解决，形成共识。通过对“生成性问题”的归类和研讨，使教研组活动为教师提供反思的环境，学会反思的方法和手段，帮助组内教师形成反思的意识和研究的习惯。

第三，学校教师梯队如何建设？我校现在不论是主科还是科任队伍，都存在断层的现象：金字塔顶端的人数不足，有经验的教师年龄偏大，不能承担赛课任务；中间留有发展空间的教师群为数不多；下面却有许多甘愿成为塔基的教师群，具体表现为：专业发展处于瓶颈，发展目标不清晰，发展动力不足，职业懈怠或感觉工作压力大，顾此失彼。如何改进金字塔的现状、提高塔尖的质量和数量是我们目前工作面临的巨大问题。

为了找到教学的真实问题，为了更好地促进学校的教学水平提升，学校特意利用一次行政会议的机会，请全体行政帮助教学处的干部一起进行教学管理反思，为学校的教学工作把脉。会议开得十分热烈自然，各位行政干部边听边记，共同思考。纷纷就自己看到的一点或几点发表了见解或意见(见表 2)。

通过初步整理我们发现，大家一共提出了涉及 5 个方面的 38 个问题，面对这许多问题，我们教学干部真有些不知所措，原先自己发现的问题一个都没有解决，又来了这么多新的问题应如何面对呢?

在邢校长的组织下，我们对这些问题进行了重新梳理，弄清了目前教学管理中的问题到底是什么。通过进一步的梳理我们发现，在行政会上谈到的问题，会比我们自身的总结站到了一个相对较高的位置。教学干部自身观察到的问题，更多的是拘泥于教学本身。但行政会上大家讨论提出的问题已经超出了教学工作本身，是站在全校工作的高度去思考的。这也就为我们的工作点亮了一盏灯，教学绝不仅仅是教学，而是各项工作的综合体。

表 2　教学处干部在教学管理中存在的问题

领域	问题
管理系统	教学管理系统中缺少大组组长的定位和工作程序
	教学干部与大组组长的角色划分不够明确
管理理念	教育和教学的整合不够，片面强调教师的教学能力和教育管理能力
	教学工作是整体氛围的营造，需要大家的共同努力，需要教师间的互相影响。要有整体设计、整体推进的意识，要注意学校工作的整体安排和整体要求
	了解教师需求不够，要创设教师群体展示的平台，要争得学校各方面的支持与配合
	要淡化“底线”，提倡更好
	好老师或管理者角色的选择和定位
	教学管理工作存在条块分割的问题
	从学习型团队建设思考，大家的共同愿景是什么？系统思考管理的体系流程存在的具体问题
	思考学习型学校的发展走向，深入了解教师间教师个体的交流内容，发现挖掘点串联在一起
	明确教学处的内部分工，把事情的具体执行力下放
管理制度	教师工作手册中有关教学常规和课堂常规的制度制订进一步完善要在开学初引导教师进行学习和讨论
	分清管理的各个要素，明确要素的特点，理顺要素间的关系
教学研究	如何将零散的时间集中起来，组织教师研讨活动
	跨学科论坛的建设
	学校层面的大主题教学活动设计
	教师教学活动的互动性
	教学活动的仪式感，学校教学活动的文化建设
	教师综合素质梯队的建设
	设计学科教师都能参与的主题学习，设计有针对性的学科活动
	要让教师明确跨学科学习，听什么
	学科带头人的示范课应该是双方面受益的教学活动
	坚持课堂教学为本，坚持不以增加学生负担为代价，要关注家长参与学生学习指导的情况，并对此提出明确的要求

续表

领域	问题
对工作的要求	要开拓丰富多彩的学科教学活动，开展学科竞赛
	坚持学校的三级质量分析，并在此基础上提出明确的教学建议。开展非考试学科的教学质量分析
	互动反馈技术课题研究要进一步深入，要推动更多的教师参与使用
	工作中发现问题应及时反馈
	既要发挥教师的自觉性，又要适时进行相应的教学检查
	教学管理工作贵在坚持，要坚定地执行各项规章，坚持执行有效的教学活动
	在检查中发现教师好的做法要及时反馈，及时向所有教师展示
	关注教师理念的转变
	认真思考教学、教学管理工作中的具体问题及解决的办法。重视工作思路的具体落实
	关注听课后的评课，尝试个别教师的研究
	教学干部自身的焦虑与困惑应如何突破
	如何面对问题与解决问题
	反思具体的、日常性的、惯例性的工作，反思自己原有的工作发生与工作习惯

面对行政会上大家提出的问题与思考，我们教学干部感受到大家对于教学工作的期望，经过梳理又将问题做了如下的划分(见表 3)。

表 3　教学处干部在教学管理中的问题与任务

领域	内容
管理系统	教学处三个主任职责如何划分?
	大组组长的设定有何意义，具体职责是什么?
管理制度	学校的教学要求和任务如何落实?落实中出现问题究竟是什么原因?
	教师工作手册的问题有哪些?需要做出哪些改进?
	学校的教学常规是否完善，还要做出哪些改进?现有的评价导向是否合理?

续表

领域	内容
校本教研	我们所搞的活动是不是教师真正的需求？教师的需求有哪些？我们如何了解教师的需求？
	我们如何体现校本教研的优势，提高其目的性和针对性，使其与区教研培训形成优势互补？
	校本教研如何增加活动的参与性，现有的形式哪些可行，哪些需要改进？
	增强教研活动的仪式感，可以从哪些开始做起？

在校行政会后，教学处的三位干部和邢校长一起对梳理的问题逐一进行了分析。教学干部明确了哪些是自己管理理念的问题，哪些是操作层面的问题，哪些是需要自己动脑筋解决的问题，哪些是需要寻求校长和其他行政领导一起想办法解决的问题，并将需要解决的问题按照难易程度和缓急情况进行排序，并在期末和放假初期完成了以下几件工作。

第一，职能重新调配。从学校整体工作层面，打破原有的教学干部的条块分割，对教学处现有三位干部的工作职责进行了重新分配。教学主管职能由条状分割到块状分割。重新划分了各自主管的工作。

第二，明确工作职责。与校长和大组组长一起反复研究，明确了大组组长职责，在新学期进一步落实教研大组组长的职责。

第三，完善制度要求。重新修改和制定完善了各项教学常规，使教学常规更符合学校工作实际。并坚持教学干部对制度的宣讲。同时增加了对新入职的教师的制度讲解和培训。

第四，修改工作手册。改进和完善了《教师工作手册》版面内容设计与内容的补充修改，我们努力做到使教学手册成为教师教学工作的依据、工作的引导。我们新修订的教学手册在各校都有的常规内容之外，增设有教学常规、学期教学工作流程、作业本以及登分要求等，同时又有教师备课自查、作业自查的要点。

第五，修订听课本。重新修订了教师听课本，既有通识听课听什么的基本内容，又有我校课堂教学中倡导而且强调的内容，使听课真正成为教师之间相互学习提高的过程。

第六，改进工作方式。在新学期的计划中我们对教学展示、教学比赛的设计也有了新的改进。关注科任学科的特点，变三课两反思为同一天的学科教学展示。调整校内赛课节奏，将星光杯赛课调整为两年一次。关注教学活动的设计，制定详细的活动方案，注重活动的形式，利用校园网络优势促进教师参与教学研究。

通过这次实践，我们认识到，总结是为了新的出发，而教学工作是学校的中心，是基础性的工作，又必须要不断持续深入地工作，是学校工作的重要部分、关键部分。因此，我们以反思的形式进行总结是为了让总结不流于做了什么，更要思考还能做什么。

在此之后，我校的工作总结则以此为模式，在结合计划做好对照性之外，有重点地逐步将各主管部门的工作总结深入推进，初步形成了“学期初制订计划—每周工作安排落实计划—月工作总结表调控计划—期末总结反思计划—假期研讨制订计划”的工作链条。依据这个链条，我校工作呈现出不断发展、螺旋式上升的工作局面，进而也形成了以计划管理为依托，促进我校不断发展的工作新机制、新模式。

二、建学习型组织，行自我变革之路

学校于2010年通过了北京市创建学习型组织的先进单位的验收，验收的过程是一个学习的过程。由于学习型组织的创建发端于1990年的《第五项修炼》一书，但具体的构建等方面还是处在一个探索期，有很多未知的东西是学校要面对的。如何将这一理论真正与学校的发展实际相结合，也是一件很纠结的事情。学校领导一度认为学习型组织是那么大的一个命题，虽然学校通过了验收，但学校领导深知其中的艰难。经过不断的学习与思考，尤其是UDS专家们的推动，使学校从一个崭新的角度去重新思考学习型组织深化的问题。学习到底是什么？学习的目的到底是什么？因为“知识本身是空洞的”，学与习之间是不断实践与内化的过程，持续学习就是精于不断改进行为。在第一届国际学习型组织研讨会的文件中这样指出：学习只能产生于学校对自己行为的反思。社会学习只能产生于对群体行为的反思。学习型组织是能够熟练地创造、获取、解释和保留知识，并根据这些新的和观点，自觉地调整改善自身行为。学习被定义为：“在行动方面发生变化”。因此学校把学习和行动联系起来。学习型组织不是简单地重复“灌输”知识，学习型组织鼓励学习者应用所学的知识，提升学习者的能力，改善行为，学习本身就是一个知行合一的过程。

基于以上认识，依据UDS项目提出的“改进在日常”的理念，我们认为，这是将学习型组织的深化落实到学校实际工作的最有效、最有价值的方法。改进应该是在落实计划中有效实施，一是自上而下的顶层设计，二是自下而上的悄然蕴发。两个途径的实施在学校的工作过程中都有着明显的轨迹，而且两个轨迹的相互映衬、相得益彰。于是，我们一方面践行自上而下的计划改进与落实，一方面从日常工作入手，改进我们的原有文化。如今“改进是为了更好”已经悄然成为学校全体教职工的共识。

(一)会议文化的改进

我校的会议文化有着鲜明的特点，全体会议简洁、明了、高效；中层干部的行政会丰富、实效、热烈；年级组长、教研组长会主题明确，解决问题；班主任例会等形式多样，促进改进。学校的各级各类会议是必须要召开的，但又极容易开成不疼不痒、与会者不感兴趣的会议。因此，会议文化的变革学校首先定位在每一个类型会议的召开一定要与会者有收获，这种收获可以是观念上的，可以是方法上的，也可以是情感上的。

学校首先发生变化是学校的行政会。

计划需要人来执行，需要在工作中进行落实。而学校的实际情况是，青年干部在学校中层干部团队中所占比例呈现逐年递增趋势。无论是计划的制订，还是计划的执行，都需要学校的中层团队来制订和执行。但是，我校的中层干部队伍年轻，相对缺乏管理经验，对于从宏观整体的角度思考学校管理问题的意识是有欠缺的。因此，学校将计划制订和落实的着眼点定位在中层团队的执行力培养上。

干部的全局意识不够，但是没有一个锻炼的平台，主管某一项的干部们又怎么能形成全局的意识呢。根据分析得出问题后，我们力求通过行政会对干部进行管理观念、管理方法的培训，把身边的干部都培养成具有全局意识、能独当一面的能手。经过一段时间的摸索，经过 UDS 工作坊的培训，我们认为原有的行政会少了对工作的统筹性的思考，少了情感的交流与碰撞，少了解决问题的意识，更重要的是没有作用。因此，学校从每周一次的例行行政会上用“轮换主持人”的方式、以主持行政会议的方法潜移默化培养每位中层干部的“落实”能力，“促进”中层干部团队的能力提升。

学校的行政会逐步开始了一些变化，以轮流主持、交叉学习、行动反思为变革形式，逐步改进行政会上的一些旧有形式，让行政会变成了培训会、分享会、会诊会。下面是我校的一个行政会的案例。

我们把行政会变成了培训会

某个周五上午的九点，我校的行政会依旧在同样的地点同样的时间里开始了。照例大家纷纷提前到达，会议的主持人已做好会议准备。正式开始前，各位行政领导都在随意交流着，这为行政会的开始做好了充分的情绪准备。九点一到，此次会议的主持人——我校的办公室主任宣布开会了。

我们把每次行政例会都看作培训干部的机会。我校的行政会原由校长主持，行政干部各自汇报相关工作。参加UDS培训后，我们通过自我反思、剖析学校管理问题认为：学校的中层干部队伍年轻，相对缺乏管理经验，对于从宏观整体的角度思考学校管理问题的意识是有欠缺的。干部的全局意识不够，但是没有一个锻炼的平台，主管某一项的干部们又怎么能形成全局的意识呢。根据分析得出问题后，我们力求通过行政会对干部进行管理观念、管理方法的培训，把身边的干部都培养成具有全局意识、能独当一面的能手。因此我校的行政会由每位行政干部轮流主持，谁值周就是主持人。主持人会提前做好相关会议室以及议程方面的准备等。轮值主持，为干部们提供了一个考虑学校全局的平台，透过每次主持会议，就把一个每周必不可少的行政会变成了中层干部的培训会，让行政会多了一种使命。

我们把行政会变成了分享会

我校行政会的第一项是中心组的学习，本次行政会的学习内容由主持教务的任主任负责，首先她组织与会领导共同学习了胡锦涛总书记在十七届六中全会上的讲话，并着重理解了关于培养文化人才的段落。其次是根据主持人的主管工作——学籍工作，她组织大家学习了《北京市学籍管理条例》。在学习的过程中，结合我校实际工作，她讲解了一些学籍管理中的实际问题，诸如目前学生家庭情况的特殊性为学籍管理提出了难题。

建立学校组织学习系统是构建学习型学校的核心制度保障，分享学习文化是构建学习型学校的环境条件。那么，行政干部系统学习、分享学习更是非常必要的。中层干部的工作是各管一摊，相互交叉的内容不是很多，如何促进干部对相关工作的了解，也是树立干部对全校工作的大局意识的一项有效内容。为此，我们把行政会的第一项设置为学习，对于学习内容的设置要求，第一是介绍一篇政治性、时事性的内容，旨在影响干部对窗外事的关注，同时需要介绍学习一篇本人主管工作方面的内容，主管德育的干部介绍德育的内容、主管教学的干部介绍课程改革方面的内容、后勤介绍后勤方面的内容，这种交叉性的学习，对干部的提升起到了很好的作用。

学习结束之后，干部开始交流上一周参加市、区会议的相关内容。副校长介绍了参加德育干部就班主任工作交流的情况，尤其对于兄弟学校在班主任工作方面的介绍使大家看到了我们的差距与学习的地方。人事主任介绍了人事工作的一些新的精神。

中层干部是学校工作的中坚力量，他们不但需要落实学校的具体工作，也要对市、区教育工作会议比较了解，对市、区动态有相当的了解。因此，对于全区工作会议的交流也是我校行政会中一个议题。通过这样的交流，对全区教育工作也有了整体的把握。这样的交流也提高了工作的透明度，使每一名干部认识到自己在学校工作中的重要性。

我们让行政会成为会诊会

当学校出现了一些危机事件，或者有个别教师、学生存在着一些棘手的问题时，怎么办？不管是校长，还是职能部门负责人，一个人或少数几个人面对复杂问题时，难免会出现决策偏差。行政会上的集体反思就是让所有的行政干部共同来思考破解难题的良方，通过集体会诊的形式来形成行政集体的智慧、集体的决策来规避个别决策的风险，实现管理效能的最优化。

这次行政会我们的反思主题是：半个学期的养成教育情况。学生的养成教育是我校德育工作中始终坚持的。德育副主任就全校养成教育的情况首先进行了成绩与问题的分析，之后各部门领导就半个学期以来在养成教育方面的情况纷纷提出自己的看法。例如教学主任提出低年级部的每周之星形式新颖，很吸引人，但是考虑到学生年龄的实际情况，能否采用加注拼音等方式出现更规范的展示。再如关于就学生在楼道内要轻声慢步的问题，如何形成全校教职员工共同引导的大氛围，逐步使我校的孩子能够做到在楼道内轻声慢步，大家形成共识。又如对于个别生的教育问题，从学校到班主任再到所有任课教师，怎样形成一个共同干预的策略，制定相关的办法。对于养成教育我们坚持正面引导、加强及时性，同时注意评比表彰的兴趣点的不断更新。

行动反思过程是构建学习型学校的核心要素。随着工作的推进我们将及时性案例反思纳入行政会议的议程，每次有一位干部结合学校近期的工作做主发言进行反思，其他干部补充，进行集体会诊。这样的反思会诊体现了集体智慧的力量，尤其对于出现的问题我们要求大家从不同层面进行评说，最终要形成改进的方法。在反思交流的过程中我们注意搭建交流的冲突平台，新近产生的冲突的互动作用观点强调管理者要鼓励有益的冲突，认为融洽、和平、安宁、合作的组织容易对变革和革新的需要表现出静止、冷漠和迟钝，一定水平的有益的冲突使组织保持旺盛的生命力，善于自我批评和不断革新。

在我校的行政会上，让每个人都发言，形成交流中的冲突，可以促进智慧的汇集凝结。在我校的行政会上“我不同意你的看法”“这件事可不可以这样理解”等都是形成冲突交流的入口，在冲突交流的过程中，破解难题的思路逐渐清晰了，方法的呈现也更加丰富了。

对工作的及时性反思、集体会诊是我校行政会上一项很有价值的工作。一段时间以来，我们已就新学期开学典礼、全校的学生家长会、暑期学校施工的协调工作、全校学科带头人的示范课进行了反思，每一次的反思对我们的工作都有很大的推动作用，我们先后归纳出教育工作需要激情、常规的工作不能常规做、管理者自己有多重视教职员工们才能多重视、协调工作要提前做等管理工作的观点，对于我们的工作提高都有着现实的指导意义。

行政会议的改变让我们学校的工作从单一走向丰富，即变单一的安排工作为培训、分享、交流并存；从平面走向立体，从完成工作即可的目标变为工作完成后的及时反思、集体会诊并形成长效机制的结构；从单边会议走向多边会议，变校长单一安排到每一位中层都发言参与其中的过程。而这样的过程恰恰是中层干部对计划落实的一次次“练兵”，一次次成长。

学校行政会议的改进，使学校的干部们尝到会议文化改进带来的益处，那就是高效、实效、促进工作的深入。因此，在各部门的会议中，干部也尝试着为部门会议带来改进。

比如德育工作的每次组长例会，德育干部都会提前下发相关会议安排以及主要内容，使参会者心中有数，使会上对问题的讨论更加充分。

比如科任组的例会每一个环节的安排都很具体，保证了会议的有效性。学校在行政会上的反思环节为工作的进一步改进提供了重要的依据，反思的意识已经逐步深入学校干部的自觉行为。学校的全校运动会之后主管领导利用学校信息技术，组织全校各组对运动会的全程进行全面反思，留下了非常宝贵的第一手材料，也为持续改进做出了保障。

再说学校的全体会。学校原有的全体会的特点是比较长，学校领导记得有的老师就说过，周二中午得从食堂打包点主食，要不晚上会饿。这就可想而知学校的全体会开得有多长了。因此，学校首先改进会风，哪些是需要全体会上宣传、说明的就在全体会上说，哪些是可以通过其他方式的就尽量不占用全体会时间。学校从时间上基本有一个界定，日常的全体会基本上在一小时之内，在一小时中，上了一天课的老师们的精力还是比较集中的，这样全体会的作用才能发挥。

在全体会上，学校特别注重开好几个关键节点的会议：一是计划宣讲会，不是读计划，而是将计划宣讲与制度的重温、与理念的传播结合在一起；二是全校的质量分析会，起到激励、反思、提升的作用；三是学校重大活动前的布置会，使人人尽知目的、要求、责任；四是期中总结会，适时停一下以利再出发；五是期末工作会，期末工作安排是学校一次非常重视的全体会，会从身心教育教学等多方面做出全面部署，保证期末各项工作的高效、有序；六是期末考务专题会，学校认为考务工作的组织水平反映出一所学校工作的严谨、规范，必须给予高度重视；七是读书导读会，每学期大家的共读一本书必将安排一次导读形式的交流；八是学习交流会，每年学校都会有一部分教师参加外省市乃至国外的学习，期末学校会召开全体会，大家分别作交流汇报，将学习的成效的影响发挥到最大；九是评先推荐会。这九个大的主题会议贯穿整个学期，有些主题会议，比如读书导读、外出学习汇报交流，学校会根据情况安排在期末最后一周，这样时间会相对比较充裕。主题性的全体会学校干部团队前期都会做好充足的功课，做好书面发言的准备，有些发言老师手里也会有相应的材料，这样才能保证会议的高效性。

同时，在全体会议上学校也在尝试着另一项改进。改进来自学校分为高低两个年级部。由于工作的安排的原因，有些老师长期在某一部，虽说在同一学校，大家可能都没有说过话，甚至不知姓甚名谁。为了促进老师们之间的相互交流，学校以桌签的方式每次由后勤的老师随机排好座位，主要是安排不同部的老师相邻而坐促进大家相互的相识、沟通。有了桌签，除了安排座位外，还能发挥怎样的作用呢？为此，结合学校的工作启动了一个小型的“妙文共赏”的活动，由老师推荐自己喜欢的修身养性的小文章，学校择时印制在桌签上，这样老师在参会时还可以欣赏到美妙的小文章，每一篇推荐的文章都有教师的署名，也是在促进教师间的另外一种形式的交流。

会议文化的改进学校还将持续，学校还有很多很好的改进将陆续推出，就是要努力使每一次会议带来工作方法的示范、工作理念的推广，最终使会议成为学校文化建设中的重要阵地。

(二)评先方式的改进

每年教师节前的评选先进是一项常规工作，也是西城区政府对教师的一次最集中、力度最大的表彰奖励活动。每年教师节前教委会下达评选的标准以及根据各校人数下达的指标数，就是有具体的名额限制。全区的这样一种表彰怎样成为一种的激励，以让教职员不断超越自我是校领导一直所思考的。学校原有的评先方式是全校集中宣读评选条件，同时将全校人员除校长(校长的评先由教委统一掌握)外列一个大的测评表，由全体教职员根据上级下达的名额数进行测评，然后学校统计，根据得票多少进行推荐，到区教委审批。由于教师的工作特性分组分学科，大家相互的了解并不多，因此测评的结果能够推荐的人员得票数也只能占教师人数的七分之一左右，因为大家的评选只能是他熟悉的、他了解的。这样推荐出的人选就比较缺乏说服力，教职员的自我超越也无从谈起。为了改变原有的弊端，我们对学校的评先方式做了微改进。

学校对评先工作的改进分为两步，第一步是学校重新制定了学校评先的方法，并经行政会议及全体会通过。由于是第一年尝试改进，学校领导想首先从自身示范做起，于是第二步校长亲自为各组的每一位老师写推荐词，当时一共推荐了七位老师。

在学校领导的推荐之后，全校教师开始进行测评，测评的效果与学校的主流精神、教师的实际工作状态密切相关，反映出表彰的宗旨。

尝到了第一年改进的甜头，第二年的评先学校在原有的基础上又做了改进，尽力发挥每一组的特点，使更多的人与评选密切相关。

学校领导把推荐后的宣讲下发到各组，宣讲的材料发挥组内人员的智慧，群策群力将组内推荐的人员在全体大会上进行宣讲。今年的这次宣讲会取得了更好的效果。这也是在学校领导印象中，学校的全体会唯一的一次超过了两个小时，但是会场气氛非常好。每一个人在这样的评先会上找到了自己的位置。被推荐的人员看到自己的点滴行为被组内老师用或风趣或严肃或清新或激情澎湃地展示着，内心的激动是不言而喻的。代表组内发言的老师人人都非常重视，精心把组内的推荐的人员最准确地宣传出来。组内的其他老师因为那是“自己人”，为自己的组员喝彩、鼓掌、加油，因为推荐出的人员也代表着他们组的工作水平。其他组的人员通过这样的相互介绍，看到低年级部的老师的细致、耐心，看到了高年级老师二十几年如一日的默默奉献，看到了为数不多的男老师在班级工作中的灵动，看到了即将退休的后勤人员的无私奉献，看到了行政干部在工作中的大局意识。

通过评先方式的改进，学校做到了让空气中充满赏识，让大家在相互学习中不断受到激励，使评先真正发挥了奖励优秀、影响他人，使更多的人愈来愈优秀。

(三)文本呈现的改进

学校有非常多的文本性的文件，比如规章制度，学校原有的规章制度有十几万字之多，只是放在那儿，说实话，没有人看，也没有想到哪些是需要与时俱进的。其实，文本性的文件在学校中有着重要与独特的作用，它是学校文化的重要部分，是形成学校文化的重要保障。为此，对于文本的再利用成为萦绕在学校领导心中的命题，但文本的形成必定有其历史性，是不适合推倒重来的。但怎样的改进才能既有沿革又突出为学校领导所用呢？学校尝试着从这样几个方面进行改进。

1. 出台《方圆小册》，建立动态的制度读本

学校修订制度中最重要的内容，进行补充修改，同时附有执行的方法，最终呈现在这本小册中。学校首先补充的是《三里河三小干部行为准则》，之所以在这个小册中把干部行为手册放在首页，也是有学校的思考的：干部工作在学校工作中起到榜样、示范、桥梁的作用是责无旁贷的，只有这样的干部才能肩负起带领学校发展的重任。第二份材料就是在新学期开学出台的《三里河三小教职工行为准则》，这一准则其实学校在大约一年多前就征询教师的建议，但迟迟没有出台，因为学校一直认为时机还不那么成熟。但是现在的三小经过这几年的发展，全体教职工的“改进是为了更好”“大家不同，努力更好”“淡化底线　追求更好”等理念已经形成共识。因此，此时的行为手册的出台，对于教师队伍的整体建设作用举足轻重。继学校的《方圆小册》出台之后，我们还会出《全员德育的要求与落实办法》等共识性的制度内容。因为学校的小册标题是《方圆小册》，这些规范多是“方”的内容，“圆”的内容怎么体现呢？学校希冀这本小册既是教职工行为的准则，又能引发教职工对教育行为的再提升。

2. 重新编订各种手册完善要求

教师手中的各种手册是学校常规工作的基础，但常规工作不是不变化的工作，为了成为更好的学校就要敢于去改进。以学校的《教学手册》为例，首先要改进的是名称，原来的这本手册学校叫作《教师工作手册》，但中间的内容就是教学，题目不够清晰会影响到它的使用价值。因此，修改后的版本我们直接定名为《教学手册》。学校重新思考手册的使用目的是什么？就是为了接受学校的检查？还是就为了让教师记录下自己的工作？抑或是备着以后接受上级的检查。学校还能赋予它什么？通过思考，我们认为前三个价值都存在，在目前阶段学校工作是不可缺少的，但我们希望它能有一个更大的价值——担当起引导的作用，引导教师的观念、引导教师的行为。为此，学校在保留手册的必须内容之外，首先减少了一些不必要的繁琐的内容。比如在教师的备课中，有对整册教材的目标等，原有的手册还要再抄写一遍。虽然这一做法历史由来已久，但我们还是坚决地删减了。同时，增加了这样的内容：一是教学常规，也是最新修改版，更加简

洁明了；二是学期教学工作的流程，因为教学工作的特殊性，它的规律性更强一些，这样的流程就使教师非常清楚工作的时间节点等；三是一些用本、作业、登统的基本要求，这些要求是学校教学工作严谨性的体现；四是学校教学工作常规检查的自查表，在学校统一检查前一定先有教师个人的自查，而且明示出自查要点，这样就变教师被动接受检查为主动做好工作，这才是学校工作中追求的境界。这样的一本手册具有指导、记录、反思等多重作用，学校希望老师们在使用时它能是一本桌面书。

3. 在文本交流中显团队风采

在学校日常的文本链中，学校在努力做着一种改进，文字可以传递观念、传递感情，文字可以让工作生活更美好。利用好一切载体。学校日常工作中有许多这样的载体。在学校的计划中从这学期开始将有这样一段赫然印在扉页上："教育的本质是……"学校领导相信，这样的方式会继续激励老师们为教育而无怨无悔地付出。每周周历上的一句话，全体会上桌签的一段话，都在传递着理念、传递着情感。学校相信水滴石穿，相信铁杵成针。开学、期末工作的安排，也是学校传递的很好的载体，尤其在期末工作中学校一般会前提五周制定期末工作手册，手册会涉及身心、教育教学、后勤、管理等诸多方面的内容并留有空白，教师可以自己补充使用。

在文本的呈现方式上，学校也做出新的努力。新学期随着办公室的改造，教师的办公室都会加装玻璃围挡，在这个围挡上会出现三个亮明身份的标志：(1)学校领导是教师；(2)学校领导是班主任；(3)学校领导是党员。比如在班主任的身份中，学校就在改进一种陈述的方式：学校领导是班主任，学校领导知道和孩子在一起的每一个时刻都会使学校更加了解孩子、更好地陪伴他们成长。学校希望经过几年的努力，学校的文本呈现以要求与情感并重，减少出现"禁止""不允许"的字样，变他律为自律，从要求怎样到学校领导愿意，这个过程会是漫长的，但一定是能够实现的。

(四)构建愿景，筑学校发展之梦

经过不断的实践，"改进是为了更好""改进在日常"理念已经深入人心，从行政层面开始的管理文化变革更是促进了干部教师的成长，促进了学生的成长，促进学校文化的发展。一所既注重理性思考、又充满灵性智慧，既尊重传统、又敢于创新，既重视质量、又丰富多彩的"教师成长的心灵家园，学生成长的幸福乐园的学校"已经初步形成。由此，建立新的发展愿景与目标就成为一种发展的必然与结果。

我校在认真贯彻《国家中长期教育改革和发展规划纲要》以及教育相关法律法规、深入调研学校实际的基础上，先后进行学校 SWOT 分析以及教师个人SWOT分析，确立了以“成长绿”为学校主颜色，寓意不断成长。以“改进是为了更好”为核心理念，以“传递美好、记录美好、传播美好”作为促进干部、教师队伍心灵成长，促进教师自我发展的基本策略。制定了五年发展规划，明确提出：

发展目标为：打造“三里三”优质教育的品牌，成为师生共同成长的，优质的幸福学校。

核心价值观为：“一切为了孩子健康、快乐、向上地成长”。

发展愿景为：创建一所教师成长的心灵家园、学生成长的幸福乐园。

干部发展目标为：肯奉献，能担当，善促进。

教师发展目标为：有爱心，有责任，有办法。

学生培养目标为：外显有规，内涵有德，热爱学习，积极进取。

我校还提出“三三情”：小善汇集大善，做满怀感恩之心的人；小爱凝聚大爱，做具有大爱情怀的人；小事成就大事，做对社会有贡献的人。

五年规划的制定使学校的发展目标定位符合学校实际、符合人的发展的宗旨，工作思路清晰，措施得当，为学校的可持续发展奠定了基础。“尚德，聪慧”的办学理念深入人心。“让学校成为教师成长的心灵家园，学生成长的幸福乐园”的共同愿景引领着学校的各项工作不断发展。

三、策划筑起多彩的校园生活

在新的管理文化的推动下，干部队伍成长迅速，创新教学各项管理工作，引领主管工作不断发展。教师队伍积极向上，有爱心、有责任、有办法，充满教育激情，做学生成长路上重要的那个人，引领学生成长。

现在，策划已成为我们习以为常的工作习惯，一个个策划让校园生活丰富多彩。在校内，我们创新各种庆典活动，挖掘庆典活动对于学生成长的重要意义。新学期的开学典礼简朴而隆重，并且我们把开学的意义进一步深化，对于全校的最高年级六年级的学生以及新入学的一年级的学生都会意义更加重大。每当这个时刻，一年级的新生都是由六年级的学生手牵着手送入教室，六年级的学生感受了成长的责任，一年级的小同学找到了校园中的伙伴，之后凡是学校大型的外出活动，都是大手拉小手地进行着，家长们看到这一情景由衷地赞叹：这是一所有爱的学校。

二年级的入队仪式与六年级的毕业典礼以“红领巾飘扬在胸前”的联合方式进行，二年级的学生看到了自己未来的成长、六年级的学生回忆起自己当年的美好，相互的激励作用得以充分发挥。连续三年的新学年的开学典礼，我们都结合中央电视台的开学第一课，做出我们的校本开发，使每一个新学期都是学生的一个新起点，连续三年的主题分别是："我的幸福宣言""发现身边的美""乘着理想的翅膀"。XIANG 读书、HUI 运动、LE 耕作、SHANG 电影等是我校校内的系列活动，第一个字均以汉语拼音书写也在体现这些活动的多重价值。我们的养成教育不是把学生管严管死，而是培养学生自觉的意识与能力，把养成教育做细做实做持久。胡适先生说：如果人人讲规则而不是谈道德，最终会变成一个有人味的正常国家，道德自然会逐渐回归；然而一个干净的国家，人人都不讲规则而谈道德，不出一段时间就会伪君子遍地而道德难寻了。为了使学生的养成教育成为学生的自觉行动，我们给学生更大活动空间，一改十几年的学生必须整队上下楼的习惯，培养学生自主上下楼，但我们要求学生做到单行靠右行。在我校的卫生间里写有：卫生间里的文明才是真正的文明，卫生间的门帘处上标示着：这里很洁净，请你爱护它。在我校学生的良好行为已经初步形成，我们将不断努力使教育的意蕴在我们的孩子身上开花结果，那就是一个合格的公民要对自己的内心和灵魂进行约束，独处时让孩子学会约束自己、管理自己。

学校的变革过程就这样在 UDS 专家的陪伴下，在"改进是为了更好"的理念引领下，悄然发生了。我校的每位干部都越来越清晰地感受到来自自身观念、行为的变化，不断追求"自我超越"成为新的动力。他们行动前的思考更周详了，行动后开展致力于改进的反思成为习惯。学习型组织强调的"改善心智模式""系统思考"在慢慢实现。而我们的干部团队，在一次次研究、反思、改进工作的共同行动中，组织的共同愿景逐渐清晰，行动力大大提升。"干部的工作就是使老师们工作得更好"已经成为我们的共识。

干部工作的变化直接带来的是学校工作的发展与变化，有序、高效、创新、发展充分促进了我校各项工作的开展，学校面貌焕然一新，教育教学工作得以深化与丰富，教师发展、学生发展取得可喜的变化，全体教职员工在共建幸福美好校园、共享幸福美好校园的征程上感受着教育之幸福与美好。

学校几年来获得的成绩有：北京市文明单位，北京市小学生综合素质评价先进单位，西城区优秀基层党组织，北京市科技实践活动十佳，北京市艺术节管弦乐一等奖，西城区长绳比赛女子队第一名和男子队第三名。我们还代表西城区普教接受十五家媒体对西城区教委的联合采访，代表西城区接受北京市规范化建设的督导，代表西城区参加北京学校文化建设示范校的验收，西城区小学教学质量的分析会上做《教学管理在改进中发展》发言等。

我们深知，变革是一个极其缓慢的过程，需要持久的建设与培育。因此，变革不仅需要耐心与坚持，更需要有不断的、持续的日常行为改进和措施跟进，只有这样，新的文化特质才能得以固化与沉淀。在未来的日子里，我们将进一步固化、深化在UDS项目组中获取的一切成果，坚持我们的教育理想，不忘初心，坚持不懈地耕耘在小学教育这片土地上，期待收获，守望成长！

（校长：邢晓琰；驻校专家：苏尚锋）

改进促管理提升，自主促特色发展

西城区北京小学走读部

自2011年12月开始，北京小学走读部与首都师范大学、西城区教委三方签订“UDS合作学校发展共同体建设”项目，开始实施“伴飞计划”。北京小学走读部紧紧抓住与UDS合作促进学校可持续发展的契机，以“改进在日常”理念为指导，努力践行“三划”(计划、策划、规划)能力和反思意识的提升，积极开展学校自主发展建设。走出了“以文化促教育”的办学特色发展之路，形成了以“计划的改进”为基础、以“分项策划”优化执行过程、以“总结反思”推进管理行为的可持续发展的管理闭环，实现了扎实、有效的管理校本化实施和以案例叙事的校本研修促进教师的专业发展等校本经验。几年来，学校管理文化悄然发生了改变，干部团队的整体工作效能得到了大幅提升与发展。

一、实施“三划”能力建设，打造优质管理队伍

2012年初的寒假，学校参加了UDS项目组织的“学校发展从我做起，从计划开始”主题研修。研修活动中，项目组长杨朝晖教授引导与会者对计划在学校发展中的重要作用，特别是在文化变革和效能提升的功能，进行了深刻反思和具体实施方法的引领。同时，也借助“角色理论”开展了团队互动活动，引导中层团队对自己的角色和作用进行反思。根据大家的反思，杨教授提出对全体干部的发展期待：从管理者向领导者转变。每个人成为自身生命价值和理想教育的“追求者”，成为自主自觉和终身学习的“发展者”，成为不断探索的“研究者”和“创造者”。

研修活动不仅拉开了UDS项目推进的序幕，而且也明确了UDS项目的切入点——“学校的学期工作计划的制订与实施”和“学校管理团队建设”，以此来促进学校自主发展和文化变革。这个切入点和突破口的选择与北京小学走读部的发展需求非常契合。

(一)计划制订引发“改变”

1. 自我反思，找问题

制订计划是管理者的基本技能之一，管理者需要用计划整体统筹和指

导每年、每学期、每月、每周的具体工作。因此，学校计划是学校工作的重要组成部分，但对其意义作为学校管理者的我们并没有深入研究过。北京小学走读部计划制订通常采用三种方式：校长主笔，干部讨论，教师执行；各部门干部提出想法，校长依据思路进行整合；校长构思工作主要思路，形成总计划，干部再依据自己部门的工作进行细化，成为一套计划。经过对已有方式的反思，我们认为：这三种撰写计划的方式，存在两方面的问题。一是计划内容比较多，极容易出现完不成的现象。二是在完成效果方面打折扣。期末总结工作时，计划往往被忽略。这样造成的后果是容易使学校计划落空，成为单纯的文本。学校的工作计划没有发挥它应有的作用。

通过参加项目组的假期体验式培训，我们找出计划在制订和执行过程中的问题。研讨后，依据问题大家开始商量对策，寻找有效的方法。梳理出思路后，我们就准备在新学期计划制订过程中尝试。

2. 尝试改进，找突破

在UDS项目假期培训以后，大家拿出前几年的学年和学期工作计划，仔细对照工作效果，研究其中的问题，希望找到计划改进的突破口。在研究中我们发现，计划制订之所以出现效能低下问题，背后原因是年级组、教研组和主管部门管理工作内容有交叉，成为“三不管”或者“无人管”。我们找到了问题的根源，就把改进的突破口定位在“通过计划的改进，减少学校工作过程中的内耗”上。

于是，在新学期计划制订过程中，学校把计划内容切割为“总思路、重点项目和月工作重点以及其他工作”四大部分。校长具体负责学期工作的总体思路，总的协调和调控学校全局工作；中层干部分别承担不同的工作项目，每位干部具体负责1—2个工作项目的推进；年级和教研组长主要以每月重点工作表格为主，展开年级和校本教研工作。

最初，学校干部表现出迷惑，对新的“学校计划”不知如何理解和操作。贾海燕校长就从中层干部开始，组织针对“计划改进的意图和作用”进行讨论和解读。在研讨中，大家对计划的改进慢慢转变认识，逐渐理解和接受，开始尝试去适应。

针对计划的变化，学校工作的推进和实施策略也相应调整。我们增加了每个月一次的工作协调会。大家就每月工作的完成情况进行汇总，就下个月的工作进行各部门协调，以及补充和完善。这样改进以后，首先是有效回避了各部门管理人员工作的交叉问题。另外，年级组长和教研组长的职责相对更明确了。但是新的问题也出现了：年级组长和教研组长都是兼任，他们的精力有限，容易顾此失彼。于是，我们开始思考新的调整和工作策略，以便达到更好的工作效果。

3. 不断探索，达共识

通过一段时间的探索与改进，我们对“计划”有了许多重新的认识。

第一，为什么要制订“计划”？学校的计划是为了更好地、有目的地、有序地推进工作，也是为了明确承担工作人员的具体职责。让学校有限的财力、物力、人力在一个时间段内，能相对集中在学校的重点发展项目。在整体规划的框架内，我们不断突破一个个工作节点。每个节点的回顾、反思与总结，都是围绕一个工作核心来进行：点清、线明。这样就有效规避了面面俱到、平均使用力量、缺乏特点和亮点、主线模糊等问题。在制订过程中，校长和干部们都明晰每学期的核心工作，每月的工作重点得到有序推进。工作有据可依，对整体的工作布局做到心中有数，有效地避免了“统筹不力、目的不明、手忙脚乱”的局面。

第二，计划内容是什么？计划的内容确实需要体现出学校的整体工作。但是，学校的工作时间节点鲜明，工作特点也突出。因此，计划就需要：主线明确，教育教学、教师与干部队伍的建设；重点工作突出，队伍建设是所有工作的第一位；关注个人和团队共同发展；分层、分阶段解决学校发展中的突出问题。

第三，计划内容怎么落实？计划在改进过程中，重点突出“负责人和重点工作”这两个环节。每个干部都有各自主管和负责的领域，每个领域在每学期要完成一项重点工作。每位负责人，每个工作领域，每项重点工作结束后，大家一起总结和研讨。有经验大家分享，有教训共同吸取。每项重点工作，事先有方案，干部共同研究、反复讨论。每个领域的重点工作分布到不同月份中完成。这样，避免工作节奏不均衡、工作时间“留白”不足、临时性工作过多、打乱正常工作计划等问题。

4. 计划改进，促成长

“计划改进”带来了意想不到的附加值。

首先，校长在改变。我们发现，校长开始有意识地在工作中思考如何“抓大放小”，开始尝试更有效地分配工作时间，学会更有重点地关注学校的发展问题等。“学习”成为校长的第一需要，“思考”成为校长的工作核心，“交流”成为校长的主要职责，“建议”成为校长的表达形式，“欣赏”成为校长的观察基点，“担当”成为校长的岗位责任。

其次，中层干部在改变。各位干部通过计划的制订，开始主动、积极思考自己主要负责的部门工作，尤其是如何依据学校的工作实际，提出有针对性和实效性的具体措施。在落实过程中，不断完善确定目标、形成方案、选择形式、完成时间、预设效果等每一项工作的程序，从而提升了干部独立完成工作的能力。

再次，学校核心管理团队开始形成。在改进的过程中，大家统一认识，互相学习，对事物认识更深刻了，发展和工作方向更清晰了。同事间、团队间增进了彼此的信任，达到了凝聚人心、共同做事的目的，合作共赢的优势逐渐显现出来。

最后，行政管理机制进一步得到完善。以往管理分散、各自为政，很多工作没有形成良好的长效机制，经常会出现"一事一议，环环不连接"的现象。改进后，管理形成上下贯通的局面，"处处有人管，事事有人理"，每人每事做起来有相对固定的章法和流程可依据，突出实效，关注过程，着意创新。

(二)策划实施推动"改变"

对学校工作计划的有效实施，离不开对重点活动项目的精细策划与实施。2012 年 8 月 20—21 日，学校全体行政干部再次参加了 UDS 项目的暑期研修坊的培训活动。这次培训的主题是"让创造的愉快在策划中实现"。在杨朝晖教授的引领下，大家围绕三个问题——策划意味着什么？什么是成功的策划？成功的策划对自己意味着什么？——进行讨论。活动最后，提出了新学期在制订计划时，要考虑全面；在执行计划时要着重策划，在策划实践中推动转变。那时，对于学校的各位中层干部来说，"策划"的概念是陌生的，是高大上的，是一项从未尝试的任务。这次培训会之后，学校以学期计划为蓝本，与中层干部商议，就学校工作计划中的各自分管的一项活动作为"策划"的内容和主题，将 UDS 培训中的所学，运用到工作实践中，从而提升学校干部的"策划"能力。

学校干部的策划能力是通过一个个具体项目和活动的落实得以体现的。以王晓微副校长策划"防止校园伤害事件培训活动"为例。通过这次策划，全体干部认识到作为策划者，需要做到活动目标定位准确，做好充分的调研分析，明确活动设计环节的意图，整合各方资源，统筹协调人员，做好备选多种方案，等等。通过活动的策划与实施，借助科学方法与创新思维，使原本主观认为复杂纷乱的活动更加条理化、科学化、可操作化，与学校的发展目标切合，达到活动的预期目的。

近两年来，干部们共策划全校参与的大型活动累计 6 项，均撰写了策划案例。在策划过程中，实现了学校干部的成长与突破。经历了策划活动的设计和实施，学校的各位中层干部都体验到了策划的魅力，感受到策划提升了工作品质，学校干部的“计划、策划、规划”能力得到了很大提升。

(三)案例叙事促进“改变”

UDS项目鼓励干部、教师们及时进行管理、教育案例的撰写，记录日常点点滴滴的教育故事就起到了一种“润物无声”的效果。教育需要有故事，而案例的撰写能使教师在不断地进行案例分析和写作过程中主动学习理论，使教育理论落到实践中并指导实践。能够成为案例的事件，往往是教师工作中感到困惑的问题或特别有感悟的事情，教师把这些事例转变为案例的过程就是重新认识事件、整理自己思路的过程，可以促进教师更为深刻的反思。在UDS项目以教育叙事案例促进学校发展理念的引领下，经过近三个学期的实践与探索，教师们发生了由不想写、不会写到愿意写、学会写的巨大转变，科研干部们也力求从小处入手，指导教师撰写科研案例，以促进教师走进科研、深入研究的习惯和意识的形成，在真正的研究中促进教师专业发展。

1. 宣传撰写案例意义，形成发展共识

学校里每时每刻都发生着故事，教师们也经常在一起分享、探讨发生在身边的各种各样的事件，案例的素材比比皆是。对于教师而言，把这些事件记录下来，进行自我反思和相互借鉴，从写作技能上并不难，关键在于教师是否愿意去发现，愿意去思考，愿意去表达。于是，学校利用班主任培训的时机，对案例撰写的意义、特性、结构、类型、写法进行宣讲。为了使教师们对案例产生兴趣，宣讲时并不是简单地照本宣科，而是像教师讲作文一样，把案例与论文、随笔、教案进行对比，请老师们在体验中讨论、辨别，再把不同水平的案例放在一起进行比较，使教师们在对比中明确：案例就是讲述真实的教育故事，就是研究自己身边的教育问题、创生新锐的教育思想，激活精彩的教育行动。教育叙事的风格是直面真实、创新为本和故事体裁，把小故事中蕴含着的大道理挖掘出来。老师们还明确了优秀案例的题目、选材、反思、理论是如何选择的。最后，再要求教师简单记录有感悟的教育事件作为素材。虽然没有要求教师即刻进入写作状态，但在教师自悟自省中，进一步了解故事型案例的写法，有了初步想写的欲望。

2. 干部带头示范，消除教师写作畏惧

案例是一种在教育实践中，一个个平凡却并不平淡的片段。在这些片段背后或呈现出教师解决问题的教育智慧，或记录着教师走出困惑的教学经历，或展现出教师奉献爱心的热忱。在要求教师记录有感悟的教育事件的同时，学校管理人员先行示范，勇于拿出自己记录和撰写的案例作为靶子，接受教师们的批评指正。每届 UDS 项目案例评选，学校干部都带头积极参加，尤其是 2013 年学校第一次参加案例评选，以校长为代表，每位干部都围绕自己主管的工作内容撰写了案例，上交参评。第一次试水的亲身感受，让干部们知道了什么是案例撰写过程中最困难的，应该怎样将案例的故事性表达得引人入胜，可以从什么角度去深度思考挖掘案例的含义等。带着这些感受再去指导教师们撰写案例就会有针对性，使教师们更加信服。干部们以身作则，不但消除了教师们对案例写作的畏惧，更激起了教师们撰写案例的积极性。教师们用心去体悟影响学生成长的点点滴滴，努力寻找或设计“身边的感动”，从中提炼出“真正可以串起来有温度的语言”，并将其汇集成“每个人生活中都值得怀念的故事”。

3. 人人参与，案例成为教师发展阶梯

在接下来的两年时间里，教师们人人搜集素材，积累材料，撰写学生和自己的成长案例。2014 年的案例撰写，学校要求每位教师上交一篇，在全员参与的基础上进行评选，再按项目组的要求上交 30%参评。由于教师的热情很高，部分教师上交了多篇案例，使收上来的案例多于教师的人数。而且有的案例水平不低，几乎可以不做任何修改。2015 年的案例评选学校没有要求每人必写，而是请教师们自愿上交，各组上交的稿件超出了预计的数量，质量也比较高。

例如：案例《灌篮高手的威力》中教师利用学生喜闻乐见的动画片，解决了学生随手乱丢垃圾的问题；《转变从校长做起》体现了教师强烈的反思意识和深度的思考力；《2 元钱能为你做什么》巧妙地引导学生理解捐款的意义和 2 元钱对于贫困地区的价值，以利于学生形成良好的人生观。《人人可教，一个都不能少》《你们说的不是校长想听的》《好笑的想法也是资源》《校长和“大力士”掰腕子》《“学会”与“学懂”之间的距离有多远?》等不少案例都体现了教师以生为本的教学理念和教育观念。

教师们倾心书写的段段教育故事，把教师内心的表白流淌在笔尖，脚踏实地的成长年轮，潜移默化的德育渗透，灵动机巧的教学艺术，偶发事件的偶然所得，常规事件的巧妙处置……晓白流畅、朴实无华、感情真挚。或轻吟课余师生交往，或感慨课上点滴收获，或盘点互动精彩瞬间，或点击艰辛跋涉旅程……细腻的感性文字，处处洋溢着浓郁的育人气息，暖人心扉，沁人心脾，把人们带进了温馨美好的世界。

在 UDS 项目组织的教育案例撰写和评选活动中，教师们学会用发展的眼光欣赏学生，用欣赏的眼光看待学生，从学生身上折射自己，从自己身上思考教育，身处素质教育浪潮冲击的教育前沿，努力走进学生的内心，与学生同呼吸、共成长。2013 年，学校上交案例 5 篇(以干部为主)，获奖 4 篇，获奖率 80%。其中一等奖 2 篇，占 40%；二等奖 2 篇，占 40%。2014 年上交案例 31 篇(经全校案例选拔)，获奖 26 篇，获奖率 84%。其中一等奖 5 篇，占 16%；二等奖 13 篇，占 42%；三等奖 8 篇，占 26%。2015 年上交案例 27 篇(教师自愿上交)，其中管理案例 2 篇，教学案例 13 篇，教育案例 11 篇。由此可见干部和教师的进步幅度。

教师们越来越感觉到故事与教育息息相关。教育故事在教育中有着独特的作用，他们用自己良好的人文精神感动着学生，一句话、一个眼神、一个微笑，教师们都用爱心来完成。基础教育的任务归根结底是培养人的问题，也就是使学生具有高尚的精神世界和美好的心灵，教师正是这种人文教育重要的承担者，而教育故事则是培养创造性思维和创造性人格最有效的载体。老师们相信，只要有一颗一切为学生的心，就一定能演绎出自己最精彩的教育故事，让自己的教育旅途风光怡人，让校园、家庭、社会生机盎然、绿荫缤纷，使每一个生命粲然如花。

(四)总结交流提升“改变”

围绕教师专业发展，学校开展了多元的系列主题培训。教室内外、学校内外、社区内外，都是教师提高专业技能的场所和渠道。学校将教师的培训进行长短期规划，将不同年龄的教师进行分层规划，将不同学科的教师进行分组规划。各层面的培训既独立有序存在又相互补充交叉，教师们得到了更多更丰富的培训，提高很快。参加了 UDS“伴飞计划”项目以来，项目组派遣下校专家到校参与学校管理，从制订计划开始到落实计划的策划，次次参会，步步指导，将学校的日常管理部门化、规范化、精细化，提高了干部的管理能力、规划能力。同样，学校的校本培训也在这样的“伴飞”下，不断提升和发展。尤其是以几个学期末的教师总结大会为契机，精心策划了校本培训活动，收到了很好的效果。

为有源头活水来

2013 年 1 月 20 日—21 日，学校召开主题为“学习中提升，研究中成长”的教育教学总结大会。大会主要由两个板块组成。

①学习板块。通过寻找与挖掘教职工身边的学习典型，树立学习榜样，提升学习意识，交流学习方法与途径。树立“学习成为一种人生、工作状态”的理念和意识。主要内容包括：张蔚老师的发言，主要围绕学习的意识、学习的途径、学习的方法及产生的效果即通过学习怎样提升个人素养展开；国内外学习归来的收获分享，共有 5 位老师分享了前往澳大利

亚、美国、厦门、北师大亚太实验学校等地学习后的收获；王晓微副校长以一次策划班主任安全教育活动为案例，讲述她学策划以致用的故事。现场老师们参与互动式体验引起热烈反响。

②研究板块。通过解读什么是“研究”，为什么“研究”，回顾“研究”过程，组长及教师代表分享学期重点工作的做法、收获以及“研究”带来的变化，在教师群体内树立榜样，交流研究方法，提升教师研究意识，使“研究”成为一种状态，更成为一种常态。

梅花香自苦寒来

2013年7月5日，学校召开了主题为“校本研修助成长，共同研讨促发展”的区级骨干教师课堂教学交流活动总结大会。大会以视频短片和干部总结的方式为与会者呈现了11位骨干教师课堂交流活动的总体情况。大会以现场课、骨干教师访谈等形式再现了骨干教师的风采。此次大会与众不同之处在于——体验式活动环节的设计。30分钟的骨干教师现场课由全体教师当学生来体验。这些“特殊的学生”在课堂探究、小组合作环节体验着学生的角色，面对教师的要求与提问一步步走进课堂。老师们在体验和研讨中体会到学生喜欢什么样的环节设计，了解到学生不听指挥的原因，更加进一步明晰作为教师，我们应该为学生备什么样的课，应该怎样备课。

万紫千红总是春

2014年1月17日召开主题为“在参与体验中提高，在实践研究中发展”的教师教学交流会。围绕一个学期的课堂教学的交流情况，分不同层次总结了听课教师做课，教研组说课、评课的情况，涌现出了许多积极参与跨学科听课，而且积极参与课后评议的教师。为进一步推动学校教学工作，特别是进一步提升组本研修的效果，促进骨干教师的进一步发展，调动所有一线教师的教学热情，起到了很好的引领作用。

一石激起千层浪

2015年7月8日，学校以青年教师社团的活动为平台，为学校教师队伍的生力军召开总结会。会上以4位青年教师社团成员为主。他们在北京小学教育集团的联合视导活动中，分别承担了语文、数学、英语、体育学科的课堂教学交流。在总结会上，他们和大家分享了自己的成长故事。在青年教师成长过程中，这样的活动促使更多的年轻教师快速走上专业化发展道路，引导他们始终把握时代的脉搏，洞悉教育的走向，不断走向自我超越。同时，希望借助青年教师的发展，给骨干教师发挥作用的天地，并且调动全体教师的工作热情，创设“共同提高，共同进步”的氛围。

几次系列的全校研讨活动，参与大会的人员既有学校行政人员，又有对于学校工作开展起到至关重要作用的年级组长、教研组长和从事一线教学的老师们。从每次活动后的问卷反馈情况可以看到老师们感受颇深，影响很大。大家讲想法，谈体会，说问题，提建议。与专家对话，与领导交流，与同伴互动，在研究、实践、反思中前行，激发教师主动发展的内驱力，使校本培训更加深化，更加有实效。

二、确立"两自"思路，助推学校特色形成

北京小学走读部于2011年12月加入北京小学教育集团。在教育集团"创造适合学生发展的课程"这一理念统领下，我们确定了我们的发展思路——"自我教育，自主发展"和我们的课程培养目标——"培养具有民族文化底蕴，国际化视野的中国小公民"。我们强调"自我和自主"，就是要在北京小学教育集团的理念指导下走自己的路，不照搬，不平移，我们强调的是"适合"，使北京小学走读部的学生在民族文化底蕴不断深厚的同时兼具国际化视野，形成具有自身特色的发展格局。

(一)校园硬件环境，彰显浓郁文化信息

学校育人环境的建设，对学生个性的培养、心理素质的锻炼、道德习惯的形成、知识才能的获得等都有重大的影响，环境教育是潜移默化、润物细无声的浸润。因此，北京小学走读部于2011年起就对学校的校园文化进行了长期思考和规划。对学校发展进行了教育的定位：以积极向上的校园文化建设为突破口，丰富校园文化内涵，开发师生的智慧潜能，陶冶师生的高尚情操。用环境影响和熏陶学生，促使学生养成良好的行为习惯，形成优秀的道德品质。让校园文化真正成为促进学生"健康成长、文明成人"的有效途径，提高学生综合素质，促进学校可持续发展。

在校园环境建设过程中，我们努力把校园环境与学校的办学理念紧密结合，丰富校园文化内涵，逐步构建具有北京小学走读部特色的校园文化体系。创建出"校园环境美，艺术氛围浓，文化底蕴厚，文明程度高"的校园和体现"民主、科学、人文、开放"思想的校园。

从整体看，校园分为四大功能区：运动区、绿化活动区、教学区和多功能活动区。动静分明，互不干扰。从绿化角度上看，大家充分发挥想象，设计园林景观、空中花园，并开展农作物种植，巧妙地把"人与自然"有机地结合起来。做到院中有园，园中有亭，树下有草，草中有花，植物上有果，层次分明，疏密得宜，错落有致。

学校北侧教学楼间的空地上，修建了小型园林景观。那是学校师生最

喜欢的休闲、学习、游戏的场所。园内栽植了众多的绿化美化树种。花草树木错落有致，相映成趣。有碧桃、玉兰、美人蕉、五角枫、紫叶李、黄杨等。每年春天鲜花盛开时，这里呈现出一派绿意盎然、五彩缤纷的美丽景象。同时每种植物都能给广大师生不同的启迪。如竹子象征着不屈不挠、坚韧不拔、高风亮节，每当人们走过这片竹林，就会在驻足中被竹子的品格所感染，受到潜移默化的净化。其间绿树成荫，鸟语花香，环境幽雅，景色宜人。漫步其中，如置身于美丽的花园。实现了“三季有花、四季常绿”的目标。

南侧教学楼的北边有一片狭长的空地。学校为学生们开辟了一个大约600平方米的“小小种植园”。如今，孩子们有了一块可以自己做主管理的“土地”。他们在一位专职老师的带领下，参与种植园的规划、设计、开发，学习植物栽培，体验田间劳作。学生们整地做畦，种子栽苗，施肥、浇水、除草，忙得不亦乐乎。我们先后种植和栽培了小萝卜、茄子、黄瓜、西红柿、小油菜、玉米、向日葵等十多种农作物。小小种植园，让孩子们有机会走出课堂，走进自然，和老师们一起体验播，种、管理和收获的全过程，也让孩子们真切地感受生命成长历程。田间劳作不仅锻炼了孩子们的身体，也让孩子们体验到田园生活的快乐，丰富了书本上学不到的知识，更让孩子们懂得尊重劳动者，体会到劳动者是最光荣的。学校还请宣武艺苑的老师进行了楼顶绿化。提升了学校的绿化面积，给学校的师生提供了一个“亲近自然、沟通交流”的场所。

现在在学校无论走到哪里，都可以看到绿色，闻到花香，还可以欣赏雕塑、名人画像、走廊上的师生书画作品。学生身处其中，本身就是在体验美、感受美、享受美。校园的整体设计，体现“既严谨又生动，既传统又创新”的浓郁文化气息。

(二)校园软件环境，凸显环境育人特色

学校教学楼内每层用颜色加以区分，楼道内用与每层色彩相同的颜色作为引导。学生或来校客人通过不同的色彩便能找到自己想要找的班级和学生的活动区域。同时，学校还把专用教室的性质划分出天文、计算机、音乐、美术四个区域。每层有相应的主题，学生进入楼道内便能感受到此区域内的专业熏陶。

班级是学生在校的主要活动场所，也是学生良好的道德品质、健全的人格、积极向上的精神状态形成的主要基地，所以班级文化建设对于培养学生的法治意识、审美意识、创新意识等人文思想，起着十分重要的作用。学校通过单周召开班主任工作例会，拓展班级文化建设。通过班风建设、教室设计、开展各种文化活动，以及教师的言传身教使学生在潜移默化中受到熏陶与感染，并形成积极的道德情感，从而将道德认识内化、升华为道德信念和道德理想。高雅、生动、形象的班级物质文化，对学生具有潜移默化的教育影响力和感染力；制度文化是物质文化和精神文化的保障；良好的班级精神文化是班级文化的灵魂。

近年来，学校真正形成了“讲文明、懂规则”的校园文化氛围。学校校风和班风有特色，学生的行为习惯、道德素质有明显的改变。自我教育、自主发展的综合能力凸显。通过学校环境文化的影响力在学生中形成一种无形的向心力和凝聚力；通过校园环境文化影响，在学生中出现“勤奋好学、积极向上”的校风，激发师生的工作和学习热情；校园环境文化建设对学生的审美理想、审美趣味和审美观念的形成具有熏陶、感染和潜移默化的作用。

(三)课程整体设计，促进学校新的飞跃

一所学校，是因为孩子的存在而存在，是为孩子发展提供专业服务的机构；一套科学、完整的课程体系，能够最大限度地满足每一名在校学生健康成长和个性发展的需求。在多次参与 UDS 项目的培训之后，学校在课程理念上达成了共识：每一个孩子都是独一无二的，促进每一位学生的全面发展，必须在“适合”上做文章。

学校课程设计主要出于两种方式的考虑，第一种方式是站在“服装设计师”的视角，综合主客观因素量体裁衣；第二种可以是“像开办服装店”一样，尽量丰富产品，提供最大的选择空间。学校试图在这两种方式中寻找融合与平衡，目的是增大课程内容的弹性，延展课程发展的空间，不断完善课程体系，突出课程的校本化，使学校课程更加丰富多彩。

在北京小学教育集团“创造适合学生发展的课程”这一理念统领下，我们全面实施多元智能理论指导下的“三级、三段、多兴趣”的三级课程建设，重点推进校本课程建设。

“国际化视野的校本课程”建设

借助市外办和区教委的外事交流项目平台，走读部于2010年与英国曼彻斯特市的 Birchfields School 成为友好合作校，先后两次进行了教师间的互访交流活动，出访教师开阔了国际化视野。三年前在教育集团本部的教学楼大厅中，校长们看到了一场深受孩子们喜欢的展览活动，那就是题为“开拓英语时空，奠定语言基础”的北京小学学生“游学”校本课程展示。从那时起，校长们的这项外事工作就开始向学校的课程体系延伸，关注的群体也由“教师”扩展到“教师和学生”，通过和集团各成员校外事活动负责人的多次沟通，全面了解了这项游学课程的意义、方式及操作流程。

在这样一个高起点的经验分享之后，学校结合走读部的实际情况，借助市、区教委提供的项目平台，2011 年校长们启动了主题为“北京小学走读部扩大师生国际化视野”的校本课程。通过实践、研讨、交流、反馈、总结，校长们确立了课程的原则、目标、内容、教材以及课程评价。截至 2013 年 11 月，走读部已经有 18 位教师和 36 位学生分三批次前往英国曼彻斯特的 Birchfields School 开展中英文化的学习、交流活动。

在参与这项校本课程实践中，学生们撰写了《中英对比调查实验报告》、填写了《游学校本课程手册》，家长及出访教师撰写了《课程感言》等材料，课程逐渐呈现出多层次、多元化的发展趋势，走读部全体师生的国际化视野得到拓展，这些活动成果还被推广到英语课及学校活动中，深化了课程育人的目的。

“京剧”校本课程的建设

2008 年教育部在对《音乐课程标准》进行修订过程中特别提出“京剧进校园”的号召。2010 年 9 月我们开设了京剧的校本课程。走读部教京剧课程的王谊老师自幼酷爱京剧，在这个课程推进过程中，这位教师的专业化发展得到很大提升。三年来，王老师带领着她的众多弟子浸润在国粹——京剧的海洋中。校园内、公交车上、放学的路上可以时常听到孩子们饶有兴趣地清唱着京剧片段。王谊老师在京剧校本课程实施过程中不断摸索、潜心研究，已经积累了丰富的教学经验。而在北京小学的科体楼四层，有一间京剧元素极为浓郁的专用教室。学校策划在集团办学的背景下突出资源共享、优势互补。例如：王谊老师是否可以和集团成员校各位艺术老师在这间教室内为集团成员校的所有小京剧迷们开设京剧专题讲座。其实，这样的资源共享、优势互补体现在更多的方面，例如：教育集团为所有成员校搭建了“学生年度荣誉奖”的表彰平台，使得这群热爱国粹京剧的孩子们收获了京剧带给他们的成就与梦想，也使得任教京剧校本课的王谊老师在北京小学教育集团这个大家庭里有了更为广阔的发展空间。

课程资源无处不在，每一面墙壁都能说话，每一个角落都会育人。它蕴藏在校园的每一个时刻、每一个角落、每一个事例、每一位教师之中。只要校长们用心去做，用脑思考，敢于创新，勇于尝试，善于整合，就会挖掘出更多的教育资源，来满足学生需求，为学生的多元化、特色发展提供最有力的课程支持。

参加 UDS 项目的三年实践与探索，使“从计划开始，改进在日常”这一理念已经深入人心，影响了学校工作的方方面面。改进在潜移默化中发生，在不知不觉中推进，在自然而然中形成，我们感受到了干部教师团队的积极工作状态，感受到了孩子们享受着教育的幸福与快乐，感受到了学校的改变与发展。在今后的工作中，我们将一如既往地致力于走读部干部日常的改进，“关注效率，更关注价值；关注眼前，更关注未来；关注结果，更关注过程”，努力促进学校新的发展、新的改变、新的飞跃。

（校长：桑海燕；驻校专家：王玉华）

从计划起步，在改进中前行

北京第一实验小学前门分校

北京第一实验小学前门分校，成立于2007年9月，依托北京第一实验小学优质教育资源在原西河沿小学迁址建立。2014年4月，学校进入北京师范大学附属中学教育集团，成为对口直升校。学校参加UDS项目以后，着力于干部“三划”能力的提升，特别是在计划制订方面深入实践，不断改进，从而促进了学校全面和可持续发展。

从参加假期培训开始，我们就明确了项目的主旨是要促进学校自主发展，且发展从计划开始。几年来，我们从“计划”起步，努力改进在日常，立足校本促进干部、教师发展，共同精心策划学校发展、教育活动，努力创造适合学生发展的教育，为每一位学生的生命成长奠基。

一、在培训中认识计划

在学校管理中，制订计划是学校的一项常规工作，切实可行的工作计划是学校进行有序工作、克服盲目性的关键步骤。在UDS项目组的学习与培训中，我们对计划的制订有了更为深入的认识与理解。“计划是工作的过程，是发展的足迹，是评价的工具，更是写满文字的阅历”等理念充实着我们的大脑，使我们对计划的作用、如何制订计划及如何落实计划有了理性的认识：计划是做事的依据，运用“系统思维”对学期工作进行整体思考，明确学校本学期的主要工作方向，在梳理中心工作任务和要求的同时，关注工作中需待加强的薄弱环节，做好宏观、中观、微观计划的统筹与协调，使学校工作更加有序；计划是反思的基础，在立足基础实施中不断检查、修正、完善，促进工作中的过程性反思，使计划的内容更加切实可行，便于操作；计划是发展的动力，通过计划的制订设计明确、可行、有效的工作目标和实施途径，在计划执行的过程中找到可持续的发展点，可以有效提高学校的管理水平和工作效能。

二、在实践中改进计划

在学校管理工作中，我们力争结合校情、协调统一、强调操作、结合评价制定要求，以计划为载体促进学校学期工作的有序开展，实现学校稳步、自主、可持续发展。

(一)认真制订计划

首先，各部门对照上一学期的工作计划进行总结与反思，共同围绕问题分析原因，深入挖掘，反思管理行为，思考管理改进。这不仅是对前期工作的回顾与梳理，更是及时洞察与研究学校自我发展过程中出现问题的有效途径。在制订学期新计划时避免盲目性，使其更加科学，更具实效。

在此基础上，各部门共同交流学期新计划。这种交流使干部的思想认识得以统一，对学校的整体工作有了一个全方位的认识。计划的制订过程锻炼了干部们独立思考、统筹工作、密切合作的能力，为计划的有效落实做足了准备，更为学期工作的顺利开展奠定了基础。学期计划从“有”变为“有用”，真正发挥其聚合思想、达成共识、引领行动的功能。

最后，在计划制订过程中进行有重点的研究，进一步明确新计划中的重点内容及新学期的主要工作，使学期计划更具有针对性、科学性和可操作性。我校领导班子成员本着科学分析、深入研究的工作原则，力争做到重点研究一项工作，重点解决一个问题，不断积累工作经验，提高管理水平。

这种对计划的整体架构成为我们统一思想、明确方向、理清思路、知晓路径的重要前提。在项目组专家及张梅青校长的指导下，我们在加强对制订计划的研究时，注意把握了三个研究重点：1. 研究学校现状；2. 研究教师发展需求；3. 研究学校阶段目标的可行性。

1. 研究学校现状。我们采取总结、分析、评价等方式，从教学水平、教育活动、后勤保障等方面，理性分析存在的优势和劣势，对学校的现状有了一个全面的认识。

如2012年制订计划时，我们归纳学校现状：建校5年间，区级骨干教师从无到有，现在已有4人成为区级骨干教师；教师队伍梯次型发展格局初步形成；科学构建课程体系，开设“精品课堂”“快乐20分”等特色课程……这都为后面研究教师发展需求及学校阶段目标的可行性提供了有力的依据。

2. 研究教师发展需求。教师是计划执行的主体，教师的发展水平影响着计划落实的最终效果。因此，学校为每一位教师“号脉”，分析教师的专业水平，了解教师的发展需求，整体把控教师的发展方向。

如我校教师队伍中40%以上为30岁以下的青年教师，他们充满热情、活力，但缺少工作经验。只有了解了教师的发展需求，学校制订的学期计划才能有的放矢。

3. 研究学校阶段目标的可行性。学期计划是学校五年规划中的一个阶段性目标，其可行性直接影响着目标实现的效果，进而关系着学校的可持续发展。

如研究学期教学计划中制订的“加强教研组建设，提高课堂教学质量”的目标时，我们认为，教研组长不仅承担了教学研究任务，还发挥着指导一线教师的教学、履行学科教学管理的职能，是目标达成的关键。因此，应吸收教研组长参与计划的制订，听取意见，完善计划。如增加了语文、数学、科任教研组长联合听课，针对新任教师开展跟踪听课、听系列课等，使计划更具有针对性、操作性，使学期目标“落地”。

事实证明，在计划制订过程中进行有重点的研究，会使领导干部更加明确学期的工作内容，使计划更具有针对性、科学性、可操作性。如果每个学期在制订计划过程中，领导班子成员都能静下心来科学分析、研究各部门工作，哪怕是每个学期重点研究一项工作，重点解决一个问题，那么长期坚持下来，积累的是工作经验，提高的是工作水平。

(二)全面解读计划

学校是一个复杂的基层组织系统，由于工作中的复杂性、突发性与执行人的不稳定因素，很多事情往往无法自我控制，外来临时性任务很多，使得计划很容易成为一种形式与任务。随着计划制订过程的逐步完善，我们开始思考如何使计划能够更好地落实？在参加了 UDS 项目研修活动后，我们深刻认识到，计划的解读是落实计划的重要环节。

学校把学期计划布置会改为计划解读会，区区几个字的改变，却体现了干部观念的转变。以往我们是学期初各部门把计划宣读一遍，自上而下地布置工作任务。而参加项目以来，学期的计划解读会改为由各部门领导讲明本学期要完成的工作是什么，为什么这样做，怎样做，最终要达到什么目标。通过计划解读，让老师们明明白白地工作。

2012 年开学初召开全体会，校长详细地向全体教师介绍“UDS 项目”的意义、主要内容等，同时向大家隆重介绍了我校的新伙伴——项目组专家张梅青校长。张校长的讲话使全体教师对项目有了更深刻的认识。随后各部门解读本学期的计划，干部们针对各自的工作特点，有详有略，带领全体教师共同感知计划，认同计划。

主抓教学的郭颖副校长在解读计划中重点谈了对本学期工作的认识，带领大家共同体会我们为什么要这样做，从而使老师们感受到不是在布置任务，而是在为老师的成长搭桥。主抓德育工作的康惠娟主任，在解读计划中谈到班主任队伍建设，提出教师的困惑和苦恼，以及以往工作的不足之处，进而再说本学期所采取的措施，目的性极强，调动每一位教师的情绪，从而为促使教师能自觉地执行计划打下坚实的基础。解读的效果很好，两位主管既有对新理念的认识，又能从实际出发，由此可以看出，两位主管都在努力地把学习的收获物化，使之有效地指导自己的行为，并力求改进。

学期计划解读会上，针对新任教师多的现象，学校提出提高课堂教学水平从备课入手，规范每一节课教案这一要求。我们在谈到对备课的认识中提出，备课就是在设计学生的课堂学习生活，要想让学生成为什么样的人，就应该让学生过怎样的生活。教师是学生课堂生活的设计者，是在设计学生 40 分钟的生命活动，就要为学生的每一分钟负责任。因此，我们针对备课分层次提出一些具体要求和建议。如要求部分教师手写教案，这有利于青年教师整体把握教材，有利于针对学生学习情况随时随地调整教案环节，进行教案的复备；在完善教案的过程中，建议教师撰写教学札记。

著名教育家叶澜说过："一个教师写一辈子教案不一定成为名师，如果一个教师写三年教学反思可能成为名师。"札记不仅记录上课实况，反思教学效果，也是理论与实践相结合的产物，是教学智慧的聚合，是教师成长的历程。

2013 年、2014 年每学期计划解读会的内容和形式都在不断发生着变化，但坚持计划解读已经成为管理的常态。因为我们已经认识到：解读的过程是宣传、是动员、是全校教师达成共识的过程，并能使教师逐步具有全局意识，能站在学校发展的层面上认识计划，思考计划，执行计划。两会比较：计划布置会是领导派活，教师领任务；计划解读会则把"派活"变成干什么活，为什么这么做，把"领任务"变成主动做事情。变"让我做"为"我要做"，从被动到主动，从而提高了教师自主发展的意识。

事实证明，这样的计划解读会激发了教师的教育热情。一个学期下来，一些新任教师已经不满足于每周写札记，在自我发展需求的驱动下，在周围榜样的感染下，他们坚持每日写札记。到目前为止，学校已经为五名教师编排出版了《师道"栗"程》《从"0"起步》等教育教学文集，教师的专业成长成果显著。

计划解读使学校领导进一步提高认识，明确计划文本背后的内容；梳理思路，清晰工作标准和要求，也让我们认清自身具有制订计划与执行计划的双重身份，学会换位思考，更要学会站在全局的高度思考本部门计划，增强全局观念。今后我们将继续挖掘计划解读会的作用，并不断提高干部、教师的整体水平。

(三)扎实落实计划

我们在落实计划的过程中，不仅看执行计划的结果，更重视执行计划的过程。关注在执行计划过程中，采取了什么样的方法，有了什么样的思考，提高了什么样的能力。这就是我们所说的“实效”。

1. 在反思中发现问题，在交流中增长智慧

为落实项目组“改进在日常”的理念，我们抓实效从反思开始，反思从“我”做起。反思有助于我们在研究状态下工作，促进自主发展。

从2012年起，学校班子会增加了回顾反思环节。班子会上，每人分别介绍上一周重点工作是什么、怎样执行的、执行效果怎样、是否需要改进。在每人反思后，其他领导都要对其进行评价，在肯定优点的同时，也会开诚布公地提出个人建议。还要对新一周重点工作进行沟通，统一认识。在日常的改进中，提升团队对计划的执行力和协作精神。如主抓教学工作的郭颖副校长在反思人人做课的活动时谈道：“各教研组召开总结会，大家建议再召开教研组长联合会议，整体把握全体教师课堂教学水平，发扬优点的同时针对问题群策群力。”针对教学现状，校长建议“改变以往生硬说教方式，发挥教师群体智慧，让教师自己说”。形成改进共识，我们以项目组学习为活动形式，把全校教师分成四个愿景小组，以头脑风暴的形式围绕“对听课的认识”“对科研课题的认识”等四个问题进行大讨论，发挥教师自我教育功能，提升了教师对教学工作整体认识水平。

2013年，我们又对反思的环节进行改进：增设干部管理工作随录；内容有上周工作回顾和本周工作安排两项，特别对应设计了“对某某工作的反思”“对某某工作的具体策划”。使得干部在会前对工作的反思不再随意，突出重点，会上交流聚焦，达到相互学习的促进作用。干部在每周对工作情况进行梳理后，对一项工作进行小反思，逐步提升及时总结的意识和水平。在制订新一周工作计划后，对其中一项工作进行小策划，慢慢提升策划的意识和能力。

这样做的目的是将学期计划中有关本着“在使用中培养，在培养中提升”的原则落地，在大胆使用中培养新干部。以典型引路、参与中相互学习的方式，有的放矢，一步一步地从“小”从“实”做起，逐步将干部素质提高真正落实到位。班子会交流反思过程的目的在于相互帮助，共同提高。因为我们知道，从计划制订到计划落实是不断变化的过程，也是通过交流提升管理水平的过程。其实，以前我们每周都会撰写管理工作札记，在札记上会对自己的工作进行回顾与反思，但个人的反思会存在片面性。于是这个学期的班子会增加了集体性工作交流，不仅增加了班子成员工作间的彼此了解，强化了个人、集体的反思意识，更通过交流、反思、评价，分享了工作中的酸甜苦辣咸，增长了管理工作经验和工作智慧。

英国大文豪萧伯纳说过的一段寓意深刻的话：你我是朋友，各拿一个苹果彼此交换，交换后仍然是各有一个苹果，倘若你有一种思想，我也有一种思想，而朋友之间相互交流思想，那么，我们每个人就有两种思想了。

我校班子成员除校级 2 人外，全部兼任教学工作。团队干部整体年轻，管理经验不足，急需学习，提高管理水平。反思交流，促进了相互学习，大家学会的是从更多的角度思考问题、解决问题、规划工作，有效地指导今后工作的顺利开展，真正做到从计划入手，提高各项工作实效。

2. 在执行中分工协作，在实践中积累经验

学校计划是由教育、教学、后勤等部门计划构成的。在执行过程中，不仅需要各部门各司其职，更需要通力合作。就像马拉车，只有几匹马朝着一个方向奔跑，车才能前行。学校各部门在执行计划过程中，也需要步调一致才能高效完成学校计划。

比如我校 2012 年一项重大工程就是校安工程，还面临着随时返校的搬迁工作，在制订计划时我们把学校搬家、学生返校作为重点之一。3 月份接到提前回迁的通知后，学校在校长的统一指挥下，整体规划，在学期初大计划的基础上，制定了可行的落实方案。在制订计划中首先是目标聚合，学校提出在这个过程中不耽误学生一节课，安全、有序完成返校工作。为出色地完成工作任务，学校分解目标形成组织目标体系，各部门细化工作任务，将人力、财力、物力合理配置，做到人尽其才，物尽其用。后勤部门一方面负责学校的校安工程，同时确保学生返校后第一天就能够正常上课，并满足正常的教学物资需要；教学部门负责课程调控，确保不耽误学生一节课；教育部门负责学生安全教育，确保学生返校活动小而精，有意义且难忘。各部门在具体实施过程中进行自我调控。

由于有了周密计划，可以说计划无盲点，也有了部门积极工作，相互磨合，积极配合，全校一盘棋，返校工作顺利完成。这不仅依靠干部与干部之间，干部与教师之间，教师与教师之间的通力配合，更得益于学校的总体计划。可见学校计划是提升学校工作效能的重要依托，学校领导干部也在制订计划与执行计划过程中，提升了管理工作的实效。

3. 在工作中持续跟进，在磨合中提高能力

我校围绕计划的制订与执行，表现出了“一竿子插到底”的精神。

比如在学生养成教育中，德育干部从细节入手，通过广播、电视、实际演练等形式开展了"问好""行走""洗手""如厕"等系列活动，让学生教育实实在在。

比如在高效课堂研究中，我校开展了依据内容调研学生、依据课标研读教材、教研活动设计教案、课堂实践互相听课、评课商讨修改教案、反复磨合再实践等多环节系列研究活动。

比如为提高干部计划制订与执行能力，学校领导班子以组织全校学生体检工作为例，进行了系列会议。首先是主管主任介绍工作方案，回顾工作执行情况，对效果进行反思。之后，班子全体领导对其工作提出两点不足：一是方案预设不周密，二是领导角色把握不准确，不该做的事情做了很多，而该做的事情却没做多少。主管领导诚恳地接受了大家的意见。虽然这项工作已经完成，但是交流研讨没有结束，主管领导再改方案，大家再研讨，通过一个多月修改、研讨、再修改、再研讨的反复磨合，我们做出了一个比较完善的组织学生体检工作方案。这个方案让我们积累了组织学生活动的一个工作经验，享受着提高工作能力的幸福，更重要的是让我们深刻地体会了在管理工作中，做正确的事情比正确地做事更重要这一原则。

4. 在执行中适度调控，在落实中不断整合

调控与整合主要通过干部个人对分管工作的及时调整，日常各部门的及时沟通，经常深入一线了解、检查工作外，每周的行政会议的反思交流是最好的整体把握：学校重点工作、每周各部门落实任务的责任分工、完成情况、需要改进配合……体验到策划的效果后，我们对计划的执行有了进一步的认识。

第一，计划执行过程中，在做好常规工作的同时，还注意到各项工作的前后衔接，学会关注每一阶段工作的发展性目标，注意计划的灵活性，既要有供内部参考的"详尽版总计划"，还要有灵活调整的"普及版月计划"，更要有落到实处的"平时版周计划"，缜密细致的"详尽版日计划"。第二，计划要"环环相扣"，是一个"闭环"。既要关注预期要达到的目标是否完成，也要及时对执行过程中各方面反应如何进行总结反思，关注计划执行过程中的触发，使每一项工作的执行成为一个新的起点。第三，计划应强调"调控与整合"，作为学校管理干部团队要有"大局观"，要使此次活动的整体计划形成"一发与全身"的关系，使各环节、各部门之间真正形成"一张网"，相互促进，相互提高。

领导干部工作能力的提高需要一个个实践经验的积累，需要一个从量

变到质变的过程，管理智慧在积累中增长。

(四)策划让计划落实更精彩

自加入 UDS 项目以来，干部们深刻地认识到，策划既是“学习的过程”，也是团队“提升的过程”“成长的过程”。细致的策划不仅可以提升相关筹备工作的效率，同时能够提升学校干部团队的管理水平，使各部门的学期工作计划与自身日常工作的联系更为密切与直接。一个团队犹如一部机器，各尽其能才能运转自如；就像一座堡垒，没有空隙才能稳固坚强；就像一个拳头，每个手指都攥紧了，才能产生最强大的打击力。

2013 年学期末，我校举办了“文化浸润，快乐成长”——校本课程“快乐 20 分”阶段总结研讨会。研讨会的成功举办离不开管理、骨干团队的精心策划。学期伊始，学校就将开展“快乐 20 分”专题总结工作写入计划，其目的是通过中期总结，使校本课程的发展在理性的思考中方向更明确，同时以专题总结会为载体，在准备过程中，通过策划和总结，锻炼提升管理团队对计划的执行力。

在进行阶段总结研讨会活动的策划时，我们请来了多位专家，与我校领导班子成员及四位栏目负责教师一起讨论活动的方案，具体到活动的形式、主题、内容、人员分工安排、会场布置等，提出各种有可能出现的问题，在反复推敲中达成共识。在推进中，根据出现的新问题，我们不断地修改调整活动方案。初步确定活动方案后，根据活动内容需要，学校组织教师、学生开展调研活动，通过“现场观察、问卷调查、随机交流、集体座谈”等多种形式，及时了解师生及家长的反应，认真分析，有针对性地改进、完善活动方案。本学期还对全体学生进行了“快乐 20 分之我见”的即时问卷，同时召开了班主任会、学生小干部会，多层面、多角度进行反复研讨、推敲。从制作“快乐 20 分”现场展示片脚本的环节设计、语言表述、图片文字的呈现效果、摄像镜头位置及角度的选择，到整个活动中所涉及的人员安排、学生志愿者培训、场地布置、摄像音响、印刷资料等，都制订了详细的落实措施，在“稳”中求“细”，在“细”中求“实”，在“实”中求“精”，在“精”中求“优”，准备工作朝着既定目标稳步推进着。

每次活动结束后，我们都会及时召开班子会，对工作完成情况进行小结；行政例会中，各部门也会对工作情况进行具体的反思，同时对后期工作的具体事宜进行沟通，便于了解、协作，形成合力。学校干部队伍成员间团结协作，营造出一种健康、积极、向上的文化氛围，彼此在这种氛围中工作、交流，及时进行思想沟通，正确地开展批评与自我批评，不断消除可能产生的摩擦和冲突，增强了团队的凝聚力，呈现并保持思想统一、行动一致、稳定平衡的状态，使得活动效果得到进一步巩固和加强，我们也在不断的策划、改进中，锻炼了执行能力，提升了管理能力。

三、在反思中调整计划

我校干部团队针对计划制订开展更为深入的研究和讨论。作为管理者，我们进一步明确教师是学校发展的核心动力，是主体，在实际工作中应该尊重教师的价值，要关注教师的成长。在制订计划与执行计划的过程中，我们要及时梳理工作思路，清晰工作标准和要求，明确计划文本背后的内容，也让我们认清自身具有制订计划与执行计划双重身份，学会换位思考，学会站在全局的高度思考本部门计划，增强全局观念。

1. 在制订计划前进行缜密思考有利于目标有效达成。古人云：“凡事预则立，不预则废。”一份好的工作计划具有多元的功效，对学校的发展有着重要作用。以学期工作计划为目标，我们对制订好的学期工作计划有了更多的关注与期待，明确了一个好的学期工作计划应兼具日常工作开展与学校发展功能于一体，在立足学校原有基础的同时面向可持续发展的未来，真正发挥学期工作计划的功能与作用。

2. 在制订计划与执行计划的过程中形成“闭环”有利于管理工作的可持续发展。学校发展就像海中行船，目标越明确越容易到达终点。我们在制订学期计划时对制订计划、执行计划、反思计划、总结计划的过程深入地落实认识的同时，还尝试注重制订计划前的调研交流，逐步形成我校管理组织的特色任务运行结构。

在 UDS 项目组的引领与帮助下，我们在计划的研究制订与执行过程中，逐步建立了“总结反思—计划制订—方案解读—过程指导—及时评价—总结反馈”的“闭环”和学校发展机制。制订计划时要重视对前期工作的总结与反思，使其制订得更为科学，更加顺畅；执行计划时要重视方案的解读，保持对计划的反馈与调节，避免使计划成为僵化的教条；学期工作结束后要重视对计划本身制订与执行的总结与改进，对于学校可持续发展而言，具有更大的灵活性与自我监控性，可以随时根据学校发展的实际，调整工作目标，改进工作策略，提升管理工作效能。

3. 明确站位与角色定位有利于提升干部团队的管理能力。作为学校管理者不能眼里只有本部门工作，在统筹本部门工作的同时，还要协调学校其他部门工作。角色站位与定位，就是要提升管理者的思想认识水平，改变以往各自埋头苦干的方式，学会站在全局的高度开展部门工作，只有抬头看，看四周，站得高，才能看得更远，想得更全，做得更好。

学校发展就像海中行船，目标越明确越容易到达终点。通过参加UDS项目，让我们对制订计划、执行计划、反思计划、总结计划有了更深入的认识和实践，能够让我们既脚踏实地又高瞻远瞩地推进计划的实施，让我们的工作方式在悄悄地发生着改变，教师在成长，学校在发展，学生在幸福地生活……

（校长：韩桂新；驻校专家：张梅青）

伴飞助力变革，“三成”促进发展

西城区宣武回民小学

杨朝晖教授在《致力于变革——探索基于UDS合作的学校日常生活变革与自主发展之路》一文中谈道：“由于文化附着在人们日常的行为、做事方式之中，以无声的方式存在，因此，日常文化的变革也需要从日常例行化的行为方式入手，进行润物无声式的改变。由于日常文化建设是一个极其缓慢的过程，需要持久的建设与培育，因此，文化建设不仅需要耐心与坚持，更需要有不断的、持续的措施跟进，只有这样，新的文化物质才能得以诞生、固化与积淀。”

遵循UDS项目的这一发展思路，我们从管理文化变革入手，聚焦领导团队的整体建设，自上而下启动变革，以干部领导团队的发展，带动学校的整体发展，并通过“三会变革”(行政例会、教师会、家长会)、“三文能力”(总结、案例、简报)、“三划建设”(规划、计划、策划)实现“成事—成人—成己”三位一体的成长。

一、变革管理文化打造优质发展的管理团队

UDS项目对干部发展提出“成事—成人—成己”三位一体的成长目标。顺着这一目标，我们努力打破传统做事习惯，改变原有思维模式，通过不断反思，学会在微改进中成事，在不断成事中成就他人，在不断成事与成就他人中成就自己。

(一)学会工作，提升管理效能——成事

学会工作，即“成事”。自项目开展以来，我校干部在杨永军校长的带领下，认真参与每一次项目组工作坊研修，努力更新观念，拓宽视野，深度理解教育的本质，理解学校发展的内涵、理解干部角色和工作的意义，不断打破传统工作模式。在开展学校全面工作过程中，我们运用“休哈特循环”——“计划(plan)—行动(do)—检查(check)—改进(act)—再循环(PDCA循环)”，提升干部作为学校组织运行环境营造者和执行者的工作效能，提高整体计划制订与计划执行能力、活动策划与组织能力、工作总

结与反思能力，以优化日常的组织方式、工作流程、管理习惯等。在此过程中，我们做到“四部曲”，即：提高站位，“起”于整体规划；改变定式，“承”于具体计划；提升品质，“转”于活动策划；深入发展，“合”于反思总结。在追求主体办学、理性办学、科学办学中，促进学校管理文化变革，促进学校整体全面发展。

1. 提高站位，“起”于整体规划

“起”，即“开始”。学校发展规划是关于学校未来发展的系统思考，涉及对学校发展基础的理性分析，是对学校在一段时间内的发展理念与目标的定位与选择，以及对发展内容、步骤及其保障监控措施的总体筹划。项目组倡导“学校发展因规划而长远”的理念，我校领导班子在深刻领会这句话的意义后进行了深入的思考：我们为什么而教？我们心中的理想是什么？社会的期待是什么？为了确定一个让全体回小人都认可的发展愿景，我校通过全面汇总、深入分析北京市中小学学校自我评价工作中对我校进行的数据采集评价的报告，对比理想我们还有哪些差距和问题？我们为什么而优秀？秉承了哪些传统和核心价值观？我们还可以做什么？运用SWOT分析方法分别从干部、教师、家长、学生层面等分析学校发展的优势与劣势、机遇与挑战，从而准确分析学校发展因素，制定“三年发展规划”。

“三年发展规划”愿景目标：创建北京市民族教育优质示范学校。阶段目标：第一阶段，深化对学校办学思想的认识与理解，明确学校办学特色；第二阶段，确立学校育人目标，构建并逐步完善具有民族文化特色的课程体系；第三阶段，实现“人人精彩 人人成功”目标，成为北京市民族教育优质示范学校。

规划的制定不是领导说了算，而是全员参与、双向互动，既有自上而下的理念引领，又有自下而上的主动参与，充分发挥每个人的智慧与力量，历经班子先期草案、中期整理教师建议、后期教代会研磨等程序。大家集思广益、凝心聚力，共同为回民小学的未来发展献计献策。认识上的共识，使规划具有了引领性和前瞻性。同时，在规划的制定过程中，我们进一步深化“人和、个性、精品”办学思想，将“和”的理念贯穿于管理文化、课程文化、育人文化、环境文化之中，使“人和、个性、精品”成为学校的精神和灵魂，为办有民族文化教育特色的优质学校，培养学生成为诚实、勤奋、健美、创新，具有民族情怀的小公民奠定坚实的基础。

通过这样自下而上的规划参与，不仅使全校每个人都成为学校发展的主人，每个人都有一份责任与担当，实现了学校发展和教师个人发展同步，而且将全校干部教师的目光与工作着力点聚焦在一起，带着“从优长出发，我们有什么生长点？从问题出发，我们亟待解决什么？从教育的原点出发，什么是我们始终应该坚守的？”的思考，将理念落实到每个学期的工作计划之中。

2. 改变定式，“承”于具体计划

“承”即“过程”。每个学期的工作过程都要依托于具体计划。计划每学期都要制订，形成一种常态：依据校长、区教委工作意见和学校发展实际，勾勒出学校学期总体框架和思路；随后干部进行假期筹划，开学前班子集体研究制定，向全体教师公布，教师提出建议，修改后执行。周而复始，年年如此，成为一种惯性工作行为。

通过 UDS 项目组引领“学校发展从我做起从计划开始”，我们深刻认识到过去计划的制订有很大的盲目性：一是盲目遵从上级指示，淡化了自主办学行为；二是自上而下布置，教师执行被动；三是工作要求多，为什么这样做的思考少；四是各部门工作面面俱到，缺乏一根主线牵动，形散神不聚；五是计划有工作内容，缺少具体操作措施……在专家指导下，我们有了明确的认识：计划是学校开展工作的重要依托和载体；是学校行政管理的重要手段；是学校行政文化的重要组成部分。它规定着学校日常的工作轨迹和内容，决定着生活在学校里的人的生活状态和行为方式，决定着一个学校的文化内涵和方向以及学校的效能。

因此，计划不是要求，要求和行动计划应剥离；计划要使老师形成共同认可，所以不能缺少教师研讨的环节；计划不但罗列所做的事情，还要有实施的具体措施；计划是学校办学思想实现的途径……经过这样的头脑风暴训练，班子成员清晰了工作计划的意义，又经过与专家 7 次磨合、教师 2 次研讨，历时 3 周，最终形成了与以往不同的学校工作计划，呈现出如下变化：

针对性：这是一份在做足前期准备、充分调研的基础上，具有明确的针对性、目的性的计划，我们审慎思考学校计划为什么而定，依据计划我们需要做什么，应该怎么做，最终目标是什么，并达成共识；

引领性：这是一份体现先进的教育理念和管理思想，既符合教委计划精神，又能够充分融合学校发展规划，满足学校发展需要，目标明确，凸显自主办学行为的计划；

系统性：这是一份各部门负责人全员积极参与，具有整体性、层次性、协调性，呈现各部门工作一盘棋的计划；

执行性：这是一份既有主线牵动，又重点突出，方向明确、责任清晰、操作有法、行文简约，有跟进行为与措施，落实到《教师工作回顾》中的计划；

适切性：这是一份自下而上，融入教师智慧，充分满足教师和学生发展需求，以教师和学生的发展为最终目标，凸显管理者责任意识、服务意识，以人为本的计划；

约束性：这是一份能够形成有效工作机制，进行工作评价，为期末工作总结作为依据的计划。

通过反复研磨计划，我们认识到，计划制订方式的改进，就是改变我们习以为常的工作方式和习惯，也就是在改进我们的行政文化。同时，在杨朝晖教授和王玉华教授的启发下，我们将计划宣讲方式也作为优化行政文化的一个重要组成部分，进行了“班子集体亮相，解读学校工作计划”的微改进。

以前每学期布置学期工作计划，基本是校长一个人讲，干部、教师下面听。然后把文本发到各组，由组长带着大家学习，再制订组里的具体计划。在本次计划宣讲之前，召开全体教师大会，班子每个成员都做了精心准备，并配以图文并茂的 PPT 演示文稿，校长首先做了“整体工作思路和干部团队建设”的内容解读后，分管各部门工作的干部详细解读德育、教学、科研、工会等各部门计划，形成全校一盘棋，分工负责又合作。教师们愉悦而兴奋，听得踏实认真，反映很好。项目组杨朝晖教授参加了这个计划宣讲会。她现场做了一个小小的互动，请教师们谈谈今年的计划布置与往年有什么不同。有的老师说：务实、简洁、新颖，看出干部是个团结的团队，分工明确、具体、细致，有全局协作意识、可操作性强，使教师对学校工作有整体的了解。最后一位老师说：切实感受到变化，思考方式能站在教师的角度……干部全部上台亮相，以焕然一新的精神面貌站在老师们面前，给大家带来“新颖”的感觉，为新学期工作奠定了良好的开端。杨校长说：“计划从制订到宣讲，让班子全体成员精神焕发，干劲十足……”

一个学期的工作验证了计划的可行性和有效性。学校全部工作紧贴学校发展规划，满足校本需求，有条不紊，稳中求进；干部学会换位思考，站在老师的角度思考可行性，加大工作协调的力度，服务指导意识增强；自下而上的计划更加贴合教师工作实际，使教师主人翁意识提升，工作更加积极主动。一学期的实践充分体现了“工作因计划而扎实”。我们感到，制订、执行计划的过程，本身就是一种研究、促发展的过程。在这个过程中，培养、锻炼了干部队伍，一个致力于微改进、微研究、微创新，在变化中谋求发展的管理团队正在形成。

3. 提升品质，“转”于活动策划

“转”即“呈现”。依托计划，我们认真参与了项目组开展的“学校生活因策划而精彩”“让策划走向教育的深处”培训交流活动。在杨朝晖教授的解读中，我们认识到策划就是为了实现活动的目的，审时度势，提出新颖的策略(或创意)，并制定具体的实施方案的创造性活动。在项目学校的汇报中，一个个精彩的活动策划给了我们很多启示，也进一步激励我们的干部努力改进工作，力争在一个个精彩的活动策划中更好地实现计划目标。在做每一项工作之前，我们首先考虑为什么要做这项工作，这项工作对于计划的落实有什么作用，怎样才能使这项工作完成的实效性更强。进而在目标明确、方向清晰、贴合学生、主体参与、方法灵活、操作性强、效果持久、有利于反馈和检测的前提下做好策划。

常态的毕业季很多老师都经历过：表演节目、写封信、交换礼物、讲讲故事、颁发证书、校长讲话……但是2016年与以往不同，UDS项目“改进在日常，过不一样的生活”已经深入干部、教师的内心之中，再走寻常路是不可能的。

活动之初，教师充分调动学生参与的积极性，让学生们收集六年中和同学快乐成长的照片，学校将照片集纳成册，制作成毕业纪念册，见证学生们的成长。活动过程中，男孩穿白衬衫、黑西裤、佩戴小领结，女孩身穿洁白的小礼服踏上红毯，通过成长之门和感恩之门，与老师、家长一起诠释“成长”“感恩”的含义，凸显年级育人目标，培养学生自信。接下来的每个节目都有着深刻的内涵与意义，学生创作的《回小 style》体现了学生敢于拼搏、积极向上的状态；舞蹈表演充满活力，让很多孩子从小班级走向大集体，体会“我能行”，感受伙伴合作的快乐；和习近平总书记一起参加捷克访问的足球队员通过精彩的表演，使全场观众体会训练的艰苦和队员们对足球的喜爱……

活动最后一个环节，师生朗诵《我想对你说》将全场气氛推向高潮，使在座教师、嘉宾、家长、学生热泪盈眶，达到情感共融与升华。最后，伴随杨永军校长意味深长的谆谆嘱托，135只白鸽展翅飞向蓝天，全场欢呼雀跃，满载“亲人”们美好的祝福，在《越飞越高》的歌曲声中，2016宣武回民小学毕业盛典圆满结束！

毕业季盛典的入场式激动人心，当六年级学生走过写有“成长”“感恩”

拱形气球门的红地毯时，他们像明星一样受到全校师生的热烈欢迎，对他们是多么大的激励啊！精心安排每一个节目都蕴含深意。所有六年级学生上场展示才华，体现了学校以学生为主体的办学理念。背景音乐与画面的绝妙配合与主持人感人肺腑的话语都使毕业季的主题——“快乐成长，梦想远航”深深地渗透在每个人心中，也令在场的所有人受到深深地感动。师生最后的诗朗诵，代表着学校对学子们的谆谆嘱托，学生为老师献花，与老师拥抱，更是将盛典推向高潮，教师们幸福的眼泪夺眶而出。活动结束后，学生们围着老师久久不肯离去，在那里合影留念，家长们也纷纷加入这个难忘的激动人心的活动。

几年来，在“改进在日常”理念指导下，我们依据学校工作计划对各项常规工作都有了策划意识，包括新一年级家长培训、学科牵头人培训、科研培训、班主任工作培训、学生文明习惯培养、五节活动、社团活动、工会活动等，并成功策划召开了一个个学期工作总结会、教师节表彰会、党的专题组织生活会、新党员发展会、“智慧教师　生命课堂”教学研讨会等。一个个精心的策划，使学校工作计划执行得多姿多彩；一个个精心的策划，使我们的校园生活更加活力充沛；一个个精心的策划，使各项工作完成得更加富有实效。如今策划已经成为每位干部一种自觉的工作习惯。

4. 深入发展，“合”于反思总结

“合”即“结束”。总结是管理中的重要环节，是建立反思性学研文化，培养有思想、有反思力干部的重要途径，是形成科学的闭环管理机制、助推学校管理百尺竿头更进一步的根本保障。

过去，我们的总结重在将所做的工作进行罗列，缺乏深入思考，不能理性分析工作的得与失、优与劣，对未来工作缺少跟进式策略。在课题研究过程中，项目组推出“深化总结与反思，一起走向‘十三五’”的主题研修活动。通过学习与研讨，我们对总结有了新的认识：总结是“PDCA”发展循环中最重要的一环，关乎工作的连续与提升；总结是对人对事对己的一种提升，关乎进步和成长；总结是依据、是机制，起到继承、调控和提升的作用；总结是记录生命成长的见证、是实现发展的阶梯。总结应该既注重“总”，梳理过去的工作，同时做好“结”，汇总工作经验、吸取失败教训、寻找成功秘诀、发现普遍规律。

为了更好地进行总结，王玉华教授、杨永军校长利用两次班子例会对我们进行了更加有针对性的培训，指出：“通过总结，我们都要问问自己，我做了什么？为什么做？如何做的？效果怎样？微改进在哪里？创新点是什么？对今后工作有哪些帮助？”之后，带领我们回顾部门工作……培训后，大家对照计划反思实施情况，力求通过总结，达到积累经验、寻找不足和促进发展的作用。

(1)总结的形式丰富了。我们力争通过总结与反思，达到积累经验、寻找不足、及时跟进、推动学校工作不断提升的作用。

自2015年，杨校长带领干部实施了周总结制度，每周末，干部们回看部门工作计划，将一周常规工作进行小结，尤其对重点活动进行专项小结、效果自评。在周一例会上，校长立足学校学期发展目标，带领大家肯定优长，查找不足，为后续工作提出建议和具体周措施。

(2)总结的主体多元了。基于往年干部作为总结主体的基础上，我们增加了教师群体，让老师们走到前台进行总结。

2015年，我们以“爱——让我们同行”为主题召开学期工作总结会，重点进行师德建设总结。会前，每位年级组长召开组会，带领组员总结学年工作，研讨展示方案。在总结会上，六个年级组分别以“师爱传递智慧”“关爱凝聚团队”“挚爱倾注教育”三个板块展示了自己是如何做的，说明自己为什么要这样做；汇报行动之前的思考，和大家分享行动之后的反思。这样，教师们不仅分享发言者的做法，还分享了他们的思想、理念。总结会非常成功，有的老师激动得流下了泪水，有的老师备受鞭策、鼓舞。通过总结，学校办学思想深深融入干部管理、教师教育教学的细微之处，体现在工作态度中、团队建设中、育人行动中。在下一个学期，我们又以“改进在日常，在总结反思中提升”为主题召开学期工作总结会。会前，干部教师回扣学期工作计划，反思工作创新点，回味成功体验；会上，将教师个人、团队的闪光点以丰富的形式予以展示，凸显干部教师的成长、学校的变化，全体教师感受教育生活的精彩与幸福；会后，反馈干部教师收获，管理团队进行再反思再总结，形成闭环管理，实现学校工作迭代螺旋式上升。

(3)总结的关注点鲜明了。我们将“全面总结”改进为“重点反思”，对照计划，总结执行的情况，反思主要工作、重点工作。通过回看计划，反思落实情况，引发对工作的深度思考和改进策略，形成不断持续跟进的工作态势，并在完成个人部门工作总结的基础上汇总学校工作总结，这样既强化了计划落实的意识，同时也明晰了学校整体工作。

如在2015年，我们在学校工作计划中重点强调干部要形成管理即服务的意识，在学年总结中，我们就以“凸显以服务为主旨的管理文化”这一主题按照“专家榜样引领、服务实现共赢——日常管理服务求细求新、专项管理服务重精重效”进行了全面深入的总结和反思，以实现服务型管理的持续优化。

总之，在UDS项目倡导的“学校因规划而长远，工作因计划而扎实，生活因策划而精彩”的理念引领下，我们的工作理念、思维方式、工作习惯发生着微妙的变化，形成了回小“确定规划—制订计划—精心策划—组织实施—反思总结”的闭环工作模式。今后，我们会继续基于学校内部主体意识的觉醒与反思，不断实现日常工作理性思考、管理习惯自我转变、强化问题意识、谋求改进与创新，努力提升学校理性办学能力，建立发展的目标意识，让研究的意义发生，让教育的意义实现。

(二)学会领导，成就教师发展——成人

学会领导即“成人”，发展他人，成就他人，为学校教师发展提供动力，创造条件。我校管理团队基于提升干部作为校本教师领导者的身份角色意识的认知与能力提升，不断优化学校现有提升教师的日常发展途径与做法，通过校本研修的规划与落实、参与式校本培训的策划与组织，以行动研究深化校本教研等，提升组织的领导力，成就教师发展。

1. 为提升学科牵头人领导力助力

三年来，我们注重开展立足校本的教师发展探索，将校本研修作为促进教师专业发展的主要方式，以干部参与式管理，对学科牵头人赋权为切入点，促进校本管理不断优化。

通过UDS项目培训，我们深刻认识到，学科牵头人不但是各学科开展校本教研的负责人，更是每个学科组的灵魂，是校本研修及教学质量的保障。学科牵头人处于如此重要的地位，反思过去的校本教研，我们质疑自己：学科牵头人对学校工作的理性认识是否在逐年提高？对本学科组的优势与不足是否有深入的思考，并在校本教研活动中充分做到扬长补短，不断提升学科组教师综合能力？校本教研活动质量逐年获得多少提升？……教学主管领导是否能够统观校本教研活动情况，聚焦问题及时调整？这些都是直接影响学校未来发展、教师专业提升、学生成长的重要因素。由此，我们深深感受到“致力于变革”的重要性、必要性。于是，我们聚焦学校日常工作变革，在交流碰撞中获取思路：明确教学管理干部的职责是引领、指导、统筹和帮助，要由过去“安排老师们做什么”变为“帮助老师们做什么”，基于此，我们对校本研修活动进行了改进与重建。

①建立负责机制，强化管理意识。开学初，我们反思学校以往教学管理工作情况，认为“形成负责机制，强化角色意识”是组织好广大一线教师开展好教学工作的前提和保障。因此，我们制定了层级明确的管理负责机制。每一层级各司其职，保证校本教研工作高效开展。

②实施全程培训，提升管理能力。培训好学科牵头人，就能带动各个学科开展优质高效的校本教研活动，所以课程中心重点对这支队伍进行培训。

学期初，我们建立学科牵头人引领和负责制度，目的是加强校本教研工作的深入开展，切实发挥学科牵头人的引领作用，提高教学研究实效性，提升教师的专业水平和教学质量。

教学干部坚持深入一线参与校本研修活动，通过期初、期中、期末多次培训，进行有针对性的指导，帮助学科组制定短期改进目标，明确长远发展规划，使学科牵头人从理念到行为都发生了转变，主要表现为：自我定位产生变化，由过去“要我做”变为“我要做”，并时刻踩准学校工作主线，组织学科组成员开展特色鲜明的校本研修活动，保证校本研修优质高效；工作能力获得提升，在历次培训过程中，学科牵头人都处于主动地位，将学校整体发展、学科组活动开展、教师专业提升高度统一，并在交流过程中相互借鉴，逐步形成统揽全局的意识，提升了对工作的理性认识，提高了学科组管理能力。学科牵头人是学科组的领军人物，他们的改变直接促成了广大教师认识和行为的变化，为促进学校、教师和学生发展奠定了坚实的基础。

2. 为全体教师提供专业发展机会

在推进学校特色化建设进程中，终极目标是学生的发展，而学生发展的关键是教师发展。因此，我们尊重教师的价值，关注教师自身成长与提升，本着促进全体教师专业发展的责任，在工作中进行突破性变革。

2015 年秋季，“西城杯”教学评优活动拉开了帷幕。往年比赛校内选拔一般采取自主报名、学校推荐的方式，这么做省时、省力、高效，但是容易出现参赛教师总是锁定几个“明星”选手，而绝大多数默默无闻的教师失去了锻炼、展示、提升的机会，为此我们寻求选拔方式的变化。首先，以教研组为单位开展以“精选教学内容，构建乐学课堂，促进学生发展”为主题的校本教研活动；然后，40 岁以下符合参赛条件的教师进行教学展示，参与校内选拔；期间，干部教师积极参与听课、研讨和评价活动。这样做的目的在于：一是实现整体提升，充分发挥骨干教师引领作用，营造良好的研究氛围，促进教师队伍可持续发展；二是借助“西城杯”比赛给更多教师搭建展示、交流、发展的舞台，激发他们的工作热情，促进他们专业成长。此次活动，干部教师听课 329 人次，跨学科听课 50 人次，听课节数达 4 节的 42 人次，超过 4 节的 12 人次，329 人次认真填写了评价表，并留下了中肯的意见。教学干部对每位做课教师都给予充分的肯定，提出有针对性的改进建议，并组织学科组和部分教师进行课后研讨达30次。随后，学校根据现场教学及听课教师的评价，推荐了一直默默无闻、踏实肯干、教学有突破的“老教师”杨莉，体育学科的新锐陈建欣老师，仅工作三年的语文教师白笛，刚调入回小两年的年轻的科学教师洪晔以及英语学科组长李丹宁老师参加“西城杯”比赛。这几位老师虽然在校内选拔赛中表现优异，但都不是骨干教师，只有一位是小学一级教师，其他都是小学二级教师。显然这一决定会使杯赛获得佳绩的难点系数增大，但却给予了五位参赛教师高度认可和提升的空间，更为整个回小教师队伍注入活力，本次选拔活动促进了团队成长，更使全校教师“动”起来，获得不同程度的提升，在专业发展之路上迈上了一个新台阶。

3. 为青年教师搭建学习成长平台

青年教师是学校的未来和希望，为了使他们扎实教育教学基本功，提高教育教学能力，获得更多自信与成就感，三年来，学校努力为青年教师搭建展示锻炼的平台，促青年教师快速成长。

(1)做教师形象的示范者。2017年，我校工会组织了主题为“学规范，重礼仪，塑回小教师优雅形象”的《西城区教师职业形象规范读本》(以下简称《读本》)学习活动。如何让《读本》内容深入人心，成为回小教师职业形象标准？经过班子协商，我们决定改变以往由某位干部在全体会上为大家解读文件内容的方法，而是给予年轻教师成长锻炼的机会，鼓励他们以丰富多彩的表达方式诠释《读本》内容。在活动筹备会上，我们指导青年教师在策划这一活动时首先要明白为什么要强调教师职业形象，怎样做才能符合教师职业形象规范，并将所学、所感、所做展示给全校教师，在学习、理解的基础上落实到行动当中。最终，青年教师以灵动的组合方式、生动的语言及肢体表演诠释了优雅规范的教师职业形象，赢得专家、领导和全校教师的一致好评。

(2)做学科教学的研究者。为了让青年教师对学科知识有系统的了解，寒假学校给青年教师布置了作业：用思维导图解读课标。假期里，青年教师学习课标，学习思维导图的原理、种类、绘制方法等，并运用哲学的思维方式进行思考：思维导图是什么？能做什么？形状有哪些？怎样绘制？然后以手绘、电脑图片制作或PPT的形式设计思维导图，运用思维导图将年段教学内容进行分析和知识点梳理。开学后，李婕、李非、满漪三位“伴飞”教师组织青年教师开展学习交流活动，运用思维导图对课标进行解读。青年教师们把对学科知识的梳理内化为自己的教学认知，把学生获得知识的程度作为思维导图的核心主题词，把核心能力培养作为教学目标，运用思维导图指导自己的教学工作。三位“伴飞”教师精心设计评价表，全体学科教师参与对青年教师的评价。通过为青年教师提供成长进步的阶梯，搭建展示学习收获的舞台，使他们提升教学基本功，相互悦纳，获得自信。

UDS项目研究为学校工作带来勃勃生机与活力，学校管理在“微研究”“微改进”“微创新”过程中不断优化，干部作为校本教师领导者的身份角色意识的认知与能力在不断提升，广大教师在自我成长领域获得同步发展。

(三)学会学习，促进自身成长——成己

打铁还需自身硬，因此，干部在成事、成人的同时，要通过不断学习、实践，促进自身业务水平、能力提升，促进工作价值感获得，促进心灵成长，实现“成事”“成人”“成己”三赢。

1. 深度会谈，积淀思想内涵

自开展UDS项目研究以来，我校管理在发生悄然改变，这些改变源于实践，实践的根基是学习。因为只有学习才能提高认识、开阔视野、促进改变。

在项目研究过程中，我们充分发挥专家的支持作用，诚邀王玉华教授利用班子例会时间指导大家开展学习活动。王教授为大家提供了众多阅读书目，如《研究型教师与学校发展》《爱的教育》《学生第一》《卓有成效的管理者》《和孩子一起读书的幸福》《教育就是唤醒自信心》《教学勇气——漫步教师心灵》等，并组织我们开展丰富多彩的学习活动。在学习过程中改变过去传统的领导主导、专家引领、成员聆听的“被动”学习，而是给每个成员提供参与、发表的平台，自由和有创造性地分享学习成果，形成“深度会谈”。“深度会谈”是发散性的，采用轮流主讲制，每次学习由主讲人和大家分享学习体会，并组织交流活动。大家彼此用心聆听、有效沟通、思想碰撞，在宽松的学习氛围中形成开放的思维状态，从不同角度深入剖析问题的本质，形成思维上的共识。我们的学习强调三个层面的提升，即知识、技术、态度。叶澜教授的专著《教师角色与教师发展新探》，促进我们不断提升对教育工作的理解、对教育使命的感悟。李希贵校长撰写的《学生第二》从理论到实践切实可行的管理方法令我们感到学之不尽，用之不竭。《教育智慧的意蕴》又提示我们无论从事何种职业，总是因为有着深深的热爱和强烈深厚的情感，才促使个体在特定的环境领域中不懈追求、艰辛求索，进而萌发智慧，形成创造、生长价值……“深度会谈”激发我们对管理工作深入思考，使我们在思想碰撞、有效沟通、平等对话、群策群力解决问题的过程中凝聚团队力量。

通过学习提高团队智慧，不断消除组织学习的障碍，如局限思考、归因于外、缺乏主动性、只关注个别事件、经验主义等，发展了团队成员整体思考与实现共同目标的能力。管理智慧由读书后的思考而生发，我们通过学习而获得改变，完善了个人，提升了组织。

2. 主动承责，改进思维方式

杨朝晖教授提出：学校想发展、能发展、会发展，其背后蕴含了“动力、方向、能力和空间”四个要素，其中，动力是前提，她指出：“状态比技术更重要。”

带着对这一要素的认识，杨永军校长致力于我校自主管理文化的建立，倡导尊重主体，赋权承责，激励管理干部时刻以积极的态度开展工作。三年来，学校管理团队以行动研究为基本路径，致力于“三会(行政例会、教师例会、家长会)变革”“三文(总结、案例、发言稿)提升”“三化(规划、计划、策划)建设”，强调问题意识、理性反思、行为更进，在工作中主动承责，不断实现自我超越。

学校管理工作，首先是思维的转变，常问为什么，进行反思。学校工作周而复始，经常性开展相同的工作。由于惯性思维，我们按部就班地过日子，不再梳理为什么这样干了，长期处于一种平庸状态。“用一件事情搅动全局，盘活学校工作”，这是 UDS 专家团队给予我们的建议。从此，我们对于学校工作采用班子会商制，经常自问：要做哪些事情？为什么要做这样的事情？怎么做最好？用一个个鲜活的项目活动推进学校工作，让干部思维灵动起来，让学校工作生动起来，“改进在日常，过不一样的生活”成为干部的口头禅，主动承责成为干部管理工作意识之一。

在这一意识主导下，校本教研，科研培训，西城杯、民实杯教学大赛，青年教师培养，工会活动，教学研讨会，学校工作总结会……历经了如下过程：项目开始阶段，管理团队共同策划，进行班子会商，说想法，不断完善工作思路；议做法，优化措施与方法，相互悦纳、尊重，形成和谐融洽的氛围。项目实施阶段，主管干部牵头，集体参与，共同推进项目按照计划有目的、顺畅地实施。项目总结阶段，活动实施完毕，当天进行小结，寻找优点和不足，为下一次活动积累经验，并在第二天学校微信公众号中发布消息，宣传活动内容，及时总结，形成每一项工作的闭环管理。

“不识庐山真面目，只缘身在此山中。”过去，各部门在开展本岗工作时，往往出现想法传统、常态，思路受到约束。现在，各部门坐在一起，在议与行的过程中，智慧火花碰撞，创意层出不穷，决策没有最好却有更好。主动承责，促干部领导力提升，充分发挥在领导位置应有的职责与功能，具有领导带动他人的能力与能量；主动承责，使部门联动，散是满天星，聚是一团火。在活动的计划、策划与实施过程中，核心管理团队凝聚力不断提升；主动承责，使管理干部工作相互了解、配合默契，使全校工作有效融通，和谐统一。

3. 热诚服务，优化管理行为

主动承责的管理意识促进干部为自身管理角色定位，对学校负责、对教师负责。思维的转变带来管理行为的优化，干部在工作中践行服务理念，为教师工作提供高端引领、到位指导和精准帮扶。

(1)专家榜样引领。项目组专家王玉华教授每周必参加我校周一下午的行政会议及学校重大事宜的策划。会前，王教授先与杨校长沟通班子会内容，确定未来工作方向及基本原则；会中，班子成员逐个发言后，王教授给予大家鼓励性评价并指出事物的本质属性，启发我们理性思考处理方法；会后，再和个别干部商议未充分讨论的事宜；有时，还选取个案对部门领导进行具体指导。王教授用智慧引领我们进行理性思维，以亲力亲为带动干部团队始终处于一种积极思考、共谋事业的状态。王教授的工作作风影响着管理团队每一位成员，促进服务型管理理念浸润、落实于每一位干部的行动之中。

(2)服务实现共赢。2016 年，我校班子例会的一项重要内容就是以干部案例撰写及交流为切入点，每周由一位干部和大家交流在管理岗位做了什么工作、为什么做、怎样做、效果如何，大家进行讨论，围绕教师的成长、学校的发展发表见解，既实现了对各部门工作的了解，又通过研讨提高了对各部门工作的认识。一年中，干部深入教研组、来到课堂、走到老师们身边，给予教师最适切的指导和帮助，成功案例层出不穷。

强化服务型管理理念，我们关注“服务”的三个维度——“授权”“情绪关爱”“帮助教师成长和成功”。其中，“授权”就是鼓励并促进教师在日常工作中发现问题并解决问题，以及决定何时和如何完成工作；“情绪关爱”，即做出对教师个人情绪关心的行为；“帮助教师成长和成功”即通过支持和指导真正地关心并帮助教师专业发展和成长。

每一项管理工作都体现了干部对教师竭诚尽职的帮助。在每一项工作的始终，王玉华教授和杨永军校长都会高度关注，随时指导，形成了我校自上而下的服务型管理特色。

在 UDS 项目组引领下，我们的管理团队经历了由“纸上得来终觉浅”，到“绝知此事要躬行”的改变；由单一部门的“孤立独行”到“众人同心，其利断金”多个部门整合联动的改变；由习以为常、陈陈相因到改进在日常，在熟视无睹中发现问题、打破定式进行创新思维的改变。我们彼此欣赏，传递智慧，共同前行，实现团队“破茧成蝶”的升华。成人、成事，也在成己，呈现了回民小学干部教师团队合生共赢的发展态势。

二、提供校本支持形成主体发展的教师队伍

UDS 项目专家团队带领我们在以教育叙事案例为载体的学校改进和教师发展之路进行了持续的探索。通过深入实践现场、进行典型引路、关注日常事件、提供学习范例、重视过程修改、制定评价标准等途径，引导教师走上教育叙事研究之路，使小故事发挥大效应。三年来，在王玉华教授的指导下，我校持续开展了“让故事在校园流传”教育叙事案例培训和评选活动，为干部教师在研究中的解放与赋权找到了途径；为干部教师开展教育研究提供了适宜的方式；为干部教师实践性知识的生成提供了载体；为干部教师观念和行为的转化找到了突破口。

三年来，我们开展了三次案例撰写活动，每一次活动都经历了“聚焦问题→培训指导→撰写案例→查找不足→修改完善→评选推优→展示传播”的过程，干部教师从了解案例的基本写作方法、掌握优秀案例的创作手法到针对问题提升创作技巧，经历了从不愿写、没得写、不会写、写不好，到有撰写的渴望、会选取有价值的题材、知道如何撰写、知道怎样才能写得更好的成长历程。

(一)培训指导初识叙事案例

第一年，王教授为全体教师进行了案例通识培训，诠释了：1. 教师为什么要写案例，案例对于教师的发展起什么作用；2. 如何写好一个案例，案例的叙事结构是怎样的，各部分应如何撰写；3. 优秀案例的标准是什么。第二年，学校科研工作负责人王爱东主任分析第一年老师们撰写的案例，汇总突出的优点与普遍存在的问题，优点：从结构上看，已初具规模，大部分案例结构清晰；问题：细细深入品读，内容平淡，案例不具有典型性，不能给别人以借鉴。鉴于此，王主任在王教授的指导下，分析问题出现的原因：初次撰写案例，对于案例的体例陌生，有距离感，所以不愿意写；平时工作繁忙，做得多，写得少，认为做好本职工作就可以了，所以对撰写案例有抵触心理；日常工作思考少，没有养成用心记录教育教学闪光点的习惯，所以撰写时没有好题材……针对原因，设计实施了第二次培训。

顺应“受训群体”开展“温情培训”

策略之一：“美文欣赏”—— 享受愉悦的心灵之旅

在培训准备阶段，王主任思考，面向全体教师进行案例培训，运用讲授法可以使大家快速了解案例撰写要点，是最省时便捷的方法。然而，教育心理学专家经过实验表明：在心理压抑和情绪不良的情况下，学习者的学习潜能只能发挥25%左右；而当学习者在亢奋心理和愉悦心境下却能发挥学习潜能85%以上。这表明：创造愉悦的情境对学习是很重要的。试想，老师们对于撰写案例本来就存在陌生感、距离感，如果这时再以平淡的讲授法完成培训，很难引起和保持老师们的“有意注意”，甚至会使老师们产生消极情绪，削弱培训效果。

鉴于此，王主任将培训定位为“温情培训”，培训中既重视传递知识信息，更关注培训个体的精神需求，充分体现以人为本。有了明确的指导思想，她冥思苦想适合的培训方法……最终，整个培训过程以“美文欣赏”贯穿，使老师们在享受心灵之旅的愉悦中提高撰写兴趣、掌握撰写技巧。

充分的准备是培训成功的基础。第一步，选择一篇优秀案例，做进一步修改完善，使文字更加精练、亮点更加鲜明。第二步，邀请声音特别唯美的朱宏秀老师根据培训需要分段配乐朗诵全文。第三步，制作图文并茂的PPT突出培训重点。

培训开始了，全体教师在优美舒缓的音乐中悉心聆听美文，欣赏美文，理解美文，愉悦的感受使老师们忘却了午后的疲惫，消除了对撰写案例的畏难感，再辅以适时的讲解、PPT“图文并茂”的配合，老师们逐步领悟好案例的撰写方法。

策略之二：“提炼要点”—— 准确把握案例之精髓

培训前，王主任本着培训“内容要简化，效果要强化”的思路，最终确定采用“提炼要点”的方法，以“夹叙(欣赏美文)夹议(讲授撰写要点)”的形式，使大家准确把握好案例的撰写技巧。

培训者：……我们怎样才能够创作出一篇优秀的案例呢？现在就让我们一起来看一看案例撰写的技巧。

培训者(出示PPT)：标题新；背景简；事件小；方法巧；分析有思(思考)有理(理论)重提升。请大家记住“新、简、小、巧、提升”，现在我们已经向优秀案例迈进了一步。

培训者：首先，我们先来理解“标题新”……

培训者：现在，我们再来理解“方法巧”……让我们听一听案例的作者是怎样解决这个问题的，方法巧在哪里？

受训者：聆听美文，观看 PPT 提示。第一步，形成有力联想；第二步，联想产生内驱力；第三步，内驱力转化为行动。

方法具有个性化、创新性、效果好……

“夹叙夹议”促老师们边聆听、边观看、边思考、边领悟。“提炼要点”使案例培训内容变得易理解、易掌握、易记忆、易操作。“美文欣赏”式案例培训在愉悦的、怡情的氛围中结束，全体教师在浪漫的、舒缓的情绪中省时高效掌握了案例的撰写方法和优秀案例的创作技巧。达成了“案例培训是可以欣赏的”“享受案例培训过程”这一初衷。

在第三年的案例培训中，王主任又在分析第二年老师们撰写的案例优点与问题的基础上聚焦培训重点，即怎样选择更加有研究和推广价值的问题；怎样对遇到的问题进行理性分析，并选择巧妙的方法进行灵活处理；如何使反思更具层次性，并把自己的深度思考写进去，触及读者内心深处，同时更要有理性提升，使案例具有可读性和借鉴性。为了使这次培训能够充分调动老师们的积极性，唤起老师们主体参与意识，她为教师提供“站在前排”的机会，邀请在上一届案例评选中获得优异成绩的王颖老师和王心平老师为大家介绍撰写经验和心得，两位老师为培训进行了充分的前期准备。过程中，王主任和王心平老师以对话交流的方式为全校教师解读了教育教学案例的撰写技巧，王颖老师通过分析自己撰写的教学案例帮助老师们巩固培训所得，使老师们再一次深化对案例的认识。会后，王教授和杨校长进行了精彩的点评和总结，鼓励青年教师要通过撰写案例不断增长教育教学智慧，获得快速成长；鼓励具有多年教育教学经验的“老教师”通过撰写案例把缄默的知识进行梳理、记录并及时固化为成果，在提升自己的同时为同伴提供更多借鉴，为青年教师提供更多的成长帮助。

(二)分享交流感悟生命价值

在学校对教育叙事案例进行通识培训的基础上，杨家禹副校长和李荣主任组织班主任和青年教师进行了“故事在校园中流传”优秀案例交流活动，请班主任老师将工作中的美好回忆以“讲故事”的形式固化下来，更好地提升教师个人的实践智慧。

瑞朝晖老师分享了题为“为了永恒的绿叶”的教育案例，通过日常小事以爱育爱，为患绝症的孩子开启指路明灯，将浓浓的师爱播撒进孤儿的心田，体现了班主任日常教育中的大智慧，更体现了教师在学生生命中的价值。楼晓老师分享了利用微信群搭建大舞台，通过老师的陪伴和指导，调动家长积极性，提高家校沟通，携手创建优秀班集体，学生们在集体中快乐生活、健康成长。汪丽荣老师利用视频和大家分享了24年班主任工作中作为玩性十足的“孩子头”、坚实可靠的“勤务兵”、细致贴心的“大姐姐”、乐在其中的“大伙伴”，为学生搭建成长的平台，展示了教师工作独特的魅力。袁一平老师以德立人，引领学生在班级中传递正能量，带领学生学习《家风》，知家风、懂家风、展家风，从而树立优秀班风，展校风，凝国风。之后大家观看并学习了马瑞雪老师的优秀班会微课《与众不同的核桃》，感受马老师运用教育智慧让学生认识自我，肯定自我，树立自信，发挥优长。交流分享使老师们深刻地感受到培养学生成人的过程，也是实现自我生命价值的过程，教师是人类生命、灵魂的导航者，用自己的生命之光指引学生走上人生之路，这是教师生命最宝贵的价值，是教师职业的伟大之处。

(三)展示传播享受教育幸福

教育叙事案例是进行学校文化建设鲜活的载体，如何让这些故事传播出去，打动更多人的心，影响更多人的行为，一点点浸润学校文化？我们决定由青年教师做校园故事的传播者。

2017年，我校召开了以“让故事在校园流传”为主题的学期工作总结会。全体青年教师、青年团队的伴飞者、行政干部一同策划了本次活动，力图通过一个个鲜活的案例，从青年教师的视角诠释学校“人和、个性、精品”办学思想；传递相互帮助、强己助人的团队文化；提升自身能力与素养，享受教育的幸福。在节目的筹备过程中，李婕、李非、满漪三位伴飞老师指导、鼓励青年教师们用一双善于发现的眼睛在老师们的案例中，在日常工作里，在教师群体间，在班级教室内，主动寻找目标，发现典型，再以青年人特有的朝气、活力、机智、灵动将记录的故事展示给大家。活动初始，老师们欣赏舞台剧《太阳的后裔》，回味从年轻时初次带班的紧张、害怕、不知所措，成长为经验丰富、学生爱戴、家长敬佩的优秀教师这一难忘历程；每个人的发展都离不开身边老师们的帮助和支持，伴随着耳边谆谆的教诲和不断的鼓励，青年教师逐步成熟，羽翼日渐丰满，在三尺讲台上变得更加自信。一年级团队以体现师傅关爱、同事友爱和团队大爱的纪实短片、三句半、解手锁游戏、创编的歌曲《回小是一家》，让老师们感受到集体的温暖，感受到“团结、协作和理解”是“团队精神”的核心；年级辅导员团队以新闻播报的方式，带领老师们回顾一个学期《回小大事记》，每一项活动从策划到实施都离不开领导、老师们的支持与配合，离不开后勤人员的保障，老师们在欢声笑语中，感受学校的发展，为学校取得的成绩而自豪、欣喜。与会教师与青年教师一起重温教育教学场景，透过事件促进教师自我反思，唤起教师主体发展意识，逐步实现从思想到行为的转化；同时也使青年教师在故事的演绎中强化认识，内化于心，外化于行，受到深刻教育；更重要的是，达到了立德树人、树立典型、传播正能量、凝聚团队、推动团队建设的目的。

“让故事在校园流传”，为老师们提供了一个表达与传递思想的平台，提供了一个相互了解与学习交流的平台，提供了一个传播教育幸福、体味人生价值的平台……通过提供校本支持，使教师内在需要与外部环境产生相互作用，从而促进教师自身主体性发展，使小故事发挥了大作用。

从叙事案例的撰写到“让故事在校园流传”活动的开展，记录着教师很多值得记忆和反思的闪光瞬间，教师们经历了从事件的表面描述，到内在教育思想的挖掘与提升的过程，这一过程不仅记录下教师教育教学的探索历程，更重要的是思考“为什么做”“怎样做”“为什么成功(失败)”“怎么做会更好”等一系列理性问题，实现从感性认知到理性思考的飞跃。案例撰写帮助干部教师学会在熟视无睹中发现问题；学会在习以为常中反思定式；学会在彼此参看中系统思考；学会在言说表达中明晰自我；学会在交流碰撞中获取思路。最终，教育教学案例集萃《回民小学校刊》第11期、12期、13期和老师们见面，成为大家共同分享学习的阶段性成果。

三、优化学校教育培养健康向上的学生群体

作为教育者，我们必须自觉肩负起培育一代新人的文化使命，杨朝晖教授倡导我们要树立“学生第一，育人为上”的教育思想。三年来，我们“尊重学生”“服务学生”“发展学生”，通过构建具有民族文化特色的课程体系，开展丰富多彩的系列教育教学活动，实现对学生全方位、多元化培养，努力担负起培养“现代新人”的历史使命。

(一)理念引领确立学校育人目标

我校位于首都少数民族聚居地——牛街，有23个少数民族居住在此。我校有9个民族的师生共同学习生活在一起，少数民族师生比例接近48%，地域文化决定我校课程建设以民族文化教育为切入点，引导学生接纳、认同与发展各民族优秀文化。因此，我校的民族文化教育不是狭隘的单一民族(回族)的文化教育，而是广义的中华民族的文化教育，甚至是世界各民族的文化教育。多年来，学校在办学实践中逐步形成并内化“人和、个性、精品”的办学理念，实现“多民族和而不同的文化认同、师生个性发展和工作生活精品意识”。以优质特色课程为学校生命力支撑，促进学生健康、全面、个性发展；促进教师专业、特长、终身发展；促进学校优

质、协调、持续发展。我校自2002年进入课程改革后，立足国家、地方、学校三级课程整体推进，充分发挥自主权建构并不断完善具有民族文化特色的课程体系，确立了“培育具有民族情怀的小公民”的学校育人目标。

(二)目标导向构建特色课程体系

为了实现“培育具有民族情怀的小公民”这一育人目标，三年来，我们在杨永军校长的带领下，建立课程核心小组，走进实验一小，聆听校长导师团闫凤岭校长的教诲；把UDS项目组顾问万福院长、特级教师孔祥旭、区课程室主任刘天华老师、老校长米君兰请到学校共谋学校课程。

课程的实施者是一线教师，我们利用假期策划组织了“建设具有民族文化特色的课程研究”培训活动。在培训中，高巍主任谈对新学期课程建设的设想，每个组的骨干教师对学校育人目标的一级指标、二级指标、三级指标进行了谋划，培训让骨干教师在学校课程研究之路上跑在了前面，他们真正成为课程研究的组织者、引领者、示范者……在大家的共同努力下，我们对原民族文化特色课程体系进行调整和完善，使其更加贴合学校育人目标。

1. 宏观引领，确定课程建设维度

为了从宏观上指导、引领、保障课程实施，我校确立了价值理念、策略实施、多元动力三个课程建设维度。课程建设价值理念维度：体现世界多元文化教育与我国多民族多元文化教育有机结合、继承性与发展性有机结合、民族小学办学优质性与特色性有机结合、共性与个体差异性有机结合。课程建设策略实施维度：整体化建构策略、民族文化融入策略、个性化选择策略、全员参与策略、多元评价策略、成果共享策略。课程建设多元动力维度：学生主动参与的动力，教师积极开发的动力，专家具体指导的动力，校内外资源整合的动力。

2. 育人为本，创建特色课程结构

基于课程维度及《课程计划(修订)》，我校将课程设置为核心课程与拓展课程两大类别。核心课程包括国家课程语文、数学、英语、音乐、体育、美术、科学、品生品社学科，拓展课程包括10%国家课程及地方、校本课程，学生社团活动，主题艺术环境打造，长短假学生民族文化小课题研究活动等。核心课程与拓展课程彼此内在关联，都服从和服务于学校育人的总目标，强调课程建设统筹协调，整合打通，整体推进，动态完善。同时，注重整合丰富的教育资源为课程建设服务，充分挖掘利用社会大课堂资源拓展课程建设发展空间，帮助学生认识社会、体验社会、适应社会。开发周边民族文化内涵凸显的“四馆三院二寺一街”教育基地，即宣武图书馆、少年科技馆、宣南文化馆、北京戏曲博物馆，民族敬老院、中国伊斯兰经学院、中国佛学院，牛街清真寺、法源寺，琉璃厂文化街，开展丰富多彩的民族文化体验与学习活动。

3. 创新实践实施优活课程策略

核心课程，旨在夯实基础，全面发展，突出“优”。我校语文、数学、英语、音乐、体育、美术、科学、品生品社学科教师深入研究教材，从教材中挖掘民族文化融入点，丰富教学内涵，采用课题研究、体验赏析、艺术实践、自主创新等方式，不断优化教学实施策略，做到有的放矢，使国家课程中民族文化教育落在实处。教师们聚焦课堂，结合民族文化融入点，利用民族文化教育基地资源，实施融情趣性、教育性于一身的课堂教学。几年来，教师紧紧围绕课堂教学开展具有民族文化特色的系列教学研究活动。如语文学科进行汉字字理研究，数学学科进行数学文化研究，英语学科进行西方语言文字与文化研究，音乐学科进行民族歌曲欣赏与演唱的研究，美术学科开展民族工艺的欣赏与创作研究，品生品社学科开展民族精神、民族传统文化研究，体育学科进行民族体育游戏的研究……课程建设追求优质性与民族性相统一，通过实施国家课程，让学生享受优质、民主、均衡的教育，获得身心全面健康发展。

拓展课程，旨在文化育人，彰显个性，促进学生的情感体验与认知内化，成为核心课程的有益补充。拓展课程突出“活”，教育内容选择体现“活”；教育形式注重体验体现“活”；教育空间扩展融合体现“活”，教学过程生动，富有吸引力、感染力。语文学科根据各年级特点，开展文化阅读活动；数学学科依托民族文化基地资源，各年级开展主题测量活动；英语学科开展英语绘本阅读活动；科学学科开展走进民族科技，了解科技成就活动；品生品社学科开展广泛了解丰富多彩的民族文化学习与体验活动。此外，我们还利用高校对接项目，拓展民族体育和民族音乐课程。充分利用民族大学的素质教育资源，开设民族体育课，着力民族体育项目的开发与实施。音乐学科与民族大学教师资源整合，进行民族音乐文化教学研究，每学期开展一次“民族音乐文化研究月”活动。在拓展课程的实施过程中，一方面立足教材，对学科知识进行延伸、拓展，使之与学科课程交相辉映，相得益彰。在实践中提高学科知识的综合运用，促进学生学习方式的转变，为学生创设更为开放、灵活、可选择的课程空间。一方面引导教师加大跨学科整合的探索，淡化学科界限，强调学科间的联系与综合。保证学生全面、均衡、富有个性地发展。另一方面把课程与社会、生活、时代联系起来，注重课程与学生生活经验的融合，让学生在多样化的实践性学习中学会生活。通过实施拓展课程，使学生的学习生活更加丰富多彩、情趣盎然；使学生在幼小的心灵中增进对民族文化的喜爱、认同和尊重，为形成正确的情感、态度、价值观，起到积极的促进作用；使学生在享受优质、特色教育过程中全面提升综合素养。

（三）跟进课程，丰富德育活动内涵

三年来，我校将德育教育纳入课程，作为拓展课程的重要组成部分，倡导德育活动课程化实施。在开展活动之前，强调设计意识，学校有活动方案，教师要撰写课程方案，在方案中反思以往活动的不足，创生新的思路，让“改进在日常”落实在学生教育活动之中，通过活动促进学生健康快乐成长、综合素养提升。

1. 入学季重规范，好习惯早养成

英国作家萨克雷说：“播种行为，可以收获习惯；播种习惯，可以收获性格；播种性格，可以收获命运。”良好的习惯，可以改变人的一生，一旦养成，便可终身受益。一年级老师们本着“学生因习惯而规范”，引导孩子们从走进校园开始就养成方方面面的好习惯，老师们不畏辛苦，在开学第一个月，副班主任每天早晨7:30准时拿好班牌站在校门口迎接孩子们的到来，班主任老师则是组织学生学会有序排队；静候小朋友；教给孩子们如何主动和老师、同学问好；如何向送自己上学的爷爷奶奶、爸爸妈妈道别；如何井然有序地走进教室，按要求将书本放在课桌的左上角，笔袋放中间，名签放右边，整理好学具，便静心读书……课上孩子的坐姿、写字姿势、回答问题的站姿等，各班都有具体的要求和适合孩子年龄特点的表扬奖励机制；课间排队如厕、打水，不在楼道内大声喧哗，靠右侧行走；正副班主任共同组织学生上操排队，纠正学生的站姿等；每节课之间的衔接，无论从一楼到三楼还是从一楼到五楼，都做到手递手……喜欢读儿歌是孩子的天性，老师们抓住这一契机，将进校离校、升旗仪式、课间休息、文明礼仪的要求编成朗朗上口的儿歌。例如《课间》，课间休息不喧哗，不追不跑不打闹，上下楼梯靠右行，如厕打水队排齐，同学一起做游戏，互相谦让懂分享。再如升国旗的时候要求学生知道：升国旗要肃立，仰望国旗徐徐起，高唱国歌声洪亮，热爱祖国记心里。孩子在读儿歌、背儿歌的过程中，渐渐学会了自我管理和自我行为的约束。

2. 开展特色教育，形成优秀品质

教育环境在很大程度上会影响一个孩子未来的发展，因此，学校有责任为学生创造良好的教育环境，并以特色教育活动为载体，感动学生的心灵，培养学生形成优秀品质。

在分校成立之际，有多年德育工作经验的杨薇主任将养成教育放在首要位置，努力通过开展学生喜欢的、卓有成效的教育活动培养学生形成优秀品质，打造良好的校园风尚。她和两位组长精心设计了周三“爱校日”活动，以“行动让生活更美好”为主题，把“爱校日”活动作为培养学生的途径。杨主任通过校会让学生知道为什么要进行“爱校日”活动？什么是爱？如何传递爱校的情感和行为……活动开展后，师生积极参与，一双双大手牵着小手将桌面、台面、墙面、柜面、镜面擦拭干净，桌椅按地砖线摆放整齐。学校邀请家长随时来校参观，参与班级学生活动，家长感同身受，带来绿色植物布置班级环境。分校微信平台实时报道“爱校日”班级小视频和图片。21 天就会形成一个新的习惯，“爱校日”活动让每个学生收获很多……一个学期的活动结束了，“爱校日”已成为常态，每周一次“爱校日”变成学生心中每天的“爱校日”。特色教育活动，培养了学生良好的行为习惯，使学生形成了关爱集体、热爱学校、有责任担当、尊重他人的优秀品质。

3. 创新五节形式收获快乐健康

为了充分满足学生的个性需要，三年来，我校创新开展“五节”活动，让活动吸引学生，让活动触动孩子们的心灵。

2015 年以足球联赛为主要内容的体育节活动在体育组的精心设计下以“嘉年华”的形式展开。与往年不同，活动倡导全员参与，多元评价。比如“足球嘉年华”，不但有男子班级足球比赛项目，还有女生啦啦队、足球射准、足球射门、颠球和班级足球小报等项目，突出竞技性和趣味性。让学生全面参与足球活动，了解学习足球文化，通过校园足球提升学生的体育素养。学生尽情融入活动，体会“足球嘉年华”丰富的内容、多样的形式；团体冠军的产生是由“嘉年华”的全部项目分数累加而成，而不是像往年班级足球联赛一个项目决定胜负。诸多的改变让校园足球活动更具特色，更有趣味。“足球嘉年华”结束后，颁奖仪式在热烈、激动的气氛中进行，尤其是获得团体冠军的班级，他们手捧奖杯，胸挂奖牌，欢呼雀跃。足球活动让百分之百的孩子参与进来，让孩子们凝聚在一起，让孩子快乐起来。

2016 年，“科技嘉年华”让科技节精彩纷呈。为了让每一个孩子都能在活动中有更灵活的选择、更生动的体验、更愉悦的感受，学校设计了精美的海报吸引孩子们的关注，还给每一个孩子印制了带有地图的“嘉年华”通票，学生可以根据自己的兴趣合理安排时间按照票样上的路线图在科技讲座、平衡车、氢能源车、乐高机器人表演等科技项目中进行选择，在科学的世界里找到适合自己的一隅之地。活动中学生学会了通过地图找地点，认识方位；学会了根据自己的喜好进行选择；学会了遇到困难寻求帮助。

通过活动锻炼了学生观察、分析、动手和探究能力，极大地提高了学习科学的兴趣、树立了克服困难的信心。在活动过程中，大家发扬团队精神，勇敢面对困难，开动脑筋，运用所学知识解决问题。“科技嘉年华”活动拉近了学生与科学的距离，学生们深切感受到科学的真实性，了解了科学和社会生活密不可分。

2017 年 5 月，宣武回民小学“梦的翅膀”艺术节进入准备阶段，秉承“建设以学生为中心的学校”教育理念，我们用心读懂学生生活的世界，设计学生需要的艺术节活动。在领导班子高位引领、核心工作组精心组织、导演团队高端指导、教师队伍团结协作、学生演员全力排练下，迎来历时 3 天的展演，回小的孩子们在中国评剧院这个大舞台上，自信地呈现了一台异彩纷呈的节目，为数千人带来了一场精彩绝伦的艺术盛宴，也因此获得了社会各界的赞许。活动结束后，家长们的朋友圈被艺术节精彩画面不断刷屏。这些让所有人感受到回小是一个团结友爱的大家庭，她正在大家的关注下蓬勃发展，回小的孩子会在这个友爱大家庭中健康快乐成长！此次艺术节的成功举办，首先，使孩子们获得了成长。引入专业导演团队指导孩子们表演，从舞台站位、舞台姿态表达、队形排列等都给予孩子们专业的指导，丰富了孩子们的舞台表演经验；孩子们近一个月反复演练，特别是最后三天的展演，克服各种困难，锻炼了孩子们团结协作的能力和坚强的毅力。其次教师团队获得了成长。对于举办大型活动有了更为清晰的认识，人员分工安排、后勤保障、突发事件应急预案等都积累了宝贵的经验，全体教师感受到团队协作的重要性。最后，领导干部团队也获得了成长。领导班子成员认识到“计划、策划、总结”在开展活动中的重要性，必须明确我们为什么要开展活动？如何去开展？希望达到什么样的效果？同时，也看到老师们都是敬业的，明确地告诉老师们需要做什么，希望老师们做出什么样的效果。活动结束后，认真总结是否达到了预期的效果，获得了哪些宝贵经验，还存在哪些不足，可以有哪些改进措施。

三年来，科技节、体育节、艺术节、读书节、开斋节，年年有新意、岁岁有惊喜，孩子们在“节日”中拓展知识、锻炼能力、追寻梦想、拥抱成功！

4. 丰富社团内容，满足成长需求

2015 年 9 月，宣武回民小学网络社团报名系统出台，学生可以在家与家长上网选课，实现了学生自主“点餐”的模式。与以往填写纸质选课意向表方式不同，网上选课方便快捷、课程可以调剂。相比传统方式，网上选课节约了大量人力、物力，并能通过后台数据分析学生喜好和需求，真正体现信息化技术所带来的便利，实现了学生100％参与社团活动，每个学生每周至少参与两项社团活动。

为了满足学生个性化需求，我校开展了艺术、科技、体育等多类社团活动，将德育、智育、体育、美育有机融合，根据学生身心特点、兴趣爱好，因材施教；激发每一个学生的潜能，让每一个学生都有发展、都有不同的发展。在活动中，我们用放大的视角去发现孩子的亮点、爱好和特长，搭建一个个展示舞台，给予孩子们最大的激励，给每一个学生创造展示个性风采和发展自我的机会。学校为学生开办书法展、绘画展、收藏展、民族帽饰T台秀、最美的校园景观作品展……在有滋有味的校园生活中，满足学生成长需求。

5. 发挥资源优势，全面提升素养

我校强化高校、社会力量和学校的协作共建、资源共享，不断创新育人培养机制，形成育人合力。借助中央民族大学丰富的教育资源，指导学校合唱队，培养学生艺术修养；指导学生绘画，提高学生美术欣赏创作能力；指导大型运动会的策划，让学生全员参与其中，树立敢于拼搏为班集体增光的精神；参与体育教学活动，通过拓展训练，树立学生团队意识；参与艺术教育，开设形体课，培育学生优雅气质；参加课间操活动，创编民族操，感受各民族运动风格。同时，我们还邀请宣武科技馆科技专业教师，辅导我校学生参与航模、海模、单片机、机器人等动手创新活动，不但拥有了大量获奖机会，还提高了学生科技兴趣、动手能力，形成勇于创新的意识。在引入外来资源的过程中，我们还特别注重校内教师资源的挖掘，充分发挥教师的专业特长，为学生科体艺培养助力。民族工艺是我们的校本课程，老师开发拓印、雕版、篆刻、皮影、沙画等系列民族艺术课程，让校本课程可持续发展，凸显学校民族教育特色。我们充分挖掘资源，切实提高学生的体育、科技、艺术素养，努力将学校打造成学生获取知识、提升能力、全面又个性发展的场所。学校还充分挖掘周边教育资源作为教学资源的补充，作为学生尽早认识社会、体验社会、适应社会的"社会大课堂"。

在对学生的教育中，我们转变教育思想、观念，对学生的教育活动进行全方位设计，充分体现"活动因策划而精彩"。我们的教育活动，关注学生的学习过程，关注学生的学习收获，关注学生全面可持续发展，为学生幸福成长、终身发展奠基。

四、沉淀过往岁月，去芜存菁，提炼宝贵经验

从2015年到2017年，我们经历了由惊奇、惊喜到精彩的心路历程。

干部在改变，干部的改变带来的是教师、学生日常生活的变化。开学典礼、国旗下讲话，从传统的说教模式，变成了以学生为主体的生动课堂；家长会、开学工作布置会、期末工作总结会从被动听讲，接受训导，变成主动参与、互动研讨的开放式会议；社会大课堂从学生全过程以吃和玩儿为主到有策划、有组织、有研究、有体验的研究性课程；“五节”活动从少数孩子的舞台，变成所有孩子的欢乐“嘉年华”；毕业典礼从信手拈来的简单仪式，变成形式丰富、激动人心的毕业季课程……

鸡蛋由外打破是死亡，由内打破是新生。学校借助 UDS 项目之力，产生鲶鱼效应，撬动变革，促进学校整体全面发展，在三年的项目研究与实践中，我们积累了宝贵的经验。

(一)运用文化的力量变革和发展学校

学校文化是由学校成员共同创造和形成的精神和物质共同体，它是一所学校的灵魂和血脉，是学校赖以生存的根基，也是学校可持续发展的精神动力。文化是一片丰厚的土壤，学校一旦形成自己的文化，那么，它的每一个成员就会从这片土壤中吮吸营养，发展成长。因此，现代学校的管理应该成为一种文化管理和创生的过程，使学校每一个成员在无形和潜在的价值信仰以及行为准则面前产生文化自觉的行为，从而体现学校的奋斗目标与进取精神。

“人和、个性、精品”是我校教师共识的办学思想，已经成为学校的精神和灵魂。人和是管理核心，旨在创设民族和谐氛围；个性是治校策略，旨在彰显民族教育特色；精品是教育追求，旨在创建民族教育品牌。长期以来，我们关注人的全面发展，以“人和”协调人的关系，对人态度温和，淳朴善良——亲近；情感和睦，志同道合——亲和；关系和谐，配合默契——亲知；精神解放，思维活跃——亲炙。强调人和人、人和物、人和自己的和顺关系；以“个性”尊重人的价值，倡导和而不同，“各美其美，美人之美，美美与共，天下大同”。世界因不同而丰富多彩，人类因差异而个性纷呈，学校因特色而独具魅力。因此，我们尊重具有鲜活个性的教师，使他们创新有机会，成事有舞台，发展有空间。尊重具有鲜活个性的学生，关爱每一名学生，为学生的个性发展提供开放的空间，使学生在适合的环境中身心健康成长。倡导“每一个学生都得到发展，但不求一样的发展；每一个学生都有提高，但不是同步的提高；每一个学生都要合格，但不必有相同的规格”，以“精品”强调人的发展，形成学校特有的文化价值追求。精品是质量的标志，是生活态度、工作态度的物化表现，我们倡导师生生活追求精致，教师服务质量追求精品、打造民族教育优质品牌学校。三年来，我们用“人和、个性、精品”这一全校师生共识的文化视野审视和探索自身发展之路，学校方方面面工作都是遵循“人和、个性、精品”办学思想开展，再以“人和、个性、精品”作为检验评价标准，用这种文化的力量变革学校，用文化的力量管理学校，使真正的文化变革建立在学校内部主体意识的觉醒与生命力的勃发之上。

(二)坚持特色立校，打造民族教育品牌

学校特色建设是推动学校发展的基本指导思想，是衡量学校发展的重要标尺，是学校的生命。我校在长期办学过程中，依托地域资源优势，顺应学校历史文化底蕴，关注学校的历史传统、敬重学校的文化积累，满足弘扬民族文化核心价值观需要，确立了“凸显民族文化教育特色，办人民满意的学校”发展思路。历经多年努力，民族文化教育已经成为我校办学的鲜明特色。

长期以来，在教师文化建设方面，学校鼓励教师参与“五走进提素质”——和美文化之旅活动。走进大自然——回归大自然之真；走进文化博物馆——亲历博物馆之深；走进艺术殿堂——感受艺术之美；走进书的海洋——享受书海之乐；走近专家——聆听专家指导之益。通过“五走进”活动丰厚教师文化积淀、提升专业素质，引导教师形成学习自觉、工作自觉、研究自觉，最终实现内涵发展，成为有家国情怀的社会人；在校园文化环境建设方面，我们汇集师生之力打造民族文化气息浓郁的校园环境、建设民族文化博物馆，教师带领学生在民族博物馆开展丰富的学习体验活动，进行民族团结教育、培育民族精神、传承与保护非物质文化遗产，使学生对各民族优秀文化从了解、喜爱，到尊重、传承；在课程文化建设方面，致力于构建具有民族文化特色的课程体系，各个学科教师挖掘民族文化教育融入点，开展民族文化特色凸显的教育教学活动。我们开发了学校周边民族文化内涵丰富的“四馆三院二寺一街”，作为民族文化课程资源基地，组织学生参加民族文化之旅体验活动，使学习生活更加丰富多彩，为课程建设开辟了更加广阔的发展空间。每年学校组织学生开展富含民族文化元素的、能够满足学生兴趣需要的“五节”活动，艺术节、开斋节、科技节、体育节、读书节吸引学生积极参与，活动体验中，每一名学生的心灵都得到民族文化的滋养。这些都为实现学校育人目标——培养学生成为具有民族情怀的小公民奠定了坚实的基础。在学校公共关系文化建设方面，全校师生积极参与“春雨穆林”志愿服务活动，为牛街民族敬老院、牛街社区群众表演民族歌舞、讲历史故事、开展民族工艺培训，送温暖、献爱心，为促进民族团结做贡献。干部教师以民族情结为动力支撑，眼观教育发展大局，每年到祖国偏远民族地区送上先进的办学经验和优质课堂教学，发挥优质教育资源辐射牵动作用，为促进民族教育均衡发展做贡献。

特色办学为学校收获了累累硕果，在提高学校声誉，扩大办学知名度的同时，学校、教师、学生都获得了长足的发展，“人和、个性、精品”办学思想得到最好的诠释。

特色形成与发展的过程是一个整合优化的过程，学校有特色，才能培养出有特色、有个性的学生。因此，以特色立校将成为我们永远的追求，我们要坚持以特色求发展，以质量求生存，大胆探索，锐意进取，为学校最终实现不同凡响的优质办学奠定坚实的基础。

(三)发挥学校组织功能，产生群体效应

杨朝晖教授指出，UDS项目改进的对象应是干部、教师、学生三个群体，教师是学校工作的主体，只有让广大教师和干部理念达成共识，才能最终真正推动学校的发展，因此，以干部的思维转变带动教师工作的变革，激发起广大教师工作创新的热情和创新的思路，这样才能真正实现学校自主发展，这是我们在项目研究中最深刻的感触。

伴随学校办学规模不断扩大，我校实施并逐步完善扁平化管理模式。2016年，学校改变从前分学科安排办公室的方式，而是将同一年级组的教师安排在一个办公室内，这样更加有利于发挥年级合力共同培养学生。这种管理模式使年级组长成为核心角色，承担起年级组教育教学齐抓共管的重要任务。这一变化迎来学校又一个新的发展契机，如何充分发挥年级组长的作用，成为我们亟待思考的问题。本着“尊重主体，赋权承责”的项目理念，2016年，杨永军校长组织全体年级组长参加了UDS项目组假期工作坊培训，旨在使组长深入了解项目理念，并将理念转化为自身行动，内化到年级组内，带领年级组教师改进日常教育教学工作。培训后，组长们本着“改进在日常，工作因计划而扎实，生活因策划而精彩，不断提升总结能力、反思意识，使工作建立起科学的管理闭环机制……”这些管理理念开始展开年级组工作。如开学初，组长赵忆宁老师组织五年级组教师根据学校整体工作计划制订具有年级组特色的工作计划，将学校对学生的培养目标细化到本年级，共同制定年级学生培养目标，即“重点依托清真寺教育教学基地，借助专家、家长、教师资源，开展学科实践活动，在活动中将数学、语文、美术、信息、英语、体育等学科知识的学习与民族文化的传承相融合，使学生感受民族风采，赞美民族文化，提升综合素养；帮助学生展示自我，增强民族自豪感、自信心，具有浓厚的民族情怀”。并将学科实践活动课程作为重要工作进行策划与实施……在学期工作中，五年级聚全组教师之力每周二下午带领学生前往清真寺开展“依托清真寺资源，学习、体验民族文化”学科拓展课程。在课程实施中，老师们设计活动主题，带领学生开展各种实践活动。语文学科——清真寺之颂。教师以教材中“思念家乡”一组课文为拓展，指导学生结合最感兴趣的礼拜寺建筑，历史、风俗、见闻等方面资料，用语言描述，用诗歌抒发感受和体会，歌咏清真寺。数学学科——清真寺之律。教师利用学生已有数学知识与新知识相结合，带领学生测量清真寺建筑，绘制平面图，提高学生综合运用所学知识解决实际问题的能力。英语学科——清真寺之赞。教师引导学生将参观清真寺的收获翻译成英文介绍给同学、朋友和学校来宾，成为推广民族文化的小使者。美术学科——清真寺之美。美术教师在清真寺中为学生生动地讲授美术教材《绘画中的透视现象》一课，指导学生运用透视知识描绘建筑，同时加深学生对清真寺建筑样式及建筑上的民族纹样的了解，表现民族建筑之美。信息学科——清真寺之窗。学生们借助信息技术，查找清真寺的知识，将资料进行筛选排版设计，制作电子小报，并且制作活动中要展示的PPT，进行信息发布。品德与社会学科——清真寺之雅。开展民族礼仪、文化知识的学习和体验活动。活动后，学生们将学习所得记录在学科实践活动手册上，抒发对民族传统文化的热爱之情！学期末，以年级汇报的形式组织师生进行总结，赵忆宁老师又就五年级组学期工作总结在全体会上和大家进行交流，并反思收获体会，提出下一阶段年级组工作设想，实现了工作的闭环管理。

以上事例只是管中窥豹，各个年级组在学期工作中都是从计划开始，进行策划、执行、总结、反思、再跟进……实现年级组工作的迭代螺旋式上升，以重构与优化年级组师生日常生活与发展的空间。如今，UDS项目理念已经深深扎根于干部管理工作之中，并如星星之火在教师和学生群体中燎原。我们基本实现了充分发挥学校组织功能产生群体效应，用集体的智慧和能力来实现组织的目标，真正推动学校自主发展。

五、展望前行之路，超群拔萃，实现持续提升

在UDS项目三年的探索与实践中，以杨朝晖教授为引领的大学项目团队始终以智力、道德和情感三位一体的能量聚集，指导我校日常管理，通过“高站位引领，低重心帮扶；专题性介入，沉浸式服务；任务性驱动，合作性推进；互补性组合，共享性联动”的项目机制，陪伴引领我校在自主发展之路上前行。在“改进在日常”项目理念的引领下，我们聚焦习以为常，关注熟视无睹，强调自我反思和问题意识；我们对自己的角色定位、思维方式、关注事物的角度、工作态度、看问题的高度都在悄然发生变化，形成了以“规划、计划、策划、总结、再跟进”为特征的闭环工作方式和以“质疑、对话、反思”为特征的工作习惯。如今，这种工作方式和习惯已经融入学校方方面面的工作，并由干部团队影响到教师群体。这种改变

是长久的、可持续的，必将助推我校未来的工作持续跟进，取得喜人成效。

没有最好只有更好。因此，不断追求优质与卓越将成为我校前进和自我超越的动力。在下一步工作中，我们要继续立足自身，走自主、校本发展之路，不断深化认识、理解与践行在新的教育改革形势下，我校“人和、个性、精品”办学思想的新内涵，以培养全面发展的合格人才为核心，处理好继承与创新的关系，并进一步思考：作为一所特色学校，我们如何在新的教育形势下，保持并发展学校特色，准确定位特色发展目标；如何在进行学校民族文化课程建设过程中，进一步丰富学校民族文化内涵，容纳多元文化，深化学校文化的育人功能，最大化发挥民族文化课程对学校发展的引领作用。

（校长：杨永军；驻校专家：王玉华）

在“微改进”中追求自主更新与发展

西城区登莱小学

2014 年学校在区教委的搭台下，我们有幸与首都师范大学杨朝晖教授所带领的项目团队建立起“UDS 合作共同体”。

回顾来时路，我们惊讶于自身的成长：在 UDS 项目组的悉心指导下，我们借助项目组专家指导团队的力量，梳理形成“传统文化浸润下以学生为中心的学校构建”的目标，为学校特色建设提供行动指南，并且在项目组专家的指导下，采取自上而下、自下而上的全体教师参与讨论的方式，确定了“十三五”的发展目标和实施策略。三年中，学校得益于项目组的支持与帮助，先后获得多项荣誉。在欣喜之余，我们更加感到学校的发展得益于日常生活的变革。正是一次次“微改进”的发生，改变了我们固有的意识，改革了我们僵化的行为，改写了我们的文化面貌。正如杨朝晖教授所说的“鸡蛋从外打破是死亡，而从内打破则是新生”。积极地去改进，实现自主更新发展，正是学校三年中最大的收获。

一、在伴飞成长中感受项目价值，在自主改进中获得新动力

“伴飞”是项目组专家参与学校变革的核心理念。三年中，共同的教育信念与主张、共同的价值认同与追求、共同的智慧投入与付出，促使我们相互理解、共同发展，使学校发展融入了更多的专业理性和专业实践。项目团队帮助学校在“习以为常”和“司空见惯”中发现问题，并倡导“学校因规划而长远，工作因计划而扎实，生活因策划而精彩”的发展理念，引导广大干部和教师“改进在日常”，实现“伴飞引航”；借助“工作坊研修”和“驻校专家”支援，协力实现学校的自主更新发展；以问题为引领，以有效的研修活动为依托，通过自我反思和同伴互助使工作与研修成为一体化，实现“伴飞护航”；同时依托项目资源和平台助力学校品牌的凝练和特色的宣传，真正形成了个人与组织、学校发展与项目推进等多项目标的多赢结局，真正体现了“成事—成人—成己”三位一体成长与发展的项目愿景，实现“伴飞促航”，使学校在不断的自主更新发展中取得新的突破！

(一)专家问诊，理性反思，守正出新

2014年5月，杨朝晖教授带领专家团队在区教科所林春腾所长的陪伴下走进学校，借助分散式听课、针对性访谈和查阅学校档案、参观校园环境等方式进行全面的调研和诊断。专家的真诚、专业的素养和严谨的态度，使我们每一位干部和教师都深为触动，大家毫无保留地将工作中的成绩和困惑与专家进行充分的交流。在此基础上，专家们结合调研指标进行实事求是的现场分析，并本着为学校负责的态度，在充分肯定学校发展优长的同时，也明确地指出存在的问题。正是基于这次调研反馈，我们不仅看到了传统固化下制约学校发展的坚硬外壳，而且产生了改进在日常、自主更新发展的迫切需求。

通过认真系统地梳理调研反馈，我们逐渐找准了学校的现实坐标。

学校文化与特色建设：一直以来，学校坚持走内涵发展道路，不断深化教育教学改革，“以国学文化奠基，打造高品质学习型学校”的办学目标得到进一步深化，国学文化特色较为明显。在新一阶段，如何借助三级课程建设，有效开展贴近学生特点的传统文化教育，促进学生综合素养提升，达成“儒雅现代人”的培养目标则成为我们努力的方向。

干部团队与教师队伍：秉承学校“把培训作为一种福利”的理念，教师获得了更多学习、交流、展示的平台，开阔了视野，提升了认识；借力于学校搭建的“师徒结对”平台，在陪伴成长的过程中加速了教师自身的专业发展。而如何发挥教师的主体作用，让更多的老师走上最前台，辐射带动实现群体性研究，需要我们投入更多的思考。

德育与教学管理效能：坚持“德育为先”，提出“静心教育”理念，强化养成教育实效。国学主题教育活动不仅促使学生实现传统文化的积累与运用，同时使他们丰实文化积累，丰厚人文情怀。学科教学水平整体提升，依托“追求教学目标精准，教学内容精确”的课堂文化价值观和“一不二得三有”教学策略，实现减负增效。并在形成一定经验、取得一定成果的基础上，突破了瓶颈，打开了局面，使课堂文化价值观得以深化落实，但在提升学生的学习能力、思维能力等方面还缺少相应的策略指导。

项目专家对学校办学的肯定与鼓励、指导与建议让我们坚定了信心，明确了目标，找到了变革的突破口，对于未来三年的伴飞成长充满期待。

(二)深度卷入，积极借势，主动发展

作为UDS项目合作的第三期成员校，学校能够加入这个共同体让我们不仅获益于专家的指导，更获益于“在相互参看中学习，在自我反思中成长”主题下开展的工作坊研修、沉浸式校本支持、校长沙龙、学校开放日活动、项目简报、专题评比等一系列的跟进措施，让我们得以在差异参看中改进，在校际互动中成长，在持续跟进中突破，在自我反思中前行。

我们抓住每一次研修机会，将其作为汇报学校工作、吸纳各方建议的绝佳机会。因此，无论是学校计划与策划的分享，还是学校课程建设的交流，无论是毕业季的校际开放，还是项目学校活动展示，我校都积极争取、认真筹备、精心策划、用心实施。

表 1　学校参加 UDS 项目作主题发言一览表

时间	发言人	发言主题
2015 年 1 月	郭志洁 校长	2015 年寒假工作坊研修：从改变看自我进步 发言主题：专心于发展，致力于改变
2015 年 7 月	付巧丽 老师	“平稳度过一年级”活动 发言主题：五静教育助起航，传统文化润童心
2015 年 8 月	王小丽 副校长	2015 年暑期工作坊研修 发言主题：传承中华老规矩，争做静心好少年
2015 年 11 月	王小丽 副校长	校长沙龙： 凝聚共识　合力创新——课程改革我们行走在路上
2016 年 8 月	郭志洁 校长及干部 团队	2016 年暑期工作坊研修 发言主题 1：把学生的成长和发展放在“正中央”——聚焦课程建设我们的思考与实践 发言主题 2：构建登莱毕业课程，助力儒雅少年起航
2016 年 10 月	郝继勇 老师	德育干部专题活动 学校节日课程实践介绍
2016 年 1 月	彭珏丽 主任	教学专题研讨：“综合实践活动课程的实践与研究” 发言主题：在求真务实中，做好综合实践课程实施
2017 年 3 月	姜婷婷 老师	寒假工作坊研修：建设以学生为中心的学校 发言主题：一年级特色工作介绍

除此以外，学校的多篇文章还刊登在项目组编印的交流材料中予以分享，撰写的 20 余篇活动简报呈现着我们的研究收获。在扎实的项目推进过程中，一个个鲜活的管理案例、教育教学案例不断涌现。几年来，在 UDS 案例评选以及区案例及论文评选过程中，我校干部教师的获奖率一直处于领先地位，获得了项目组专家的肯定与好评。

同时，项目组搭建的交流平台更是让我们实现研修的深度卷入：我们走进首都师大校园，在感受高校研究氛围的同时，接受大信息量的培训；我们对话一期、二期项目学校，倾听他们“今年我们这样做总结”“让故事在校园中流传”的真诚分享；我们走出北京，追随项目组的脚步参与杭州“四地伙伴协作与学校改进研讨会”，参观香港学校“课程建设与实践”的主题研修，了解教育改革前沿的声音；我们观摩回民小学“播种科学种子，点燃科学梦想”科技主题活动，中古友谊小学的“推进课改进程，创设特色课堂”教学研讨活动，“毕业典礼，让感恩与理想教育齐飞”进步小学毕业典礼活动等等。正是在观察、学习、比对、领悟中，我们的主体意识渐渐觉醒，并着力开展树立自主更新发展的意识，优化自主更新发展的机制，提升自主更新发展的能力，重构自主更新发展的空间，进而促进学校在一系列的“微改进”中，走上自主更新发展的轨道。

(三)优化机制，启动变革，自主“微改进”

作为学校日常自主运行结构，“规划、计划、策划”所代表的是一种典型的日常文化表现和载体，所以在达成学校“自主改进发展”的共识下，为了促使学校管理从整体到局部的各个大小齿轮持续自如、良性运转局面的形成，我们的“微改进”首先切入的就是“学校发展从计划开始”，以优化机制，启动变革。

1. 厘清关系、提升认识，在计划制订中追求“微改进”

以往制订计划，我们主要参看的是区教委下发的新学期工作要点，关注的是部门计划的整体设计，很少将学校的规划与计划建立联系。在项目组的引导下，当把视角进一步聚焦到了学校计划的时候，一些问题便逐渐浮出水面，不断地追问着我们。比如曾经所制定的三年或五年的学校规划与每一年的学校计划之间到底有什么关系？这二者之间到底是“两张皮”“两条线”还是“规划是纲，计划是目，纲举则目张”？

答案不言而喻。规划中要有总的目标，还有每年的目标分解。新学期工作计划的目标和内容，则需根据规划中每一年的目标，结合上一级的工作计划和要求，认真梳理和撰写学校当年的学期工作计划。正是对于计划制订之初的思考与叩问，才使得计划制订脱离了“只见上不见己”“只见肉不见魂”的误区。

2. 自下而上、全员参与，在计划沟通中追求“微改进”

好的计划要想落实，就需要将计划的思路、推进的步骤和时间的结点与老师们进行必要的沟通，形成认识上的共识，行动上的合力。为此，我们改变以往计划沟通会单纯地照本宣科、条目罗列的做法，而是要求部门负责人：第一更新理念，以研带培，即将计划沟通会变为校本研修会，围绕重点，解读内涵。要讲清做什么，更要讲明为什么做；第二创新形式，多元参与，即让每一个老师都参与进来，变“一言堂”为同谋划。而这一原则就是要保证：老师们听得思路清晰，听得工作明确，听得行动上不带包袱。正是通过培训式计划解读和参与式计划沟通，使得计划的传达走出了“只见点不见线”“只见要不见帮”的怪圈。

3. 理念引领、聚焦目标，在计划达成中追求“微改进”

计划制订得再好如果没有有效的执行和贯彻，也是一纸空文，没有实际的意义，因此，严格执行计划的态度与措施保障就成为保证计划作用发挥的最为关键的因素。

在计划落实过程中，郭志洁校长一方面借助有效手段，即召开“学校中层干部计划中期总结会”确保计划严格执行，做到计划落实到位；另一方面出台相关制度，即提醒计划落实的《干部一周工作进度表》和调整计划落实的《干部深入年级负责制》，以反馈计划推进情况，做到及时调整。正是基于对计划落实的思考与实践，让我们的计划扎实推进，灵活改进，优化前进！正是对计划达成的关注，对计划实施的调整，使计划落实摆脱了“只见想不见行”“只见写不见用”的窘境。

我们由之前的单纯的布置计划，到借助计划明晰新学期的重点工作和思路，再到借鉴 UDS 工作坊的研修模式，进行计划内容的宣讲，计划落实的沟通，一个个“微改进”带来的是学校行政管理文化的变革，看似其“微”，但却撬动了学校新的发展。

二、在变革实践中践行项目理念，在自主管理中展现新进程

三年中，在项目组行动研究范式的带动下，学校的领导团队打破以往定势，注入创新思维，不断改进优化，在计划的整体布局下，借助一个个生动、精彩，富于实效的策划案，重构日常教育的生活空间，以实现学校发展的螺旋式上升；而一个个鲜活、优化、富有智慧的策划案也折射出项目组所提出的“理性与灵性交辉”的策划理念在干部身上的解读、吸纳和外化，干部自身的成长也尽显其中。

(一)理性与灵性交辉中，活动策划实现可欣赏

干部的策划能力是通过一个个具体活动的落实得以体现的。作为策划者，干部需要理性的思维力求做到准确定位目标、做好调研分析、明确设计意图、整合各方资源、统筹协调人员等。通过活动的策划与实施，借助科学方法与创新思维，使策划活动更加条理化、科学化、可操作化，使之

与学校的发展目标切合，达到活动的预期目的。同时策划更需要灵性的色彩予以点亮活动的氛围、情境的渲染、内心的感受、有效的互动等。通过活动的策划与实施，调动设计者和参与者的深层次需求，使策划活动更加入情、入心，产生心理上的共鸣与共情。

1.“老规矩”策划案中管理的闭环体现

2015年新年来临之际，在项目组的指导下，学校精心策划筹备开展了以“传承中华老规矩，争做静心好少年”为主题的特色教育活动，将“老规矩”这一具有浓郁国学特色，且体现童蒙养正要求的教育“新载体”搬上了学校德育教育的舞台。一年后的岁末学校再次召开“让规矩回归，让文化传承”老规矩会演，实现本次系列活动的收官。一年中，学生们以家庭生活为主的“孝亲之道、勤俭养德、待客有礼”，以学校生活为主的“言行得体、正心学习、勤奋自勉”，以社会生活为主的“以礼待人、重信守诺、互尊互谅”的老规矩准则，成为整个策划活动的闭环。它见证着主题活动教育的不断深化，家校合力的巨大效能，学生对老规矩所体现出的几千年中华文明的努力传承。

(1)策划活动的之“设计”

管理层面　一直以来，学校的策划的教育活动都力求围绕着学校的整体计划，通过主题鲜明且意义深刻的教育活动促德育计划的落实、学校办学理念的深入贯彻，不仅使教师在活动的策划中提升了育人的理念，使学生在活动的实践中儒雅了言行，更使家长在活动的参与中加深了对学校办学目标及育人理念的理解和认识，从而形成了家校共促的良好育人氛围。迎新活动更是计划落实的重要一环。所以学校领导班子会同项目组驻校专家一同设计思考，借助新年联欢会为契机，以“老规矩”为主题，召开一次以父母长辈写家信、静心邮局传家信，全体学生学规矩，校内校外尊礼仪的文化教育活动。

教师层面　德育部门主管领导在确定了活动的指导思想及整体方案后，通过全体会与全校教师就活动背景、活动目的、活动过程等进行了细致的沟通，使教师们达成了共识。全体会后教师们一方面利用家委会、家校通等各种平台，与家长沟通活动事宜，指导家长结合学生的实际搜集老规矩，制定老规矩；另一方面正副班主任协力设计联欢形式，读家信、演规矩，讲来历、猜规矩等活动让联欢当天形式更加丰富，也让学生在相互学习、交流中感悟“老规矩”所散发出的独特魅力。

学生层面　静心邮局是学校开设的由学生自主管理、运行的机构，受到学生的欢迎和家长的肯定。此次活动中他们通过学校红领巾广播将目的与过程与全校同学进行宣讲，使学生了解“老规矩”所承载的文化内涵。并把全校学生投递的700余封家信做好分拣，认真地为每一封家信加盖邮戳，小委员们在专注服务他人的同时，也不断提升了自己的实践能力。

家长层面　每一位家长在接到学校下发的主题为“来自对孩子成长的关爱”的温馨家长信后，便开始或结合自己孩子的实际情况，或结合自己家乡的地域特色，或结合一直沿袭的家风家规搜集“老规矩”，并以家信的形式写给孩子，帮助孩子解读这条“老规矩”的内涵。用这样一份特殊的新年礼物融情于信、以信传爱，让孩子感受到家长对他为人的教导、成长的关爱！

(2)策划活动之“行动”

父辈重提“写规矩”。联欢会前的一个星期，学校请家长亲笔写下想要介绍给学生的一条“老规矩”，并对这条规矩加以解释。这样的创意让活动富有了温暖，家长在寻找、书写“老规矩”时，再次走进孩子的内心，再次翻阅查找遗失的老规矩，作为新年的一份特殊礼物送给学生。父辈人用书信的方式将“老规矩”写给学生，不仅体现了“规矩”之于家庭教育的重要意义，更彰显了文化传承的魅力。

静心邮局“送规矩”。活动当天，静心邮局的投递员将家长亲笔撰写的信一一送至各班的学生手中，每一位学生在接到信后亲自打开，亲口诵读，在自己学习家长写好的这一条“老规矩”后相互交流。通过“讲规矩”的活动，扩大了每一条“老规矩”的影响力，在学生中流传更多“老规矩”的做法与礼仪。这样的内容又让活动富有了教育的味道，学生在读信的过程中，了解的是父辈人津津乐道的老规矩，感受传统文化的浸润与洗礼，逐渐体会中华传统所提出“不学礼，无以立”的深刻含义。

子辈传习“学规矩”。活动当天，学校诚邀家长走进校园，与学生们一起传习“老规矩”。活动当天，每班学生都和应邀前来参与活动的家长一起表演了“老规矩”，台前示范的“小演员”们举止彬彬、神情谦逊，台下的观众们聚精会神地看着，不时地笑两声并报以掌声。学生在表演“老规矩”的过程中，感悟的是中华传统文化的精粹之处，品味的是其中的人文情怀与道德智慧，这将逐渐内化为登莱学子的人格和气质。

(3)策划活动之“检查”

一年中，学校不仅将家书中700余条“老规矩”进行梳理总结，归纳为家庭、学校、社会三个不同领域，整理出“不跷二郎腿”“筷子禁忌”“朋友间不勾肩搭背”等一系列具体明确、内容积极健康的“老规矩”内容。同时，学校也注重让教育真实在学生的心中发生、让教育真正在学生的行为中落实。因此，2015寒假归来，每位学生上交了自己假期中在家行“老规矩”的照片，家长再次以书信的形式对学生践行老规矩的情况进行评价反馈。除此以外，学校还开辟“文化讲堂”，邀请著名学者和名家名人到校进行讲座。著名曲艺家徐德亮先生、王玥波先生均受邀到校围绕学生的实际生活，通过幽默生动的语言以及贴合学生特点的事例介绍老北京规矩，再次激发了学生对“老规矩”的兴趣，加深了他们对老规矩内涵的了解。

同时，学校的这一活动也广受各大媒体的关注与好评，《北京晨报》的记者专程到校跟踪采访，经历并记录了活动的全过程。他在报道中这样写道：“咱老北京人的‘礼儿’，是经过数百年的演变过程，保留下来的精华和宝贵遗产，这实际上是社会主义核心价值观的体现。因此，在面对当下培养学生良好行为习惯的方法缺失时，我们要为登莱小学将‘老规矩’搬上了德育教育的舞台拍手叫好，规矩就需要从小时候养成。”

(4)策划活动之“再循环”

2015年岁末学校按照之前策划活动的整体闭环设计，再次如约召开了“让规矩回归，让文化传承”庆新年会演活动，这既是对学校一年来“老规矩”主题系列活动的总结汇报，更是对学生领会老规矩内涵、践行老规矩要求的一次全面展示；既是借助“家书”，实现家校协同，传承中华文化的新探索，也是落实社会主义核心价值观精神，以“行国学”理念达成学校“培养儒雅现代人”学生培养目标的新举措。整个活动共分为“老规矩之家庭篇”“老规矩之学校篇”“老规矩之社会篇”三个部分，由小及大，由近及远，展示了学生在不同范畴里对“中华老规矩”的文化传承。郭志洁校长以现场抽签的形式，反馈学生与家长在活动中的真实感受；学生以唱、演、画、舞、谈、诵等方式呈现了对老规矩的理解与落实；家长代表以三句半的形式夸奖学生一年言行举止中的明显变化，以及学生亲笔撰写的家信所表达的尊重老规矩、践行老规矩的决心，都让我们真实感到“老规矩文化正在回归和传承”。

整个策划活动，在郭志洁校长统筹领导下，从传统文化中汲取营养，将承载中华文化的“老规矩”与学校的国学校本课程相融合，使一度淡出人们视线的“老规矩”再次走进登莱小学学子的生活之中。一年中，面对老辈人流传下来的“老规矩”，学生们不是机械地循规蹈矩，而是有筛选、有取舍地继承。真正实现：尊重“老规矩”，让“老规矩”价值回归；践行“老规矩”，让“老规矩”文化传承。同时，策划活动遵从项目组所倡导的“设计—

行动—检查—再循环”的模式，实现了完整的闭环管理，实现了策划活动的完整性，提高了策划活动的实效性。

2.“山童岁月”策划案中教师的主体落实

2015年我们在参加项目组暑期工作坊研修时，杨朝晖教授针对建立“以学生为中心的学校”这一指导理念，热情地推荐了台湾凌拂老师撰写的《山童岁月》，希望开展共享阅读，尝试“读懂学生”。学校敏锐地捕捉到这一信息，为全体教师进行该书的配备，并在同读共议的基础上撰写个人读书心得随笔。同期学校召开了“山童岁月甜，稚语助师行”主题校本沙龙活动，作为教师阶段性学习的集中汇报。与以往不同的是，本次活动策划一改以往“学校设计安排，教师被动接受；前期指定发言，缺少多边互动；专家点评提升，教师思想游离”的局面，而是按照项目组所倡导的“将老师推向最前排”这一理念，不论是方案设计、过程实施还是分享总结，全程由教师予以推进，实现主体落实。

(1)教师主体下策划方案的灵感迸发

本着“教师是策划活动主体”的思想，本次校本教研学校领导班子邀请学校骨干教师、青年教师参与策划，并邀请《班主任》杂志社编辑顾军老师和项目组专家予以全程协助把关。让我们没有想到的是，在策划之初老师们因学校在活动上的充分赋权和完全信任而信心十足，干劲满满。他们自发地与专家在策划方案的制定上不断商榷、讨论，闲暇时更是抽出时间，投入精力，进行热烈的讨论，而最终形成的策划方案也不禁使我们眼前一亮。

亮点一：策划活动采取了开放式沙龙的形式进行研讨，旨在营造宽松、自由的谈话氛围，使讨论话题在多元、多向的碰撞中实现聚焦和深化。座位布局由小组式变为圈层式。故本次的校本沙龙布局分为内、外两个圈层，内圈为核心场地，有14个席位，是由每组选派出的种子选手构成，他们作为主旨发言人承担着聚焦研讨话题，认领研讨内容，提升研讨结论的作用；外圈就座的则是6个年级组教师，他们将一方面在主旨发言人讨论时进行补充，一方面则在主旨发言人的带动下展开讨论。这样的设计，不仅能够最大限度地发挥和凸显种子教师的作用，而且也使得整个研讨由主持人对小组的单层研讨平台变为主持人、主旨发言人、小组的多层研讨平台，使校本研讨的过程更加立体开放。

亮点二：活动现场一百余幅由全国各地少年儿童亲笔创作的“孩子们心目中的好老师”的画作或是悬挂在室内墙壁上，或是铺陈在四周展席上，童心童画中孩子视角下好老师形象让人震撼。这样一份无声的视觉资料，吸引所有与会教师的目光，在看画、赏画、读画的过程中老师们与学生产生情感的碰撞和共鸣，感受着儿童画作所带来的心灵的冲击。

(2)教师主体下头脑风暴式的意见交流

一直以来，教师习惯了被动接受培训，缺少在培训过程中主动思考的习惯，他们之中更多的是借助培训听专家是怎么说的，领导是怎么说的，很少关注"我在这件事情上是如何想的"，培训中少有批判思维的参与和有效的互动。在本次策划推进中，学校则将教师推向了最前排，倾听他们的见解和看法，组织他们进行充分的讨论，给予他们策略，帮助他们梳理自己的意见形成自主观点的表达。

亮点一：活动中三个环节的主持人相互配合，自然衔接，充分发挥组织协调和聚焦话题的作用，不断将大家形成的话题进行经验梳理和方法归纳。而12名沙龙主旨发言人则成为教师讨论中的酵母，他们深入小组，分享自己的思考，引领全组的讨论。

亮点二：互动方式由个人表达式变为全员参与式。为了充分激活每一个参与者的热情，在漫谈感悟、畅谈心声的过程中，活动还借助小组全员研讨、在白报纸上呈现汇报成果的方式，充分发挥教研活动的开放性和适切性。

(3)教师主体下专家点评的跟进指导

专家的引领与指导是培训活动的升华与提升。与以往不同的是，本次专家一方面认真倾听教师对问题的思考和他们所表达的观点与想法，以朋友或伙伴的身份真诚地予以鼓励、支持和提示；另一方面则是在教师的普遍认知与他们达成的共识基础上进一步归纳总结。这种做法使专家与教师在培训中成为共同面对研究的牢固联盟，情感上于教师来说更加亲近，实效上于研修来说更有价值。

亮点一：评价方式由专家点赞式变为相互点赞式。本次的校本教研既保留了以往专家为发言优秀、观点鲜明的教师点赞的传统形式，又增加了各组之间相互点赞的评价机制。

亮点二：在总结提升环节，郭校长在讲话中借用一段视频，与大家分享了整个策划活动的过程：与专家不断碰撞讨论的过程，教师全情参与投入的过程，活动会场设计布置的过程等，借助还原策划过程，感受校本研讨力量。

(二)课程与课堂建设中，学生发展走向正中央

2015年北京市出台了《北京市实施教育部〈义务教育课程设置实验方案〉的课程计划(修订)》。新课程方案更加强调"整体育人"，有效落实党的十八大所提出的"立德树人"的根本要求；更加关注"学生综合素养提升"，发挥综合实践活动课程及学科类课程的重要作用，实现教与学方式的转变，促进学生核心素养达成；更加突出"学校课程自主权"，通过规定学时和控制周活动总量的方式，有效保证学生学科学习的时间，引导教师整体规划学科教学，严格落实课程标准，切实提升课程质量。可以说，新课程计划的有效落实成为现阶段学校课程建设的重点内容。

作为UDS项目学校，在项目组搭建的课程研修平台上，学校课程小组深入学习文件、认真领会精神、反复研磨沟通，并就学校当时新修订的《登莱小学新课程试行方案》在项目组组织的校长沙龙中进行了典型经验的汇报和分享，得到了项目专家和兄弟学校的一致好评。随着西城区课程计划修订方案的正式出台，学校课程小组再次出发，在新课程计划的指导下正在不断完善，逐渐将学生摆在了学习的中央位置，借助课程的整体规划促进学生"全人"的发展，学校学生培养目标的达成；学校的课程方案在顶层设计的构建下正在不断清晰，逐渐实现了学科实践与综合实践在国学特色主题统领下的有机融合，逐渐实现了10%实践课程与90%学科课程在三级课程整体推进下的相互促进。

1. *顶层设计建构，确定课程的主题式推进*

课程改革最终的目的是让学生受益。学校一方面避免简单化、机械化地完成任务的思想，一方面结合研读文件、准确定位，分析学生的发展需求，抓住自己的资源优势展开设计和实施，初步形成以"国学特色主题"为切入点的实践课程设计思路。

(1)国学主题实践课程的提出

这一课程的提出我们基于两项工作。第一，基于对文件的解读。学校课程部门就教育部和北京市先后出台的5个课程文件进行了认真学习，聚焦了关于"整体育人""核心素养""跨学科实践""贯通式培养"等关键词的深入讨论。同时，学校层面以文件精神解读的方式召开了2次全体教师的集中培训，并邀请课程专家、综合实践活动方面的特级教师、UDS项目的专家等到校进行理念引领和问题解惑，使教师进一步明确了本次新课程设置方案修订的目的和落实的重点。第二，基于对现状的分析。学校就10%的学科实践活动如何落实、跨学科实践活动的主题如何确定等一系列关键问题进行全体教师层面的集中调研，并在此基础上达成了共识：借助每周半天的时间进行学科实践活动10%内容的跨学科整合推进，同时融合综合实践活动课程的信息技术、研究性学习、社会实践等内容，完成市课程计划要求的学年630学时综合实践活动的要求。每周半天的综合实践活动学校将以“国学”为切入点，以“六艺”为单元专题，以国学教材、学材为有利资源展开设计和实施，最终将学科实践活动与学校提出的学生培养目标相结合，促进学生核心素养的形成。

(2)国学主题实践课程的推进

这一工作经历了两个阶段。阶段一：顶层设计、拟定主题。在对文件要求、学生实际、学校特色进行充分分析，达成共识后，学校课程部门在校长的带领下，将我校“礼乐弈武书术”即“新六艺”分为六个主题落实月，设计出台了《登莱小学跨学科主题实践活动月策划点设计》，整体搭建起实践活动框架。学校召开年级组、教研组、骨干教师和志愿教师参与的课程沟通会，就出台的实践活动设计思路和月策划点进行了详细解读。在此基础上，教师在年级组长、教研组长的共识之下，带领学科教师结合自身的学科特点和学科教材进行了整体的盘点，各自上交了学科教学与国学内容匹配的梳理点。阶段二：持续跟进、细化务实。这之后，学校课程部门对教师提交的材料进行整体盘点，设计出台了《登莱小学跨学科活动年级周落点梳理》，实现对学校之前提供的“月策划主题”的解构。《周落点梳理表》，让老师宏观构建下学期年级周实践活动的整体安排；明晰每月周实践活动的具体落点，实现主题分解，并且以月为主题的周期结束，进行统筹设计。学校多次召开课程推进会，就年级组、教研组在周落点的解构和梳理上存在的共性问题进行沟通，详细说明了周落实点在制定过程中应考虑到的“内容目标和程度目标”。此后，学校出台了《登莱小学跨学科活动课时方案》为体例模板，指导执教教师进行课时的设计思考，并提出课程推进的过程中展开跟踪观察、经验交流、案例分享等活动，使实践活动有序推进，不断完善。

2. 多元自主参与，实现课程的群体性研究

教师是课程扎实推进不可或缺的重要因素，课程设计理念的实现，课程内容的取舍，学生综合素养的形成都需要借助教师来最终完成。所以学校给予作为课程实施终端的教师以最大的自主权，提供更多的学习机会，促进教师课程设计能力提升，并以教师群体性研究的方式实现课程的深度推进。

发挥骨干的示范引领。在课程建设的推进过程中，学校紧紧抓住骨干教师这支力量，激发他们的研究热情，提供他们的学习机会，搭建他们的展示平台。郭志洁校长在几次教师会上讲话，热情号召骨干教师在新课程计划推进中勇于挑战、锐意进取、大胆创新、协同研究，营造出骨干带动、群体跟进的良好氛围。同时，学校主动为教师提供学习机会。例如当

听说项目组将组织项目学校赴港参加课程学习时，学校第一时间与骨干教师刘乐老师联系，选派其参加学习，并搭建平台，让她与老师们分享自己的学习心得。

实现年级组的深度卷入。为了实现课程的全员推进，学校还充分发挥年级组的力量，召开年级组、教研组参与的课程沟通会，就出台的实践活动设计思路和月策划点进行了详细解读，实现年组的深度卷入。在此基础上，所有学科教师在年级组长、教研组长所达成的共识之下，结合自身的学科特点和学科教材与国学学材进行了整体的盘点，教师们利用休息时间化整为零，全员全学科参与，出谋划策，以积极的态度参与对学科教学与国学主题实践活动的策划。学校诚邀项目组专家、《教育家》研究项目导师等学者名家到校，共同为学校课程推进进行把脉提升。会上每个年级组代表逐一上台，将在学校主题下，每组如何进行周策划点的分解，包括为什么这么分、每个研究思考下的周策划点的目标和操作进行了具体介绍。在组际间的良性互动中，在专家的点拨指导下，年组研究实现了新的飞跃。

3. 跟进课程指导，确保课程的有效性落实

有了扎实的顶层设计，有了全体教师齐参与的热情，还需要执教教师不折不扣地落实。因此，学校课程部门借助课程培训、课堂监控、校本教研、专题研究等途径和平台继续营造学校正向健康的课程氛围。

“三个表、三研讨”的落实要求。为了确保课程质量，学校课程部门出台《登莱小学课程计划》明确综合实践课程设置，确保专时专用；借助《登莱小学教学常规管理要求》，规范实践课程管理；完善《登莱小学教研组活动制度》，深化实践课程研究，依托有效机制实现综合实践课程的良性运转。所谓“三个表”是指：一是《学校总课表》，综合实践课程纳入学校总课表，一、二年级每周二下午第一节完成，三至六年级每周一、四至第六节完成；二是《年级人员安排表》，各年级组统筹协调人员，做好实践课岗位到人的具体安排，切实做到“真上”；三是《跨学科主题实践活动年级周落实表》，明确标注每课时教学的内容与安排。所谓“三研讨”是指：一是年级组长要统筹协调任教本年级综合实践活动课程的教师进行课时目标和课时内容的研讨，实现三课时教学的一致性和连贯性；二是任课教师进行分课时教学的研讨，实现平开班级教学资源的互通和共享；三是教研组长组织教师围绕10%学科实践活动的呈现进行研讨，选择突出实践性、探究性的活动内容，避免学科教学内容的简单替代，创新途径，依托调研、竞赛、制作、参观等活动形式，关注学生参与活动的实际获得。

“三个组、三步走”的推进方式。第一步：专家组——每月一进校，以

各种形式的互动、研讨、交流与各学科、各年级教师进行面对面沟通，展开专题学习培训；第二步：课程组——每月一进组，以指导各年级组具体开展综合实践活动为方式，展开课程实施指导；第三步：年级组——每月一进班，以年级组为单位，加强教师之间的协同配合、合作交流、听课评课等方式，展开实践课研讨。过程中努力关注并加强课程内容与学生生活以及现代社会和科技发展的联系，努力关注并加强学生学习兴趣的培养和学习经验的积累，努力关注并加强利于学生终身学习必备的基础知识和基本技能核心素养的形成。力图实现禀应学校培养目标达成，顺应教师专业能力发展，适应学生核心素养提升。

(三)入学与毕业设计中，贯通培养体现真落实

针对市、区新一轮课程改革所提出的“贯通式培养”的指示精神，围绕UDS项目组一直以来对于“花开毕业季”和“平稳过渡一年级”的主题研讨，学校自主开发设计了“登莱小学毕业课程”和“登莱小学入学课程”，即登莱小学贯通课程。贯通课程设计目的有三：(1)变精心打造一台毕业典礼或入学典礼为几个月全情引领实践毕业课程和入学课程；(2)变只是一个年级的例行工作为全体师生共同参与的集体行为；(3)变单纯关注小学阶段的成长为领航学生儿童学习阶段的成长，以实现“幼小衔接”和“中小衔接”的贯通培养，真正实现项目组所倡导的“构建以学生为中心的学校”。

1. 贯通课程学习目标设计

(1)对自己有了解。在贯通课程中，对以往的学习生活进行回望，感受自身的成长，对自己有更为客观、准确的认识，明晰自己的优势与不足。

(2)对他人有感恩。通过参与课程活动，感恩在自己成长过程中真诚付出的每一个人。

(3)对未来有准备。形成积极的学习和生活态度，对即将开始的新的学习生活有所了解，充满期待，做好准备。

(一年级：感知了解学校文化，主动以“儒雅现代人”的要求规范自身言行。六年级：努力传承学校精神，真正以“儒雅现代人”的风貌迈进中学校门。)

2. 贯通课程内容设计

(1)入学课程：三个板块三本册，为学习奠基

入学课程共分为三个板块，即“学前周”“感恩日”“开笔礼”，三个板块连贯衔接，在入学前后的三周内完成。

第一板块：“学前周”——今天我要上学了。在这一板块，学校在新生入学前组织学生进行入校培训，了解校园，认识班级，结识伙伴，代表学校文化的卡通形象人物“儒儒”和“雅雅”将引导学生了解学校的“五静要求”，解读《小学生守则》使新生对学校生活有所了解，并对自己“学生”身份产生认同。

第二板块：“感恩日”——去体会生命成长。在这一板块，学校将组织新生和家长一起经历完成一系列的亲子开放活动，通过角色扮演的游戏活动，让孩子们尝试理解妈妈十月怀胎的辛苦，感受琐碎家务的不易，体会养育子女的操劳，进而感恩父母在自己幼年的无私付出，并在活动中种下一棵小树，承诺用心呵护，见证自己和小树的生命成长。

第三板块：“开笔礼”——习古礼破蒙启智。在这一板块，学校将专门为新一年级召开体现中华文化传承的“开笔礼”，以示破蒙启智。整个典礼将分为“正衣冠”“启蒙描红”“破蒙启智”“击鼓明志”“茶敬亲师”等环节，同时其他年级将进行观礼，并对新生予以祝愿，通过强烈的仪式感开启学生的小学学习生活。

三本册指的是：《登莱小学新生手册》《登莱小学新生家长手册》和《登莱小学新生教师手册》。手册均为学校骨干教师团队自行设计编写，旨在帮助新生全面了解学校生活，集中解答家长新生入学困惑，同时提示执教新一年级的教师关注新生的心理特点和成长需求，助力一年级平稳过渡。

(2)毕业课程：三个板块三本册，为成长蓄力

毕业季课程共分为三个板块，即“实践周”“学长日”“登长城”，三个板块连贯衔接，在期末的三个月中完成。

第一板块：“实践周”——上好学科毕业课。这一板块中学校力图在毕业前带领学生回顾六年来的成长历程，感受学校教育下“儒雅现代人”这一学生培养目标的逐渐深化与达成；力图在毕业前带领学生再次感受学科课程的精彩，汇报和展示自己的收获和本领，呈现出登莱小学“儒雅现代人”应具备的学科素养，为即将开始的初中生活积蓄力量。

第二板块 ：“学长日”——做好文化传承者。在这一板块，学校通过多种方式体现六年级毕业生对登莱精神的诠释和将登莱精神传承下去的美好愿望。每一名在校的登莱学子都能够在此过程中受到激励和启发、影响与带动。同时与学校的养成教育相结合，在一日生活中指导与帮助学弟学妹，发挥榜样示范作用。

第三板块：“登长城”——立下报国成才志。在这一板块，学校组织全体毕业班学生攀登长城，炼意志、展素养、明目标、立志向，在鲜红的队

旗下郑重宣誓，在巍巍的长城下听校长谆谆教导。让孩子们在祝福中迎接美好未来！

三本册指的是：《学生综合评价手册》《学生成长记录册》和《登莱印记手册》。三本手册均记载和体现了学生六年来的学业发展、六年间的成长轨迹和六年后老师陪伴的真诚祝福，以及毕业课程活动中自己的收获与体会，为开启新一阶段的学习生活做好蓄力。

(四)促进学生素养提升，做亮课程实施

学校在贯通课程实施过程中，精心策划每一次活动内容，精心优选每一个活动资源，精心做好每一处活动细节，以做亮课程实施。

1. 走进快乐的小学生活课程策划

参观校园，感受静心文化。8月，登莱小学这座雕梁画栋、青砖灰瓦的古朴校园早已做好了迎接新生的准备，学生文化墙上的《弟子规》指导行为规范；坐落院中的孔子像为万圣先师之表；气势恢宏的国学堂是教习六艺之所。这些得天独厚的学养资源无不散发着学校丰厚的国学底蕴与文化气息，学生从小成长在古香古色的校园里，耳濡目染的是祖国思想精粹的道德智慧和人文情怀，这些将逐渐内化为君子的人格和儒雅的气质。学生在感受静谧校园的同时，也初步感受静心文化，开启静心教育。

新生手册，明确静心要求。新生入校不适应的不仅是学生，更多的还有家长的担忧与无措，为了有效地指导家长做好自身心理过渡，帮助学生顺利完成幼小衔接，建立家校间的双向沟通渠道，在新生入校的第一时间，学校下发《新生手册》。我校《新生手册》以静心教育为主题，帮助学生、家长了解学校生活的同时，明确展示了“五静要求”的内容，并针对学生在学前培训中是否做到“五静要求”进行反馈，及时的评价与鼓励能够帮助学生逐步养成良好的行为习惯，引导学生体会静心少年的具体含义，同时这也是新生入校后留下的第一份成长足迹，对于学生和家长来说弥足珍贵。

学前培训，争当静心少年。为了让学生更好地适应新的环境，熟悉学校的一日生活，平稳顺利地进入小学生活，学校特别安排了为期两天的学前培训活动。除了日常的习惯培养与训练以外，学校还利用学前培训教孩子唱国歌、校歌，进行开学典礼中入场式的准备和彩排，在培植孩子的“仪式感”过程中，对孩子初步进行仪式、礼仪教育。让每一名学生用“五静要求”规范自己的行为，用实际行动争当静心少年。

2. 走向美好初中生活课程策划

实践周精彩学科课程，遇见未来的初中生活。“实践周”中，各学科教师全情投入、反复研磨设计“最后一课”的教学内容，意在引导学生开展自主学习、拓展体验的同时，展示出学生自身学科技能的积累，为后续中小衔接做好必要的技能储备。“实践周”活动的设计与实施，在情感体验方面重在引导学生感悟学校文化教育，在学习体验方面重在引导学生提升自主学习能力，在拓展体验方面在引导学生强化创新研究品质。可以说，各学科最终呈现出的“最后一课”，在教师精心地设计与策划下，能够让学生“走心”，真正打动学生、影响学生，充分开发自身、学生、家长，包括学校的多样化资源服务自己的课程设计，融入教师的“匠心”，让孩子在毕业课程学习中遇见未来的初中生活。

学长日体会传承担当，遇见未来的人生责任。“学长日”准备会上，每位毕业生领取了一份“学长日”调查表，学生可以结合自身的优长自主选择“学长日”的参与主题，踊跃报名自己想参与的岗位，并自主策划和设计学长日当天的岗位活动。学校充分尊重学生想法和设计，真正让学生成为“学长日”的策划者、组织者和实施者，使学生主体承责、自主发展，从而为学生的终身发展铺垫基石。“学长日”活动的设计与实施，毕业生把学校文化理念传递给学弟学妹们的同时，也提升了他们与他人协作交往的能力，他们在确定目标、项目设计的过程中提升策划能力；他们在积极投入、协同配合的过程中提升执行能力；他们在有效表达、态度亲和的过程中提升沟通能力。而在与学弟学妹的真诚交往中，他们体会到了学长称呼中的那份担当，在这里他们真正领会到了自己的未来责任。

登长城砥砺挑战攀登，遇见未来的美好自己。居庸关长城是毕业季课程中“登长城”的活动地。学校力图借助登长城的活动，落实社会主义核心价值观中“爱国”这一情感价值观，通过集结、致辞、授旗、闯关等活动的设计展示学生国学素养的积累，通过让队旗与校旗在长城飘扬的活动内容，达成练意志、展素养、明目标、立志向的教育目标，学生在鲜红的队旗下郑重宣誓，在巍巍的长城下听谆谆教导，让学生们在祝福中迎接闪亮的未来，遇见美好的自己。“不到长城非好汉”，毕业生在“登长城”活动中不断挑战自我的体力极限，在绵延万里的长城上树立远大理想，感受着浓厚的爱国情怀。学校也力图通过“登长城”活动的设计与实施，引导学生树立爱国报国的家国情怀，形成积极向上的奋斗目标，养成勇于挑战的心理素质，进而遇见未来美好的自己。

三、在持续发展中固化项目成果，在自主发展中实现新突破

作为“UDS实践共同体”中的一员，三年来，我们最大的收获是借助地方行政部门的搭台，实现了与高校的合作研究。在很长一段时间，我们困惑于如何真正领会现有的教育学理论成果，使其有效地指导和服务于日常的教育实践；困惑于学校的科研与教研如何才能相互促进、克服“两张皮”的现象，真正使教育学成果完成实践转化是我们的愿望和渴求。而在三年中，“UDS实践共同体”就像一个温暖的孵化器，在共同的目标愿景之下，改变了主客对立的关系，建立起相互尊重、彼此承认的新型关系。由于在教育实践上得到了主体赋权和伴飞指导，因此，不论是干部还是教师的自主更新的动力都得到了最大限度的激发。同时“微改进”理念的引入，每一个成员都逐渐使自己完成着从“实践行动者”到“反思性实践者”的转变，进而实现自身自觉的更新与发展。如今，我们更渴望将三年来参与“UDS实践共同体”中所形成的经验、方法、认识以成果的形式进行固化，并将其作为学校文化改进的一种新常态。

(一)回顾过去的五年，分享成长的喜悦

学校发展规划立足过去，指向未来，既有对过去情况的诊断分析，又有对未来趋势的预测和憧憬，而找到当前学校的坐标点，也就是“我们目前在什么地方”，是制定规划首先需要明确的。在此过程中，我校比对《登莱小学“十二五”发展规划》文本，教育、教学、科研、后勤等各个部门进行学校发展情况梳理，检测落实情况和达成度。同时，走访教师了解他们对学校“十二五”发展的反馈和心声，倾听他们在“十二五”期间取得的进步，并在此过程中分享个人与学校变化成长的喜悦，以求找准“十三五”规划的起点，树立共赢“十三五”的决心。

1. 我和我们的变化——感受规划带来的成长

回看刚刚过去的“十二五”，我们的学校和生活在学校的每一位共同体成员都实实在在地感受到了学校的发展脚步，同时也清清楚楚地享受到了学校发展给自身带来的红利。在此过程中，我校各部门负责人认真梳理和总结各自领域取得的成绩和成果，找准学校的现实坐标。总结“十二五”，不论是基于教师自身的“我”，还是学校大家庭的“我们”，都仿佛再次从文本中看到过去五年面对规划的落实，我们抱定目标不放松，一路奔跑而来的速度与激情。

2. 我和我们的希望——借力规划凝聚起人心

《孙子兵法》中说：“上下同欲者胜。”这句话用在学校规划制定中就是

借助规划凝聚人心、协调各方面的资源和力量，在学校发展共同体中最大限度地达成共识，上下同心，齐商同议，走向成功。即以规划的设计过程为愿景的构建过程，以此汇人心，聚人气。“十三五”发展让我们面临新的更加可喜的机遇：在新的历史时期，学校一方面要关注国家教育深综改的发展方向，呼应中高考的改革需要，实现学校办学水平的新提升；另一方面加强教育教学实践，狠抓核心素养落实，课程结构优化和学生素养提升。打好基础教育的底子，注入教育创新的活力，把握区域发展的重大机遇，主动融入，在贡献中争取支持，在服务中实现发展，在更高一级平台上创学校特色文化品牌。

3. 我和我们的表达——参与规划我们的五年

为了避免规划各部分之间零碎分散、交叉冲突，学校各部门负责人借助学校的中心组学习、班子例会、专题培训等途径再次认真学习和领会学校的办学理念、发展定位和培养目标，在此基础上初步起草各个条块的规划文本。同时，学校召开面向全体教师的沟通会，倾听教师们对学校发展的声音，借助《登莱小学“十三五”规划建议征集》平台，实现自下而上参与学校规划的制定。由于给老师赋权增能，老师们不仅获得了自我满足感，提高了自信心，上交的54份(全体教职工)建议征集表中。其中有价值的意见建议更是及时被关注和采纳，这使他们对自己身份的认同感和归属感大大提升，这一积极的情感直接投射到对未来“十三五”规划的理解、认同及合力执行与实现之中。学校之所以拿出大量的时间与精力来听取老师们的意见，是因为他们的思想和观点可能有局限性，但是他们的亮点一旦被捕捉到，那么他们的贡献就是巨大的，不可估量的。

共同回顾“十二五”历程，我们找到了自身有什么样的基础和条件；共同建立“十三五”愿景，我们汇聚了未来有什么样的目标和期待；在这个过程中每一个人都深刻感到了“规划”这个对学校进行战略管理和科学管理利器的重要价值，在这个过程中每个人都因自己将参与新五年学校的发展而充满激情和创造性冲动。

(二)放眼未来的五年，确立发展的目标

经过全体教职员工的共同参与，我们终于形成了我校的十三五发展目标：在未来五年中，全面落实立德树人的根本任务，践行社会主义核心价值观，致力于实现“儒雅现代人”的培养目标。依托“品求知之趣，悟为人之道”的文化育人理念，加强课程建设，关注贯通培养，丰富课程供给，结合市、区新修订的课程计划落实促学生创新精神和实践能力不断增强，综合素养的有效提升。努力打造充满活力、师德表率、专业出色的干部教师队伍，使其在自身发展的同时，成为学生在“求知、为人”过程中的引路人。积极开展教育教学的创新实践，深化课堂文化价值观，落实新课程理念；进一步完善德育工作机制，全员育德，凝聚合力，提升学生的思想道德水平，促进良好行为习惯养成。努力创设具有浓郁传统文化特色的育人环境，深入挖掘传统文化独特的教育功能，进一步保持和扩大特色校的优势，促进学校可持续发展，办百姓满意教育，最终服务西城区“十三五”教育的优质发展。

1. 班子建设

不断改革和完善内部管理机制，落实目标管理，提升管理水平，激发创新精神，着力打造事业心、责任心、进取心强的高素质干部队伍，切实树立全局、合作、服务、责任和榜样意识以及超前意识、到位意识和科学意识，以正确的思想引领人，以高尚的人格熏陶人，以实际行动带动人，使之成为学校发展的核心力量和中坚力量。

2. 教师队伍

紧紧围绕学校的育人理念和学生的培养目标为发展战略，积极引导教师不断更新教育观念，确立个人发展目标。加强教师队伍建设，按照“打造专家教师，用好骨干教师，培养青年教师”的基本思路，以提高教育教学质量为宗旨，以课程、学科专业建设为引领，以全面提升教师队伍整体能力水平为目标，着眼于以优秀传统文化为强大根基和底蕴，调动广大教师的工作积极性，激发教师的活力，努力建构一支师德高尚、充满正能量、专于学研、乐于合作的师资队伍，进一步提高现有教师队伍的核心素养。

3. 课程建设

进一步加大课程改革的力度，更新课程理念，强化课程实施以及评价，不断提升教育教学质量。进一步优化“以学生学习和发展为中心”的课程体系，完善以“中华传统文化”为核心的课程设置，探索跨学科主题式综合实践课程的有效实施方式，为学生提供丰富的体验、探究、合作类学习活动。以进一步适应中高考的改革要求，树立贯通式培养的意识，探索行之有效的方法，加强学科思想方法、学习方法、思维方法的指导，以促进学生全面发展、主动发展、个性化发展。

4. 教学科研

坚持人的全面发展，严格贯彻“追求教学目标精准，教学内容精确”的登莱小学课堂文化价值观，深化落实“一不二得三有”的有效课堂教学策略，切实做到减负增效，培养学生发展核心素养。加强对课堂教学、质量监测和评价的研究，创新教育教学模式，改进教与学的方式方法，扎实教学常规、过程管理，做好教师教学的诊断、改进的指导，不断提升教学质量。坚持科研引领，以研促教，借助现有的国家级和市、区级课题研究不断提升在课程建设、学科教学的理性实践研究和研究成果物化。

5. 德育管理

坚持把立德树人作为教育的根本任务，大力培育和践行社会主义核心价值观。教育引导学生养成好品行、好习惯，学会做人，学会做事，学会创造。发挥学科的育人功能，加强德育课程研究，引导学生在动手实践、集体生活、服务他人、奉献社会过程中提高道德素养。优化和整合德育资源，充分发挥家长委员会的作用，重视家风建设，促进家校协同。使用好“城宫计划”、社会实践大课堂以及德育教育基地，不断提升德育教育的实效性。

6. 后勤工作

牢固树立服务师生、服务教学、服务学校发展的思想，强化自觉服务意识，变后勤为先行。全面统筹资源，了解教师需求，努力为教职员工办实事、好事，努力解决教职工的后顾之忧，积极改善教职员工的工作条件，优化工作环境，不断为教师的成长和发展搭建平台，进一步确保学校中心工作的顺利开展。

(三)追求更好的五年，实现长足的发展

1. 贯彻“改进在日常”理念，使自主更新发展常态化

正如杨朝晖教授所说，文化是学校发展中不可回避的重要力量，约束和引导着人们的日常行为。因此，在“十三五”期间，学校仍将遵循“改进在日常”理念，紧紧抓住干部是学校文化塑造者这一关键因素，确立干部团队发展目标，即进一步提升自身管理水平，激发创新精神，深化“管理就是服务”的理念，强化“执行重在到位”的意识，树立“勤学方可进取”的目标。借助“走动管理模式”的深入推进、“年级负责制度”的严格落实和“‘三划’建设能力”的逐步提升，进一步提高干部的管理能力和管理成效。学校不断地自主自觉地对日常生活进行批判和重建，用文化的力量变革学校，用文化的力量孕育学校，用文化的力量管理和发展学校，使“改进在日常”内化于每一名干部、每一位教师，以至登莱人的心里，让“微改进”成为一种习惯，同时也使“改进在日常”外化为学校的一种文化，并在持续积淀和无声浸润中固化为一种“新常态”。

2. 深化“参与式研修”模式，使自主更新发展全员化

过去的三年中，学校的日常反思性学研文化已经在项目组的指导下初步形成。教师在展业发展过程中不断培植起反思意识，不断自我调整，自

我建构，从而促使自身实现持续的专业提升。在“十三五”期间学校仍将以“参与式研修”为教师发展的核心战略，通过创设情境，使教师在主体、主动、合作、探究、行动学习的活动参与中，体会学习的喜悦和困惑，反思自己的经验与观念，在交流和分享中，学习他人的长处，产生新的思想、新的认识，以达到自身观念、态度和行为的改变。我们深知“参与”是自主、民主、尊重、赋权的体现。我们将借助参与式研修让学校中每一名教师都有在研修中表达观点的权利，都有在研修中学习增值的感受，都有在研修中专业发展的体验。我们也希望借助项目组帮助我们建立起的“参与式研修”模式，使更多的教师主体作用得以发挥，共享、共赢、协作、创新的新文化逐渐形成，让自主更新发展带动更加广泛的教师在新五年中成长。

3. 构建“学生为中心”学校，使自主更新发展持续化

随着“中国国家学生核心素养”的出台，随着呼应中高考改革课程供给的新调整新变化，构建“学生为中心”的学校将成为未来学校发展的使命与选择。在“十三五”期间，学校继续以“培养儒雅现代人”的学生培养目标为核心，进一步优化“以学生学习和发展为中心”课程体系的规划和设计，将其作为学校顶层设计、年级教学研究、学生活动开展的出发点和落脚点。有效落实贯通培养的指导要求，加强课程衔接研究和实践，努力实现学科的系统性和整体性建设，促进不同学科课程的融通和综合。落实 2016 年市、区新课程计划要求，着眼于学生核心素养培养，完善学校的课程设置方案，严格学时要求，探索跨学科主题式综合实践课程的有效实施方式，提升课程实施质量。完善绿色评价指标体系，促进学生全面而有个性化发展。在此过程中，我们也必将依托自主更新发展使学校更具特色更有活力！

（校长：郭志杰；驻校专家：王玉华）

每天进步一点点

西城区进步小学

进步小学是一所有百年历史的学校。近年来，合校造成人员结构不合理，出现了学校竞争缺乏原动力，校园生活缺乏应有的活力的现象。为了改变这种情况，学校迫切需要注入一种力量，变消极为积极，变被动为主动，使校园生活积极向上、灵动活泼起来。正是在我们迫切需要自我变革的时候，我们参加了由杨朝晖教授领衔的 UDS 项目，经过三年的努力，取得较好的效果。

一、依托"三划"优化工作，提升干部团队管理水平

2014 年 5 月 28 日在日历上是一个普通的日子，可是这一天对于我们的学校来说却是一个重要的日子。杨朝晖教授率领的首都师范大学 UDS 项目组专家在学校整整做了一天的调研，直到晚上 8:00 才结束，专家们严谨务实的工作作风让我们深受感动。从这一天起接下来的整整三年，我们开始了在 UDS 项目专家引领下的改进和创新。

UDS 项目倡导"改进在日常"的发展理念。华东师范大学叶澜教授说："学校的作用是让一个人独立地成长起来。"对于干部来说，需要有思想的行动，在行动中生成新的思想；需要用真实的教育研究和现实，改进、拓展、完善工作空间，发展、创造教育人生。学校工作的成败系于干部，提升干部的管理水平是学校管理中的重中之重。

(一)改进从制订计划开始

在参加 UDS 项目组之前，每学期我们的工作计划少则 18 页，多则 24 页。说实话，厚厚的一沓计划发给老师了，具体的工作和要求描述得满篇皆是，让人抓不住重点。工作计划除了校长在全体会上提纲挈领的布置，私底下到底有多少老师看，相信结果不会太乐观。

2014 年 8 月，当行政班子在写完 18 页的计划的时候，谁也没想着要给计划来个瘦身的大手术。直到 8 月 25 日，杨朝晖教授来参加学校的新学期工作计划研究会，听着干部们对自己分管工作计划的解读，杨教授小声

地说："能不能简化点，把描述性的语言去掉，只留下要做的工作。"当时干部们还在想：计划里的每句话都是我们绞尽脑汁想出来的，要是删了还真舍不得。可是转念一想，杨教授这么说也有道理，减掉计划里描述性的语句，只留下需要完成的具体工作，让老师们一目了然，便于老师们操作，这不是一件很好的事情吗！在杨教授的指导下，几经修改，计划的篇幅也从 18 页缩减为 4 页，这个过程虽然比以往制订计划的工作复杂很多，但对于所有干部来说收获是不小的。

我们的收获主要体现在三方面：

1. 学校新学期的工作计划是什么？有人说，学期计划是在贯彻上级精神基础上，结合学校的实际情况，对学校工作的谋划和设计。也有人说，学期计划是学校一个学期工作的指南，是具体工作的路线图和时间表。还有人会说，学期计划是学校在已有工作基础上对未来工作的持续和再发展，是开展新学期工作的重要依据……我们认为：学期计划是学校对上级精神的贯彻和辉映，是对学校原有工作基础的再发展，是与干部教师的意愿有机结合的新学期学校重点工作。

2. 有效的学期工作计划由谁制订？制订计划的过程是大家对工作达成共识的过程，也是把学校的办学理念转化成教师教育行为的过程。让更多的教师参与学校工作计划的制订，是一件多赢的事。通过这次改进，我们认为还有许多工作要做，比如建立并优化一个相对固定的工作模式保证制订计划的科学性，在制订计划过程中不同参与者的职责和任务分工等。由此深入的是民主文化的建立和深化——大家的事情大家想，大家的事情大家做。

3. 工作计划的呈现形式是什么？从 18 页的计划精简到 4 页，计划瘦身的过程，让我们更清晰地意识到究竟应该给教师呈现出什么样的计划文本才有利于执行和落实，这就是计划表达要简洁、任务要具体、要求要明确。

4. 缩减下的内容如何处理？缩减下的 14 页内容，大多是以往对常规工作提出的具体要求，只有少部分是新要求，我们想，随着工作的不断深入，会不断推出动态的要求，但更多的要求是需要一以贯之的，为何不推出一个动态的"教师常规工作手册"，于是我们对"教学工作、班主任工作、考勤制度"等学校常规管理制度进行了总结和梳理，推出了《进步小学教师常规工作管理手册》，与新学期计划一并发给了老师们，如果以后有了新的补充，就只需要把补充完善的部分印出来发给老师们就可以了。

瘦身后的计划受到了老师们的欢迎。老师们说："计划行文简洁明快，重点工作一目了然，具有指导性，可操作性强。"通过改进计划，我们懂得了：我们要思考习以为常的工作中有哪些需要改进的地方，要思考如何用更科学的方法完善工作。只有勤于思索，敢于改变，才会收获更多的成长。

(二)策划让教育更精彩

参加UDS项目，使我们对教育策划有了更加清晰的认识，本着每项工作准备精心、过程力求精彩、成果成为精品的原则，三年来，我们策划了许多教育教学活动。

以2015年11月的一次"期中教学工作总结会"为例。

11月17日，我们的期中教学工作总结会如期举行。走进会场的老师们首先发现了变化。第一是开会地点变了，由原来的报告厅改到了美术教室；第二是座位变了，这次大家要以组为单位围着一张大桌子坐；第三是每张桌上都有一张大的海报纸、彩笔、记号笔、剪刀、胶棒、胶条等文具。等大家都坐定后，总结会开始了，首先我用5分钟讲了这次活动的目的和操作方法，这就是结合开学初布置的"读懂学生"这一队伍建设重点，个人和教研组都要谈课堂教学变化和亮点，各组用20分钟的时间把观念和做法进行归纳整理，随后全校10个教研组用50分钟的时间进行分享，最后校长再用5分钟的时间进行总结。

活动开始了，在组长的带领下，大家汇集观点，由组内写字漂亮的老师负责书写，绘画和纸工好的老师负责美化设计，选出口才好的老师负责汇报……整个场面体现了从"读懂学生"的层面，以课程改革为切入点谈变化、说亮点，融合集体智慧、集思广益各显创意，讨论热烈、汇报精彩的特点。会场上，专注的神态，会心的微笑，热烈的掌声，说明了老师们对该项活动的欢迎和认可。

这是一次常态的学校阶段性工作总结会，但是这次活动给了我们许多启示。有人说："教育走得太快，请等等落下的灵魂。"这句话指的是中国教育技术层面已经走得太快了，"灵魂"跟不上了。面对当下的教育理念满天飞，教育改革百家谈，我们要保持清醒的头脑，摒弃浮躁和功利，遵循教育规律，静待每朵花开。学校领导班子有责任用正确的教育价值取向带领大家研究学生，站稳讲台，为学生创设发展的平台，相信每个孩子都是一个不可限量的个体，坚持做适合每个孩子的教育。

这次期中教学工作总结会取得了成功，源于我们创新了活动载体。老师们说："形式新颖，吸引人。大家都参与，体现了团队合作的精神。"还有的老师说："我们要课前读懂学生的基础，课中读懂学生的差异，课后读懂学生的问题，读懂学生要贯穿于教学的全过程，所以读懂学生是课堂的核心。"透过老师们的话语，我们看到只要活动主题鲜明，联系工作实际，就会受到老师们的欢迎，赢得大家的共鸣，取得应有的效果。

(三)规划让学校发展更长远

参加 UDS 项目，我们还有一点深刻的体会就是：不要怕学校工作中出现的问题，学校的工作看似平静，实则时时都在变化着。我们从来都不回避问题和矛盾，因为问题和矛盾同样是资源，利用好了会成为学校工作新的生长点。而制定规划的过程就是干部带着老师们集思广益，明确在未来相对固定的时间里如何解决问题的一个过程。

2015 年 10 月，我们开始着手制定学校 2016—2018 年发展规划。首先我们进行了学校基础分析，主要包括办学规模、资源配置、特色项目、优势与问题、机遇与挑战。在此基础上，我们确定了办学指导思想，即进步小学所开展的一切工作是对优秀教育的传承和对当代教育实践的融合。我们将全面贯彻落实党的教育方针，立足实际，以促进学校发展为出发点，以科学的教育价值观为先导，把握好学校发展的方向，坚持开放融合、积极进取的办学特色，坚持全人教育，构建"进步教育"的理论体系，把握其实质，掌握其内涵，探索"进步教育"在学校各领域的实施途径，重点构建以"进步课程"为支撑的进步文化系统框架，努力把进步小学办成一所具有进步文化特点的学校。确立了学校三年发展目标，即从 2016 年起，到 2018 年学校改革和发展的总体目标是：

办学理念：以人为本，和谐自主，促进师生双发展。

办学目标：建设一所以学生为中心，积跬步，至千里的进步发展优质学校。

办学思路：开放融合，积极进取，注重内在动力激发，借助外部资源支持，走科研兴校之路。

学生发展目标：培养身健品端、乐学善思、全面发展、学有所长、阳光大气的进步少年。

学风：踏实认真，天天进步。

教师发展目标：做德高身正、钻研创新、儒雅大气的进步教师。

教风：做适合每个孩子的教育。

校训：积跬步，至千里，做进步的人。

环境建设：清雅安全、低碳环保、富于教育性。

办学特色项目：管乐、合唱、足球、舞蹈、形体健身、师生悦读。

在此基础上，我们还分别从“队伍建设、德育工作、教学工作、后勤工作”等方面明确了未来三年要做的八件事。2016 年 2 月，我们的新规划经过教代会讨论通过，老师们评价：学校发展规划紧扣教育的时代脉搏，在微改进中稳步推进学校的各项工作，立足当下学校实际，着眼学校未来发展，目标明确，路径清晰，鼓舞人心。

制定学校发展规划我们有以下几点体会：规划要注重以学校的现实状况为基础，克服浮躁与冒进；要注重“内在发展”“自下而上”“可持续发展”；注重调动多方力量的广泛参与，群策群力；注重过程管理，过程公开；注重科学决策，保证工作实效；注重结果的反思、讨论和完善。规划的制定是一个凝心聚力的过程；规划的实施是一个创新实践、动态发展的过程；对于规划落实与否的评价是一个冷静思考，为下一次出发积聚力量、把握方向的过程。

(四)总结与反思促工作一步提升

参加 UDS 项目三年来，我们已经形成了“制订计划—组织实施—检查评价—总结反思”的工作操作模式。我们有每月由校长主持的行政干部工作总结会，有由主管干部主持的年级组长和教研组长工作总结会，有在这两个会的基础上全体教师参加的学校工作月总结会。我们还有教学质量分析会、期中工作总结会、运动会、艺术节、研究课等专项教育教学活动结束后的总结会。除此以外，为了培养干部们聚焦取舍、设计落实、分析梳理、反思总结的能力，从 2015 年 7 月开始，除三位校级干部在全体老师会上述职外，每位干部在学年末开始在一定范围内对分管工作进行述职，一开始干部们对自己的述职存在这样的想法：平常干了什么大家都看到了，期末还有必要再跟大家说一遍吗？干部们嘴上这么说，其实每个人对这件事都是特别重视的。当干部们在老师们面前述职时，得到的是老师们的赞许和肯定，通过总结成绩，反思不足，干部们对自己有了更清醒的认识，对工作方向的把握有了更准确的定位。

二、读懂老师，促进成长，建设和谐的教师团队

学校队伍建设的理想是精良与精诚，学校队伍建设的理想目标是和顺与美，学校的管理者必须以人文的视野和科学的管理来促进学校干部队伍的可持续发展。通过各种办法使老师们做到“从大局出发，以事业为本，

对未来负责，为学生着想”，这是我们追求的教师团队的境界。

记得地铁车站的墙上贴着这样两句话：这个世界，在残酷惩罚不改变的人；每个时代都在悄悄犒赏会学习的人。学校作为一个组织，不是一架静态的机器，而是一个拥有动态变化的小社会，社会上任何的风吹草动都有可能在学校里引发蝴蝶效应，这不仅要求学校的管理者有研判的能力，更要有坚持的定力。

UDS 项目的核心理念“改进在日常”，这和我们进步小学的“每天进步一点点”不仅高度契合，更提示我们改进的重要性。我们要每天进步一点点，就要有转变思维方式和看问题角度的能力，这不仅是对未来系统化的思考，也是学校自主发展的模式。这些素养学校的干部要拥有，老师同样也要具备。三年来，我们努力在读着老师这本书，我们力图通过微改进达到“成人”的目的，让每位老师都成为有思想的行动者，进而实现多元主体承责，帮助老师们成就自我，享受教育的幸福。

(一)让教研真正促进教师成长

随着课改的逐步深入，老师们的职业生活不断面临着挑战；加之学校里中老年教师居多，依惯性，按经验，吃老本，这似乎是工作的常态，很少有人想以一种“归零”的心态直面现在的改革。学校计划里有对教研次数的要求，但是对质量的要求就比较模糊，更缺少对教师自身通过教研有哪些改变的跟进指导，所以教研缺乏实效性。学校要提高教学质量，就要抓住教研这个重要环节。

从 2014 年 9 月开始，我们在教师教研活动上进行了一系列的微改进。

1. 固定教研活动时间

学校在排课时，把教研活动时间安排出来，帮助老师们做到了专时专用。教研大组的活动隔周一次，无论低、中、高活动都是全体参与；我们还分学段开展教研活动，使教研更有针对性。学校还聘请专家定期到学校指导老师的教学，每次专家的点评，都使老师们受益良多。大家在听评课的过程中，汲取先进的教学理念，更新教学观念，促进了自己的教学水平不断提高。

2. 开展集体备课活动

针对教学中的重难点，我们通过集体备课的形式，组织教师之间的教学经验交流，通过资源共享，智慧共享，突出了行动的全员化、多元化，提高了教师研讨的实效性，提高了教师适应新课程的水平。我们还注重教科研的开发与研究，在专家的指导下积极开展课程实践活动的研究与实施，这些措施都增添了教师站稳讲台的信心。

3. 坚持走出去学习

三年来，老师们有了越来越多的机会走出校门去学习，这在以前是不可能的。深圳、上海、成都、天津，甚至美国，老师们在学习归来的分享会谈所见所感，谈对自己的启发，外出学习的同志有收获，作为听众的同志们也受益。

由于学校连年扩招，造成班级数量增多，如果再像以前那样每周同学科的老师外出参加区内教研就会影响学校整体工作的安排，同时也给调课和班级管理带来不利的影响。为了改变这种现象，保证全体学科老师的教研效果，从 2016 年 9 月开始，学校每周安排专门教师参加区里的教研活动，回校后向组内老师传达教研内容，这既保证了学校的教学质量，又免去了来回调课的麻烦。

(二)参看中自省自悟促提高

为了促进教师团队专业水平的整体提高，三年来，我们先后推出了教师个人成长资料袋、部门工作简报、经验分享沙龙、不同年龄段教师常态课分享等参看载体，我们力图通过多种形式的学习，不仅把生成的成果固化下来，更要带动教师团队共同进步。

三年来，我校的青年教师从无到有，青年教师的数量也从 2015 的 4 人到 2016 年的 8 人，再到 2017 年的 15 人。青年教师的加入，改善了全校教师的年龄结构，更使我们看到了学校发展的希望。为了帮助青年教师成长，学校对青年教师的培养有长远规划、近期目标和具体指导。学校还给青年教师创造了很多学习提高的机会，如给青年教师组织拜师会、组织基本功比赛、每月写教育案例、定期进行交流，帮助青年教师在学校里尽快地成长起来。

(三)提升科研能力助力教师发展

在三年里，全校教师的科研水平得以提高，参加全国、市、区教育教学论文、案例比赛的人数和获奖人数大幅增加。据不完全统计，三年里共计有 140 人次在各级各类教育教学论文、案例评选活动中获奖。三年里，学校共有 8 位教师被评为高级教师，王玲玲等 2 位老师还获得北京市“紫金杯”班主任荣誉称号。

(四)让教育故事在校园里流传

我校组织老师积极参加每年项目组举办的教育故事评选，教师参与率和获奖人数逐年增加。在参与的过程中，老师们是在“我手写我心”。由于写的就是自己的身边事，大家由一开始的畏难到逐渐适应，还有的老师写起了教育随笔，这些素材的积累让老师们写起案例来如鱼得水。在参与项目组评选时出现了“运动会的涟漪”“由石榴成熟引发的课程故事”“个别生是谁造成的”等高质量的教育故事。

三、以生为本，提升素养，为孩子涂上亮丽的生命底色

我们经常追问自己：“进步小学是谁的？”得到的答案是：“是孩子们的。”我们是这么说的，也是这么做的。我们认为：小学老师在小孩子精神品位的养成中有重要作用。孩子从6岁一直到12岁，他们在小学由一个孩童成长为一个少年，孩子的每个年龄段过去了就不会再重来，所以我们强调重视孩子品质的培养，在每个学段把知识和技能要充足地给孩子。我们还认为：在小学里，每一个教育活动都是不可复制的，我们强调推陈出新，同样的活动，今年做和去年做一定要不一样。

(一)平稳度过一年级

一年级的孩子由于年龄小，他们对学校生活既向往又好奇，有的孩子还有一些小焦虑。如何帮助孩子平稳度过一年级，一直是我们关注而没有解决的问题。UDS项目组审时度势，针对学校需求，引导我们开展“平稳度过一年级”的专项工作探索，以帮助学生适应小学生活，喜欢同学、老师和学校；帮助家长克服孩子入学的焦虑；增进家校了解，更好地达成教育共识。在开展研究的时候，我们的原则是：尊重孩子的心理特点；活动安排浅、近、实；创设互动的学习环境，强调学校、年级、教师、学生、家长共同参与。

几年来，我们不断调整，优化环节，形成了具有进步小学特点的“平稳度过一年级”工作模式。

(二)六年级毕业季

学生经过学校六年的培养，马上要毕业了，学校要送给孩子们什么文化基因作为他们温暖的回忆？抑或说小学六年我们给孩子们打上了什么样的文化烙印，让他无论走多远始终记得母校的温暖？这几年我们有一种感觉，这就是就像女儿要出嫁，娘家总要陪送嫁妆，我们对六年级孩子的感觉就是总想把最好的给他们，唯恐给得少。从2014年开始，我校连续四年开展主题为“感恩母校，扬帆起航”的六年级毕业活动，我们始终在用毕业季的概念策划着毕业年级的一系列课程。我们开展毕业季课程的目的是记录学生的成长和进步，使孩子们铭记自己肩负的责任，感恩师长和母校的培养，不忘同学真挚的情谊。学生的组织协调、团队合作的能力在活动中得以培养。

比如2017年我们的毕业季课程是这样做的：

六年级语文第11册第5课是《詹天佑》，课文讲述了杰出的爱国工程师詹天佑克服重重困难修建京张铁路的事迹，通过课文的学习，激发学生热爱祖国、立志为祖国做贡献的思想感情。我校六年级的老师围绕《詹天佑》这节课，设计了为期一个学年的毕业季课程，主题为：登巍峨长城，观锦绣河山，树少年壮志。孩子们在老师的带领下经历了学习课文，了解詹天佑的爱国事迹；登巍峨长城，量长城砖；参观詹天佑纪念馆，观“人”字形铁路；颂长城，学习与长城相关的诗歌、对联、故事等；开展颂长城诗歌、书法比赛；参加设计长城文化衫、做长城砖、筑长城等活动。2017年7月10日，全体学生围绕长城举行了别开生面的毕业典礼，在毕业典礼上，孩子们汇报了一年的学习收获，包括诗歌颂读、文化衫展示、长城画卷展示，介绍了每个人亲手做长城砖、筑长城的过程。随后，校长为每个毕业生颁发毕业证书，全体学生齐颂《少年中国说》，抒发自己的责任担当和理想抱负。最后，孩子们在聆听了最后一次下课铃声后结束了毕业典礼。典礼结合后，全体学生来到餐厅，品尝食堂叔叔阿姨们为他们精心烹制的毕业餐，餐后孩子们再次回到教室，擦拭自己的桌椅，这是“给学弟学妹擦桌椅”的环节，至此，六年级毕业季落下帷幕。

除此以外，在毕业季期间，我校还有一些常态活动是贯穿其中的，如学校志愿者、学长助学、家长教师职业介绍、初中课程早知道等活动。这些活动专为六年级学生设计，因其新颖和实效，受到了学生和家长的欢迎。

(三)推出十五个美德词

如果说到美德，赞美的词语林林总总，不胜枚举。我们进步小学以“尊重、宽容、合作、自信、责任、理想、正直、健康、诚信、乐观、自律、创造、热情、勇气、坚韧”作为学生的美德追求，这15个词承载了我们的育人质量观，我们希望从进步小学校门走出去的学生都能够成为对国家、对社会有所贡献的幸福的人。这15个词不是孤立存在的，我们不断创设有质量的校园生活，在课堂上，在活动中，在生生交往、师生交往中，教师用自身人格影响学生的人格，使这15个词像空气一样弥散在校园四处，使师生时时都能感觉到它们的存在。

(四)“城堡”里面快乐多

“城堡”是我们的教学楼。以往每年新年的时候，都是教师提前布置好教室，12月31日当天，孩子们从家里带来零食和玩具，各班自己开联欢会。由于项目组倡导的策划的意识成为我校干部的工作常态，我们对孩子们的新年活动也进行了微改进。

2015 年新年我们的主题是：快乐城堡迎新年。每间教室都是游乐区，楼道是猜谜区，礼堂成为表演皮影戏的快乐剧场，我们还请来了首都博物馆、正阳门博物馆、钱币博物馆的专业人员，带着孩子们印年画、做小城砖、拓印钱币和银票……这一天整个教学楼成了孩子们欢乐的海洋。

2016 年我们的主题是：科技城堡迎新年。活动的时候全校的教室成为实验室和操作室，孩子们分年级在专业人员的带领下制作投篮器、观察土豆发电、绘制 4D 眼镜、用通心粉搭建模型……一个上午的时间，玩得不亦乐乎，意犹未尽。

2017 年新年我们的主题是：迎丁酉新春，逛北京庙会。操场上的舞龙舞狮，一楼大厅的各色京味小吃，以及拉洋片、捏面人、做毛猴等项目深深地吸引了孩子们，各间教室里孩子们在画脸谱、做风车、扎灯笼，浓浓的年味儿让学校一派喜气洋洋。

三年的迎新年活动，不断出新，真可谓是小举动、大作为。其实我们仅仅是转换了一下思考方式，把原来的以班级为单位的过新年变为以全校、年级为单位的过新年，虽然前期的准备设计费尽心力，但是当老师们看到活动当天孩子们积极参与、笑脸洋溢时，我们觉得所有的辛苦付出都值了。

(五)精彩创意照亮童年

三年里，我们精心策划，创意无限，孩子们也在教师的带领下经历了许多的第一次。

2015 年 6 月 10 日，我校金帆管乐团首次在国家大剧院举办专场音乐会；2015 年 7 月 6 日，英语剧社排练的《一叶障目》首次参加北京市中小学生英语剧比赛，获得二等奖；2016 年 9 月 26 日，我们在月坛体育馆第一次举办田径运动会；2017 年 5 月 26 日，我们第一次在展览馆剧场举办艺术节闭幕式的汇报演出……

每一个活动的背后，都有一个策划团队，老师们克服了一个又一个困难，把原来心中的不可能变成了一个个现实，从想到做，是一个自我超越的过程。在这个过程中，干部教师的策划力和执行力在提高，学生在受益。

(六)形体健康塑健美少年

对学生进行形体健康训练是我校长期坚持的一个课题。2016 年 2 月，在原来每天三个 10 分钟(站、走、坐)的基础上，我们加入了晨读 10 分钟和午写10分钟，这两项内容培养学生正确的读书、写字姿态，是原项目的有益补充。学校后勤的老师还在楼道里贴上了小脚丫，作为优美站姿的展示台，一个个细小的变化，把形体健康项目逐渐引向了深入。

(七)大家都来做“悦读”

把学校建在图书馆里，使孩子们想看书的时候就可以随手取到书，是我们对图书馆校园的理解。现在，我们学校就是一个大图书馆：教学楼的五层有一个占地400平方米的图书馆，可以容纳120名学生阅读；一层的开放图书馆“进步书友社”里的图书和每层楼道的图书，以及教室图书角的图书，都是学生从家里拿来的，我们提倡“人人为我，我为人人”的精神，孩子们都在努力践行着。按照学生的年龄特点，学校还为孩子们推荐了必读和选读书，并定期开展好书漂流、读书分享会、作家进校园、制作小书签、设计图书封面等活动。为了更好地激励学生多读书，我们还充分利用课堂教学、课前精彩两分钟、小主持人、小播音员、金秋诗会、诗词诵读，进行“阅读—悦读—越读”展示；通过作业展览、话剧社、班级刊物、音乐剧梦工坊、朗诵、木偶、诗云对韵、英剧剧社、学校环境文化布置等渠道构建了立体的语文实践学习场域，使语文学科的人文性和工具性得到了尽情的展示和发挥。

2016年2月一开学，全校学生每天清晨10分钟的“中华古诗文诵读”活动如期开始了，一年多的坚持，变化在孩子们身上悄悄地发生着，今年春节的《中国诗词大会》让孩子们兴奋不已，因为他们发现，电视里选手们比赛的很多诗他们都会背，开学归来，很多班的孩子不约而同地玩起了“飞花令”的游戏。还有一个六年级的孩子，特别喜欢背诵《少年中国说》，她妈妈有感而发，特地给老师写信表达心中的感受，她说，小孩子的世界特别单纯，除了玩他喜欢玩的，就是谈论他喜欢的东西，完全不去在意他周边的环境。昨天孩子在回家的路上给我背诵《少年中国说》，我问他是每天早晨在学校读的吗？他说对。我说你背得这么好，让我感觉是作者本人来了。他说，我忽然对朗读发生了兴趣，我忽然几天就特别喜欢朗诵了，一下子就记住了。我不由得想起了学校早读的内容，虽然只有短短的10分钟，但是日积月累，对孩子的影响却是深远的。我对现在的教育改革充满了信心，我相信培养的“00后”都将是国家的栋梁。

(八)多彩社团养气质

丰富多彩的社团活动不仅是培养学生才干的舞台，更是培养学生综合素养的有效载体。金帆管乐团和足球队是学校两张亮丽的名片。足球队的孩子无论酷暑与严寒，每天放学后在教练的带领下奔跑在绿茵场上，在他们身上多了一份坚韧不拔的品质。

进步金帆管乐团至今已经建团28年，是一个载誉无数的优秀学生管乐团。管乐团的孩子刻苦训练，他们不仅学演奏，更重要的是学做人，因为他们知道，乐团是一个整体，在这里“只有我们没有我”。每年我校的金帆管乐团都会举行有特色的专场音乐会，向外界展示学校阳光大气的学生文化。我们曾经邀请区内极少有机会走进音乐厅的兄弟学校的学生走进北京音乐厅，聆听同学们的演奏；我们还为社区居民举办慰问专场音乐会；每年在世界盲人节前夕我校都和中国残联携手，邀请盲人到学校，为盲人举行专场音乐会。这些音乐会，不仅展示了孩子们精湛的演奏技艺，传播了高雅艺术，更重要的是向外界传递了学生尊重多元文化、关爱弱势群体的人文情怀。2017年5月1日，乐团赴比利时参加欧洲第65届青少年音乐节，他们凭借精湛的技艺一举夺魁，夺得青少年大乐团组第一名的好成绩，成为中国大陆获此殊荣的唯一一个小学生乐团。

(九)按量供餐倡节俭

2016年9月，经过严格的评审，展览路食品药品监督所命名我校食堂为A三星食堂。面对这一荣誉，我们在冷静思考：不能躺在A三星的功劳簿上吃老本，要百尺竿头更进一步，以创新的思维开创食堂工作的新局面。经过认真的研究，我们决定开展光盘行动，培养学生勤俭节约的好习惯，解决学生吃饭挑食、剩饭剩菜的现象。

在以往的工作中，我们每天都会发现学生午餐浪费现象严重，有的学生把一口没吃的小花卷、青菜整个倒掉；还有的学生说自己对某些食品过敏，这也不吃那也不吃，也会造成浪费。全校1121名学生，每天中午浪费的食物能够装满三至四个大号的残食桶。为了发扬中华民族勤俭节约的优良传统，在人民医院营养科专家的反复论证、家长理事会一致同意、全体家长的大力支持下，2017年3月份食堂根据学生食量进行按量供餐，每个学生根据自己食量的大小，选择适合的餐盒，不同餐量的午餐分别用不同颜色餐盒，孩子们一目了然，老师也不必再费尽口舌让本来就吃得少的孩子用尽午餐，活动开展后全校学生做到了午餐不浪费一粒米、一片菜。实施两个学期以来，收到了良好的效果，学校现在每天节约5—10斤菜、5斤米。实行定量供餐以来，学校残食桶里除了剩余调料和菜汤外几乎没有剩菜剩饭现象，按量供餐取得了预期效果。

四、推进课程建设，不断完善“进步课程体系”

课程代表着学校的办学品质，是实现学校办学目标和育人目标的基本路径，对于学生来说，课程是每一个生命成长和发展必要的“养分”，是促进学生全面而有个性发展的有效载体；对于干部教师来说，进步更是代表着“积累拼搏、开放融合、积极进取、创新发展”。基于以上的认识，从尊重学生的认知规律和身心发展规律出发，我们要通过课程让孩子们懂得进步的方法和路径，掌握进步所需的知识和能力。所以我们确定我校的课程目标为：全面贯彻落实国家的教育方针，扎实上好基础课程，综合推进拓展课程，稳步实施主题课程，将学生培养成为身健品端、乐学善思、全面发展、学有所长、阳光大气的进步少年。

学校要落实国家课程和地方课程，要逐步推进和完善校本课程，在完成三级课程的过程中，我们不仅要明确为什么做教育，还要明确怎么做教育，教育的目的是什么，我们要将自己对教育的理解，人格、专业素养等各种有益于学生成长的营养元素融入其中，可以说，学校课程建设是学校意志的集中体现，是学校教育价值观的体现。

(一)构建“进步课程体系”

我校以“科学、多元、实践、开放”为原则，立足国家课程、拓展国家课程，整合地方课程、建设校本课程。在校本课程方面，学校目前正在不断完善“进步课程体系”。该课程以“积跬步，至千里”为核心育人理念，旨在让学生从一点一滴做起，通过不断的努力与积累，最终成为“品端身正、乐学善思、全面发展、学有所长、阳光大气的进步少年”。该课程围绕“道德、语言、数学、艺术、科技、健康”六个领域，通过“基础课程、拓展课程、拓展提高课程”三个维度开展教学，以“我爱进步、家在西城、故乡是北京、壮美中国行、做个世界人、唯一的地球”的进步主题课程将基础课程、拓展课程、拓展提高课程有机整合，开展由低到高阶梯式的主题课程研究，为学生提供丰富的学习资源，促进每一个学生全面而有个性的发展。

(二)重点开展主题课程研究

2014 年 11 月，北京市教委颁布了《关于部分学科教学改进意见》，要求“加强学科教学内容和社会、自然的联系，让学生学习鲜活的知识和技能。学校要组织学生走出校门，中小学校各学科平均应有不低于 10%的课时用于开展校内外综合实践活动课程”。在 UDS 项目专家和北京教育学院“协同创新项目”专家团队的指导下，我们确定了实施 10%学时的实践活动课程要以主题课程的方式进行，并依据学校的办学目标、育人目标和课程目标，明确了主题课程目标为：以学科课程标准为导向，以进步、西城、北京、中国、世界为空间领域，以课程整合、学科联动为实践方式，在提出问题、解决问题、多元评价的实施路径中，以生(学生、生活)为本，尊重学生差异，培养学生质疑探究、合作交流、分享创新的学习能力，使学生成为身健品端、乐学善思、全面发展、学有所长、阳光大气的进步少年。

主题课程是一种主题式、综合性、探究性的课程，它跨越学科边界，使各学科通过主题的形式成为有机的整体，既避免了各学科之间仅限于发生物理反应的“拼盘式”现象，又可以保证学科之间在主题范围内的联系的一致性。从 2015 年 9 月开始到现在，在确保国家课程和地方课程得以实施的基础上，我们围绕学校的育人目标和课程总目标，以“我爱进步、家在西城、故乡是北京、壮美中国行、做个世界人、唯一的地球”为六大主题，带领学生提出真实的问题，创设真实的情境，创设多种让学生展现各种智能的机会，激发学生潜在的智能，充分发展每个人的个性，引领学生围绕发现的问题进行探究，在解决问题的过程中超越自我，不断成长，实现学生的自我价值和社会价值。

我们以生(学生、生活)为本，挖掘各种资源，将现有教材中交叉、重复的部分进行删减合并，将割裂的部分进行整合，开发出以下主题课程类型：

①同年级同学科主题课程(一年级数学：豆包铺欢乐购购购)；②同年级跨学科主题课程(二年级：北京的秋天)；③跨年级同学科主题课程(全校数学：我是未来企业家)；④跨年级跨学科主题课程(一米菜园)。

为了帮助老师们更好地开展主题课程，我们在专家的指导下明确了开展主题课程的操作流程：①确定主题与课程目标；②确立概念或者核心问题；③编写主题网络图；④渗透相关学科知识；⑤实践活动现场体验；⑥围绕问题分组深入探究或进行项目式学习；⑦展示与评价。

主题课程的实施以学生的发展为本，需要全校干部教师共同开发。我们在工作上坚持以转变教育观念为前提，以加强教育科研为后盾，以提升学生的能力为突破口，切实加强主题课程开发、实施和领导，精心组织，保证质量，全面提高学生的综合素养。为了保证主题课程实施的质量，我校成立了由校长、主管教学副校长、德育主任、教研组长和年级组长、骨干教师组成的课程建设中心，负责各年级主题课程纲要的审定和指导；我们还采取每位干部分别进入一个年级进行指导，各年级组在组长的带领下组织分工和管理时间，推荐骨干教师撰写文案，依据阶段定期教研，分步实施，再依据阶段进行总结反思、再实施的闭环管理。经过两年的实践，全校所有学科教师都参与了主题课程的开发和实践，共开发22个主题课程，实现了主题课程100%的实施，涉及所有班级，惠及所有学生。

两年的主题课程实践，教师的课程开发与实施能力得到了提升，突出体现在四个方面：一是课程理解，从“单纯地教”向“为什么教”转变；二是课程整合，从“照搬地教”向“创造性地教”转变；三是课程拓展，从“对课程表面化地认识”向“纵深理解”转变；四是课程创造，从“有什么教什么”到“自主决定教什么”的转变。

另外，学生的综合能力也得到提升，具体表现在三方面。一是认知呈现系统性。孩子们穿越了以往割裂的学科体系，避免了散点的学习，进入了一个主题鲜明的完整的教育情境中，从始至终能够参与其中，进行体验学习、探究学习，获得了多方面的收获。二是实践能力更强。孩子们带着问题走向实践，在参与真实、深层次的主题课程中回归真实的生活状态，实现真实的学习和自我主动的发展。三是学习促进学生主动发展。在学习的过程中，学生能够学习迁移，实现自我的主动发展。

2017年11月28日，“以主题课程建设促进学生综合素养发展”为主题的西城区科研月专场展示活动在我校举行，杨朝晖教授率领UDS项目专家和25所UDS伙伴校，以及本区16所学校的干部教师参与了我们的活动，在专家点评环节，杨教授指出：“进步小学能够取得如此显著的成绩，主要源于以下五个方面的原因：1. 围绕主题巧融合，无痕链接巧融通；2. 实践活动系列化，宽而不乱主题清；3. 凸现双生显魅力，聚焦素养显实效；4. 资源统整最优化，教育特色由内生；5. 系统运作整体进，发挥合力快提升。这是一次非常棒的活动策划！显示了上下一心、快速进步的良好发展状态！参加活动后深受鼓舞!”杨教授还向与会来宾提出了新的问题和思考：如何使一所学校在已有的基础上不断进步和快速发展？进步小学为此所做出的积极探索和取得的成功经验为大家提供了借鉴和指明了方向。

(三)开展教学研究活动

1. 开展非考试学科评价研究

从2014年开始，我校进行了非考试学科和非统一测试年级学生学业成绩的评价研究。各学科都在教研组长带领下制定了详细的形成性评价方案，截至目前，学校已形成了一、二、三年级语文、数学、英语和音乐、美术等学科的综合评价方案。

2. 开展微课研究

我校尊重学生的认知规律，突出学科特色，开展了微课研究。目前学校有以下三种微课：每天读、写、站、走、坐的五个10分钟；每节课前的精彩2分钟演讲；每节体育课前的3分钟天天跳绳活动。

3. 开展教育科研工作

我校重视教育科研工作，以课题为抓手，以课堂为阵地，开展了一系列教育科研课题研究工作。我校主要的科研课题有：开展主题研修，探究有效教学策略。围绕课题，我们开展了"基于学情研究的'同课异构'"教研活动，高年级数学教研组以"运用转化思想，解决数学问题"为主旨，根据不同学情设计不同的教学方案，对教学策略的有效性进行深入的探讨，各学科教师分别从学情分析、专项问题、教法研究、课堂实践、课后反思等多种渠道，对提高"有效教学策略"进行了实践，研究取得了一定的成果。

除此以外，音乐学科的"柯达伊教学法在音乐教学中的应用"也取得了良好的研究效果。此课题通过柯达伊教学法的实施，从小培养学生"听、唱、写、创"的音乐素养，学生能准确地听出节奏、旋律，并用"柯达伊"特有的方式进行记录，能准确地唱出来，并在此基础上进行富有个性化的创作，写出自己的节奏与旋律。此课题的研究已在西城区音乐教研中逐渐推广，2015年12月，该课题在区科研月中进行了展示。

五、谈变化，说亮点，进步的足迹让教育更精彩

近三年，在全校干部教师的共同努力下，我校各方面工作都取得一些成绩。2015年4月，被北京市教委命名为"北京市学校文化建设示范学校"；2015年5月，被北京市地震局命名为"北京市防震减灾教育特色学校"；2015年9月，被教育部评为"全国中小学青少年足球教育特色学校"；2015年9月，工作成果"建设平安校园，为学校发展助力"；2015年9月，被中央综治办评为一等奖；2016年5月，管乐团被中国音乐家协会管乐分会命名为"中国优秀青少年管乐团"；2017年5月，管乐团参加欧洲第65届音乐节取得青少年大乐团组第一名的成绩；2017年9月，学校被国家地震局命名为"国家防震减灾科普示范学校"……

UDS项目即将结束，为了更好地对学校三年来各方面的工作做一个梳理和总结，我们又策划了一次活动：校长向干部教师们发出邀请，请大家结合自己的工作和观察，写出"我眼里的学校变化和进步"（内容可以包括队伍建设、学校管理、德育工作、教学工作、教育科研、课程建设、家庭教育、社区关系、后勤管理、学校环境……）。让我们大家共同完成UDS

的结题报告，并为学校下一阶段的工作积蓄更多的力量！

邀请发出后，短短的一周时间，全校干部教师71人，找到了三年来学校各方面工作的变化和亮点共计575条，合并相似的，整理后的变化和亮点共计142条。通过以上数据，我们看到了老师们对学校整体工作的认可，也看到了老师们从中找到的自豪和自信。老师们找到的“变化和亮点”整理如下(单位：项)。

表1　三年进步小学发展进步表现统计表

序号	项目	整理前	整理合并后
1	队伍建设	62	20
2	学校管理	64	14
3	德育工作	101	19
4	教学工作	95	23
5	教育科研	38	7
6	课程建设	55	14
7	家庭教育	32	8
8	社区关系	14	6
9	后勤管理	67	23
10	学校环境	47	8
共计		575	142

总之，在三年的时间里，建设一所以学生为中心的学校始终是我们努力的目标，我们依托“规划、计划、策划”的改进，进行着思维方式、行为方式的变革，我们强调干部教师要读懂学生，也要读懂自己，在变革中实践着“成人、成事、成己”的发展理念。三年的时间过去了，干部教师对学生、对学校、对教育的抱怨渐渐减少了，取而代之的是对学生的欣赏、对同伴的悦纳和对学校的依恋与认同，学校在发展，在进步，在取得一项又一项的成绩。

(校长：杨芳；驻校专家：杨英)

伴飞助力，“和美”建设再出发

西城区中古友谊小学

UDS项目走进中古友谊小学，可以说是恰逢其时。一方面，学校领导班子面临新老交替，正是需要专家团队相助相辅的时候；另一方面，新一轮教育改革、课程改革开始，学校向何处去也亟待专家的引领和兄弟校间的相互参看。而此时的项目伴飞，无异于是雪中送炭。几年来，项目组科学的工作方式，促进了干部工作思路的转变；倾情投入的工作作风，促使中古友谊小学的“和美”管理文化不断深化，干部团队的整体工作效能得到了大幅提升与发展；教师团队文化建设也不断得到优化，专业发展效能不断提高；学生站在了学校各项工作的核心位置，强化了学校“以人为本，至和至美”的办学理念，形成了“建设以学生为中心的学校”的核心发展思路。由此，学校的优质办学品牌进一步得到社会的认可。

一、日常中改进，“三划”中成长，深化“和美”管理

UDS项目的进驻，从调研反馈的触动，到计划制定的震动，再到“改进在日常”的催动，究其根本给中古的干部带来的是“思维方式的变革”，从“管好”到“理顺”，再到“激活”。UDS项目开展以来，我校一直积极参加项目组开展的各项培训活动。每一次精心设计的培训，都让我们受益匪浅。干部队伍对“改进在日常”的理念的深入学习和理解，带来了管理文化的悄然改变，促进了干部团队能力的整体提升与发展。

(一)变“凭经验认结果”为“重策划讲闭环”

中古友谊小学是一所以优质的教育教学为传统的对外窗口校。2013年，中古小学新一届领导班子支撑起学校的各项工作。这支新的领导团队中，有6人是中古小学本土培养起来的干部，另外2人也在中古工作了十年以上，这支团队已经十分熟悉中古的工作节奏、办事规律、团队氛围。凭借着多年的中古经验，保持中古的现有状态，学校将稳步向前。但此时干部们也意识到要想发展得更好，必图变，以往凭经验办事总有一些不确

定性，造成工作效率低下；而只要结果好就可以的态度又时时与学校建设的“和美”文化相悖，令人不太舒畅。

1. 计划与总结遥相呼应，落实闭环管理

真正的改变，就是从制订学期计划开始的。在这个过程中，最可喜的是领导班子达成共识：继续以“和美”文化建设为学校发展的主线，目标一旦达成一致，很多具体工作便能够落实下来。用UDS项目驻校校长杨英的话说：“改变是痛苦的，但改变是必需的。”这次计划反反复复修改了四次，改变了以往以上级布置的工作为重点的设计思路，转而注重考虑学校自身优势的传承与不足的改进。计划中学期工作目的性更强，重点更加突出，主线鲜明而清晰，使工作内容与学校的实际与发展结合更加紧密。可以说一次比一次瘦身，一次比一次精致，一次比一次有味道了。虽然仅仅一周的时间，却令我们每一名干部牢牢树立起“计划精准，策划先行”的工作意识。干部们的感觉是：计划中工作得到了简化，因为这一次整合了许多常规性的工作，突出了重点，特别想要做、需要做的事被突显出来。老师们拿到计划时的第一感觉是变薄了，看了以后觉得条理清晰了，重点要做的就是那几个主题事件，准确而清晰。

是不是一个好的领导团队，要在工作中见分晓，只有得到了老师们的信任和认可，才能把步子走得更加坚定，学校可持续发展的动力才会强劲。一切从计划开始，开了一个好头，在项目组组织的学习中，我们同样感受到“闭环管理”的优势，一个学期紧张地结束了，计划在此时是否可以束之高阁了呢？当然不。我们的干部认真地做了回扣计划和目标的学期工作总结。

总结，从计划开始，这样的工作总结还是头一次。一个学期，工作满满，以回应计划来做总结，目的性更强，说服力也更大。老师们在总结中看到自己的辛苦付出，也看到自己的收获颇丰，而这一切源于学校的统筹谋划，有计划、有目的、有步骤，因而最后的成绩也就自然而然，顺理成章。这样做总结，再一次把老师们凝聚到学校的发展轨迹上，使大家不禁憧憬下一个学期的再进步，可谓蓄势待发。自然，教职工对于干部的认可度也就大大地增强了，在组织部对干部的考察中，我们的干部得到了老师们一致的好评。看来改变并不难，关键是理念和思维方式的转变。

2. 搭平台磨炼策划本领，提升管理能力

项目组培训后的实践令我们深深地认识到：“策划先行”要求策划者要

有科学、严谨的态度。我们这支干部队伍应该重点考虑的是“老师们想要的是什么”“老师们有什么需求”，真正做到站在老师的角度考虑问题，才能够策划到位，策划的合理，实施起来也就能自然而然和顺水行舟了。

以我校“中古因你而美丽”这个传统教师研讨项目为平台，磨炼策划技能，促进了干部管理思路、办事主张、纵观大局、统筹安排、实践操作等一系列能力的提升。

表 1 “中古因你而美丽”三届活动策划列表

议程	第七届 白杰老师教学研讨会	第八届 退休老师教育教学研讨会	第九届 张熹老师教育教学研讨会
研讨目的	1. 为骨干教师搭建展示平台，梳理研讨教学特色； 2. 引领青年教师，为教师队伍指明发展方向，建设一支优秀的教育教学队伍	1. 梳理研讨中古教师优秀的精神； 2. 为青年教师、为中古教师队伍做示范引领； 3. 发扬中古精神，深化中古“和美”文化	1. 为骨干教师搭建展示平台，梳理研讨教学特色； 2. 破解教师实践中的难题，加强新老教师的交流； 3. 强化“以学生为中心”的“师爱交流”，促师生、家校“和美”发展
研讨会内容及过程	1. 播放白老师教学片段 2. 青年教师谈指导与收获； 3. 西城区教研员张春明老师视频肯定与祝贺； 4. 历届学生视频回忆美好时光，表达感激之情； 5. 白老师做了题为“脚印”的主旨报告	校史回顾 1. 杨老师做人有“三心”——良心、责任心、诚心； 2. 易老师“三个到位”——了解孩子、了解教材、了解学段； 3. 庄老师——我是学校的一分子，只要是学校的事就有责任去做，不管做什么事，“要做就做好”； 4. 任老师——对自己严格要求，享受“教育”的过程，陶醉于给学生讲好课的过程中	张熹老师教育教学特色研讨研修交流：青年教师阅读张熹老师的“班主任日志”，以五个小故事——《每天进步一点点》《榜样作用大无穷》《阳光的味道》《大语文》以及《照片被撕后》展开讨论，问答互动。 “爱·绽放”主题发言： 教育独白、激发智慧、焕发情怀

续表

议程	第七届 白杰老师教学研讨会	第八届 退休老师教育教学研讨会	第九届 张熹老师教育教学研讨会
多主体研讨	全体教师分组展开了讨论，以诗歌、图画、关键词梳理和思维导图等多种形式表达了自己与会的感受和心得体会	1. 四位老师与台下青年教师互动答疑，分享教育小案例； 2. 2 位中古毕业生谈回到中古做老师的感受，传承精神，献花； 3. 教师自由发言、书写感言卡	1. 毕业生和家长借视频讲述张熹老师的教育教学特色； 2. 5 位在读的学生现场讲述张熹老师对自己的成长帮助；并表达了他们对张老师的感恩，拥抱张老师； 3. 教师书写感言卡
引领提升	1. 校长总结，勉励教师向白杰老师学习“一切为了学生”的教育教学思想； 2. 领导、专家讲话：向优秀教师学习，人人出成果，教育成特色	校长感言：中古多年来就是靠着中古精神，我们要传承中古精神	校长感言：以中古精神为引领，以老教师为楷模，凝心聚力，我们继续前行
研讨反思	1. 形成了个人的教学特色； 2. 发挥了骨干教师的引领作用； 3. 指明了中古教师队伍教育教学发展的方向	1. 展示了中古新、老教师的风采； 2. 为教师队伍指明了师德为先、专业发展的方向； 3. 梳理了中古核心价值观，明确了传承“中古精神”的学校意志	1. 梳理、形成了个人的教育教学特色； 2. 发挥了骨干教师的引领作用，促进了青年教师的快速成长； 3. 强化了师德，特别是“师爱”在当前教育教学中的重要地位，引领教师队伍“和美”发展

通过以上三届研讨会可以看出，每届都有新亮点、新变化，多位老师登上这个平台展现自己在教育教学方面的经验与特色，并与大家分享，无论是对个体还是群体都起到了促进成长的作用。每一届研讨会选择的登台者都是经过了细致分析，针对教师队伍的发展需求而定的。每一届，都设计了青年教师与老教师在研讨会前期的调研与台上的互动，就是希望青年教师通过采访、座谈等方式了解老教师一路走来的历程，能够对他们有所助益。

应该说，经过三年多次活动的锻炼，干部的策划意识、策划能力都有了整体的提高。尤其在 2017 年上半年的大型体育节中，正是由于干部精诚团结的集体策划目的明确、步骤清晰、过程安排细致到位、岗位职责落实准确，才使得活动圆满成功。策划已经成为中古干部工作中的一种习惯。

3. 做好靶向定位，提升管理效率

近几年，中古新入职教师近40人，青年教师的培养成为教师队伍建设发展计划的重中之重。学校以团队文化为核心，以培养“和美”中古教师为目标，通过策划同时关注群体与个体，促进了这支新队伍的迅速成长。

(1)团体性策划定制。

每个学年均策划组织青年教师系列展示大赛，师德演讲之外还有基本功大赛、课堂评优、才艺展示。开放、包容的融合之美，这是新入职中古教师的初识感受。区级学科带头人与新教师进行专场座谈；教科研干部随堂听课，对新教师进行集体会诊、评课；针对期末复习课不会上的共性问题，安排学科大组组长分年段对新教师进行期末复习工作专题培训，在管理中及时发现问题，及时制定对策，解决问题。通过培训，逐渐理解了中古的和合之美——大气、真诚、奋进，不懈地追求成为最好的自己。

(2)专业性策划定制。

教师专业化作为教师职业发展的趋势和潮流，它要求用教师的职业精神整合学科知能和教师专业知能，从而提高教师专业化水准。针对教师职业发展继续教育的需求，我们通过调研，有针对性地优化教师职业教育校本实践，强化了学科特色和个性发展。

(3)一对一策划定制。

每一位新教师都各有特点，在自我发展中难免遇到各种问题，这就需要进行个别关注，对于那些问题比较突出的新教师，量体裁衣，定制式的培养是必需的。既有新教师听师傅的课后再进行本班授课的方式；也有由新教师“独立备课上课—集体会诊—复备复诊—评课”的步骤，从而促进新教师的自主意识，锻炼其独立处理教材、应对课堂生成、教学反思等能力，使其成为课堂的驾驭者，教学研究的参与者。

学校通过落实启思、促思、拓思的教研策略，凸显参与、优质、发展的教研效果，打造出一支平等、开放、包容的“和美”教研团队，为学校的发展增色。

(二)变“带着教师工作”为“和教师一起研究”

注重专业成长的队伍建设是给教师插上自由飞翔翅膀的系统工程。学校以教科研相结合的方式，抓实四个措施，打造“研究共同体—实践共同体”，促进教师专业素质的持续发展。

为了确保教师的专业化发展，在全校范围内为每一名教师搭设展示的平台，使教师可以把日常教研的成果带到平台上进行展示，相互研讨切磋，促进发展。策划主题为“构建乐学课堂”的校级评优课、特意为青年教师设立“展翼杯”、教研组展示课后增加答辩环节等改进，提高了校本教研的针对性和实效性。

1. 扬长赋权，帮助教师准确定位

我们的干部认识到：“和合而生，和而不同。”每位教师都有自己的特点和风格，有的善言辞，有的擅逻辑，有的能玩转电子产品，有的又善于做思想工作……把这些长处迁移到教学中，就能使其获得事业上的成功。针对教师的优势，把教育教学的主动权交还给他们，放手使他们的专业发展方向更加明确，也更具主动性。

2. 新型教研，帮助教师开阔视野

多学科、跨学科整合是近几年教育界研究的热点，在课程建设中不仅倡导学科知识整合，更倡导学科间在教育思想、教学方法等方面的相互借鉴。干部置身于教研组之中，成为研究者之一，就是在这样的互通有无中，教师的视野更宽了，很多学科的教学设计变得开放、多元，给自身学科带来了新的气息。

3. 问题倒逼，帮助教师深层思考

学生的健康成长永远是我们教育教学的中心，“关注学情—分析学情—回应学情”，在课堂实践中是教师最为用心思考的；“带题授课”的研究实践引导教师进行科学的思考……教科研相结合，干部和教师共同寻求教育教学中的真问题，运用科学的方法去解决问题，做真研究，满足学生的真需求，因为只有适合学生需要的教育资源才能培养出合格人才。

应该说，在教育教学研究的平台之上，教师收获了许多，不仅仅是荣誉，更多的是思考，是成长。对于教师的发展空间学校更应多加关注，只有这样，才能使我们的教师拥有一对有力的翅膀，实现他们直击长空的愿望；只有使我们的教师真正可持续发展，学校的教育教学质量也才能不断得以提升，赢得各界的赞誉。

(三)变“学校文化的追随者”为“和美文化的缔造者”

学校的“和美”文化源于校园规范化建设，经过“十二五”的打造仍然是处于理念引领的层面。新的班子在进行研讨后，认同“和美”文化的内涵，是有利于学校发展的，但是其中的很多实质性的概念还需要进一步深化、细化、优化。恰逢“十三五”规划之年，在项目组的鼎力支持下，我们转变制定规划的策略，和老师们一起投入规划的制定中，成为学校文化的缔造者。

1. 回顾调研，切合发展需求，让规划更有针对性

我校的规划在经过自下而上、自上而下的研讨后形成了较能反映学校未来五年发展的内容，在接下来的这个学期，我们还要进一步学习，与专家进行探讨，力求将规划的面貌做得更加契合学校“十三五”发展的需要。

首先，面对“十三五”规划，我们全校上下首先进行了目标确认和自我分析。依据“十二五”的发展情况，结合学校未来的发展趋势，我们依旧把学校发展的总体目标定位为建设“和美”学校，打造梯次发展的干部和教师团队，促进教学质量稳步提升，树立中古学生素质综合发展的品牌。

其次，由联合调研组进行了学校现状分析。我们主要参考了近三年来北京市评价体系的反馈、2016 年学校校级评价中教师的意见和建议，还有专门针对本次规划编写的问卷回馈，以及近年来社区对我校的评价意见。我们从中发现：学校干部能够团结协作，为学校的发展无私奉献；教师认可学校“和美”文化建设，热爱中古友谊小学，认可学校的教学质量；学生满意自己在学校的发展现状，看重自身品行的培养和学业的进步，感谢教师的教导；家长和社区对学校的管理、教学质量满意。

另外，通过访谈等形式，我们发现：教师自身的专业发展需求以及价值认同感的追求十分强烈；学生和家长都十分关注心理教育且需求迫切；学生对校园环境以及自身综合素质的发展有很大期许；教师和家长都提出家长学校十分重要并希望有良好的家校互动途径和方法以形成合力。

可以说，本次规划的制定，在共话未来中集结了全体干部和教师、学生和家长的意见和建议，这些均成为我们制定规划时关注的重点。

2. 重点研磨，适合未来发展，让规划更可操作

到了操作层面又有很多深化、落实宏观理念的问题出现，到底如何才能实现“规划是拿来用的”呢？我们继续抱着研究的态度，认真对待规划的每一个细节，力图找准落实规划的踏板，使规划能够在未来五年落地生根。在规划目标的制定过程中，我们进行了重点研磨。

预测未来事态。如：根据现有干部队伍的年龄分布现状，8 人中 5 人年龄在 45—50 岁，3 人在 40—45 岁。一支优秀的干部队伍承载着学校继往开来的重要使命，如今这样的年龄结构对学校未来的发展会产生不确定的影响，危机感油然而生。因此，对于青年干部的培养必须加紧脚步，这一目标成为“十三五”干部队伍建设的重点工作。

确定目标间层级关系。如教学工作中，建设与完善“和美”课程体系一则，最初关注力在“和美”，偏重于校本课程的开发与建设，经过反复探讨，甚至于作为一个课题去研究，厘清了我校“和美”课程体系的框架，将

国家课程、地方课程、校本课程进行了体系化的梳理、整合，进一步搞清了“和美”课程上下位关系，使得学校课程建设更加科学、完整，更加有利于课程建设的实施。这样，使“和美”课程最终成为托举中古学生全面发展的重要鼎足。这就是我们清晰了目标的上位与下位关系后的收获。

开展综合素养课程。项目组在初期调研中就感到我校特色课程略显单一，不足以满足学生综合发展的需求。这几年，结合教育改革、结合区内的综合素质提升工程，我们认识到，学校已经有能力开展较为丰富的综合素质课程，学校定位中提到促进“学生综合素质发展”。但是我们也认识到不能一股脑地统统挤上阵，必须是有目的、有计划、有序地进行活动策划，不但要有语、数、英，更要从学生发展的角度让体、艺、科以及综合素质的平台协调平衡，学生们才能站得稳，发展得好，学校的素质教育也就落得实。

规划是拿来用的，在制定规划后的这一年中，我们立足当下，携手同行，一起实践着当初规划的中古梦，中古的干部会议不断被头脑风暴席卷、中古的典礼越来越具教育疏导作用、教师在经过“教师美语研讨”后与学生更多的是平等对话……我们坚信，众志成城，定会把缔造“和美”文化的脚步迈稳、迈实。

二、沟通中促进，“分层”中提升，优化“和美”团队

学校通过深入开展科研课题研究、教育案例研究、教研活动，建立团队、建构远景，在坦诚对话中沟通，建立相互信任；组织与教育教学相关的展示活动，通过讲述自己或者身边的教育教学故事对教师的专业技术技能给以指导。针对专业成熟度加以分层培训，打造“和美”的教研组文化，形成“和美”的研究氛围。

(一)让故事在校园流传，形成专业交流文化

我校众多一线教育教学经验的分享与交流，使 UDS 项目组“让故事在校园流传”的工作得以顺利推进，在将这些好的实践梳理提升为有一定思考和理论依据的教育叙事故事过程中，老师们在回顾与反思中回看自己的实践，重审自己的教育理念，再次评断自己的教育教学的策略与方式方法，从而使自己的工作形成一个闭环，综合教育教学水平得以提升。

近几年，中古新入职教师近 40 人，青年教师的培养成为教师队伍建设发展计划的重中之重。学校以团队文化为核心，以培养“和美”中古教师为目标，通过策划同时关注群体与个体，促进了这支新队伍的迅速成长。

2014 年以来组织青年教师师德演讲活动至今已举办三届，师德演讲强

调讲述青年教师身边的故事，以及他们践行师德的小故事，从而体现了我校将教师职业道德建设作为教师队伍建设的重中之重，从青年教师抓起，以活动为平台，带动全体教师自觉修炼崇高的师德。

此活动呈现两大特色：青年教师登台讲述身边师德故事，画风清新，内容鲜活；全体教师以参与评价的方式自修、自省、自践行。

(二)教研中共享我们的研究故事，互促专业

案例培训项目是项目管理中重要的组成部分，从教师成长和学校整体发展的需要出发，融入教师教育教学的实践研究活动之中，是我校实施中的特色。并且，学校把研究的主动权交到教研团队手里，由他们来确定研究的方向、方式。每位教师都在专业案例的讲述中找到自己的位置，并不断成长。

语文将关联阅读法运用到小学语文课堂教学实践中，帮助教师准确把握教学的重难点。教师们引导学生用课内外相互关联的理念不断加深对事例背后所蕴含的道理的感悟，成为研究的亮点。他们将语文课程中知识、情感、表达方法关联起来，在不断实践中，逐步摸索出行之有效的教学模式，提高课堂效率。

区级数学课题组的成员通过一段时间的摸索和实践研究，学习了相关的理论知识，并把理论应用到实践当中，无论是课题课还是展翼杯都可以看到他们研究课题的效果。在他们的叙事故事中，可以看到他们修改了三、四年级综合实践课教学设计并实施教学，本组老师补充修改过了共 24 篇教学设计，他们师生亲身经历数学实践活动，可谓是师生共同成长。这样的故事就在老师们身边，甚至老师就是故事的主角，激励作用与引领作用极为突出。

此外中古、宏庙两所学校联手研究“关联阅读在小学阅读教学中的运用”。我校老师执教三年级下册课文《荷花》，宏庙老师指教《凡卡》，两位老师致力于培养学生对语言文字分析、加工、整合的能力，着力于培养学生思维的深度和广度，课上引导学生深层推理思维，并学习这样的方法进行交流，做到了得法于课内，得益于课外。教学活动后，两位老师分别讲述了自己的教学设计经历。老师们听后进行了反思点评，既有对课堂教学的精彩点评，也有对教学环节、细节的改进意见；既有对教学理念、教学方法的探究，也有对教学过程的思考。

(三)“聚”有魅力沙龙分享教育故事，共话育人

我校多年来坚持全员育人，针对教师职业发展继续教育的需求，学校开展了心理专兼职教师、班主任、35 岁以下青年教师的校级教研活动。通过专家引领，对教师教育方法、教育手段、教育形式等进行专业性培训，提高教育工作专业能力。在一线教育经验丰富的优秀骨干教师引领下，以"'聚'有魅力沙龙"带动青年教师教育成长的帮教培训方式，组成研究团队。优秀班主任、首席班主任、德育带头人的专题教育故事的分享得到了老师们的一致好评，并在实际教育教学中发挥着作用。

(四)项目征稿共同研磨案例故事，反思提升

在每一次项目组征稿之前，学校科研室都会面向全体教师举办讲座，将案例撰写的意义、步骤、方法、格式等加以诠释，使老师们言之有物、言之有序、言之有义。三节案例评选，乐于参加的教师越来越多，写得越来越好。为此，学校特意请来项目组的专家对干部、教师进行面对面的指导，以提升干部、教师的写作水平。科研室在培训会上，也请参与项目案例评审的老师进行了案例展示与分析，引导老师们学会自我评价。在刚刚结束的教育叙事案例征集活动中，除了专家指导、培训，科研室更是一对一与老师们进行探讨，了解老师们的写作目的，了解老师的教育教学实践过程，共同梳理反思，进行多次复批。老师非常认真地对待案例修改，占用休息时间，反复修改两三次，甚至有修改四稿、五稿之多，十分令人钦佩。

案例最大的作用就是反观事件，反思促改，经过这样的案例写作，我校的案例写作水平整体提升的同时，更促进了教师思考"为什么"和"怎样做"，这在教师的教育教学实践中是十分宝贵的思维方式。之前提到的各次师德演讲、学科整合交流、课题研究分享、"聚"有魅力沙龙中也都有这些故事的支撑，这无异于证明，案例的撰写也一定会促进整体实践水平的提高。

而学校也即将开启下一个循环，为老师们继续搭建"让故事在校园流传"的平台，让好的故事得到经久的传颂。

三、课堂中落实，"平台"上推进，强化"和美"品质

"全面发展　学有特长"是中古友谊小学的育人特色，面对新的历史机遇，面对教育改革的要求，在项目组专家的指导下，学校经过多次研讨，规划出三条优质特色发展路径，即以课程滋养优质特色发展、以课堂促进优质特色提升、以活动焕发优质特色光彩。力求在课堂中落实，"平台"上推进，强化"和美"品质。

(一)以课程为主导的育人体系，滋养优质特色发展

与教改同步，中古正在不断完善"和美课程"的设置，这是学校办学理

念的体现，也是学校今后办学发展的方向。学校在课程建设方面既严格按照国家规定，开足开齐课程，确保课时，又根据学生成长的需求，结合学校发展的需要，在校本学科课程和实践课程建设方面有所开发和拓展。

语文阅读课程——从年级段学生的心理特点和学习能力入手，按照“自主阅读，积极分享—理解创造，勇于展示—积累品鉴，初步赏析”三个阶段，分级开展，层层递进，逐步培养学生运用语言文字的能力，提高学生的语文素养。

英语校本课程——根据自身教学及学生学习情况有选择地使用校本教材，分为“视听说”“故事”“综合英语”三型教学，充分体现“活动”“游戏”“综合”原则，拓展学生的潜力，拓宽课堂教学的空间，尊重学生的主体、主动地位，促进学生多元智能的持续发展。英语学科校本课程最大的改进是评价机制的改进，终结性评价由原来的区命题变为校内自命题。由于评价策略的改进，使我校英语校本教学及评价体系都有了全方位的变化，英语组所有老师利用假期时间迅速行动，在最短的时间内完成调整了各年级课程的评价标准，从语言知识技能到学习态度、学习积极性、创造性、习惯、兴趣和方法等方面进行综合等级评价。经过实际使用，此评价表相对容易操作，学生能够看到自己的进步，也能清楚地知道在哪一方面有欠缺，以及努力的方向，学生学习主动性有所提高。而且能够突显学生学习的过程性评价，利于学生日常学习习惯的培养。

电子琴课程——在音乐学习的基础上，三至五年级，学习校本教材《电子琴》的内容。课程体现“学中体验，合作中发展”，注重学生音乐素养的综合发展及实践应用能力，同时也得到了中学教研员的好评。

体育校本课程——体育组全体教师在专家的指导下，共同开发足球课程资源，根据学生实际情况，参考相关资源，因地制宜，开发并编制了我校足球校本教案，由各个年级的体育老师任教，并在课堂渗透实施，作为体育教学内容的补充。现在低年级段的校本教材正在校对中，预计年底出版发行。本学期，我校体育教师团队共同参与打造足球、篮球、田径等方面的游戏课程，设计脚本，并计划新学年开学初进行视频录制工作。

节日课程——为了让体育、艺术、科技教育能够科学有序开展，我们设计了体育节、艺术节、科技节三大节日课程，并且实行 1＋2＝3 模式。每年都设计和实施三个节日课程，但每年有一个节日课程为重点课程，其他两个节日课程为小型课程，实现了体、艺、科节日课程均衡发展和重点发展的统一。

兴趣课程——我校的课后兴趣课程丰富多彩，多年来，已形成了学生在校内依据兴趣特长自主选择、自愿参加的管理机制。我们现已形成艺术、科技、体育三大类兴趣小组，通过优质资源的导向配置，充分满足我校学生兴趣和特长发展的需求。

家长育人课程——学校邀请乐于为学生教授知识的家长进课堂，上讲台。各班家长通过自愿报名，自主选课，自主备课，经过学校审核后，家长就可以为孩子所在班级讲授一节课外知识课了。这也为家长提供了一个展示专长、与孩子们零距离交流与沟通的机会。

(二)以学生为中心的乐学课堂，促进优质特色提升

在课改不断深入的大背景下，学校遵循办学理念，致力于“以学生为中心学校”的建设。课堂，是学生在校生活最重要的场所，“和美”课堂文化的建设，自然也成为学校最为重视的部分。近三年我们的课堂教学的学习方式、学习内容、学习效果都悄然发生了变化。

开放课堂，给学生更多实践的机会。有的改变了教室的环境布局，给学生搭建小组合作学习的环境，方便学生交流分享；有的老师走出教室，借助学校、社会的更多资源来拓展学习空间，在课后教师都要组织学生反思自己的体验，从而提升自己的思维认识。

学生学习方式的改进也是构建乐学课堂的主要途径，倡导自主、合作、探究，教师多采用学生喜欢的情境教学、角色扮演、竞赛、游戏等形式，使课堂充满生机与活力。学生在我们的课堂中，不仅仅是问答、讨论与交流，还要在动笔、动口、动手、动脑的过程中，有思维的发展，有习惯的养成，有能力的提升，有方法的习得，有兴趣的培养、情感的提升和心智技能的形成。

每年学校都要开展以年级组为单位的主题性教学展示活动，包括分学科以科研课题为研究主题的教学研究展示活动和多学科融合共同探讨同一主题的教学研究展示活动。打破以往以学科研究为主、展示教研组研究水平的方式，变为以年级组为单位，多学科共同进行主题研究。如五年级的跨学科主题研究，各个学科共同围绕“长征”这个主题引领学生深入学习，使德、智、体、美、劳全方面得以发展。

“和美”乐学课堂的展现，得益于先进理念引领下的不断地创新和变革，课程改变课堂，课堂助力课程，我们将立足课堂，继续深入研究，实现学生持续发展。

(三)自主参与发展的活动模块，焕发优质特色光彩

按照项目组“建设以学生为中心的学校”理念，我校开展了丰富多彩的活动，使学生在活动中认识自己，在快乐中明白道理，在自主中学会做人，人人参与，人人精彩！活动也成为学生实践学科知识与能力的广阔天地，焕发着绚烂的光彩。

1. 乐学中点亮梦想

结合学校乐学的育人目标，在策划学生活动时，我们坚持以兴趣为基础，适合年龄特点，学生全员参与、体验，学有所得的原则，乐学中点亮学生在不同领域的梦想，给一个起点，使他们从今天的活动出发，远行。

(1)不一样的科技活动，学生成为大主角。

我们的科技节中有各项比赛，学生们积极地实践，大胆地想象，勇敢地创造，进入了和和美美的自主学习状态。会场的主人是学生，老师们从旁协助，需要时讲解，更多时间留给学生去操作、探索、提问、发现……别开生面的创客体验活动受到同学们的热烈点赞，他们离开了自己的座位、离开了自己的班级，围拢在感兴趣的实验旁边；到处看到的是小手不停地摆弄、看到的是因兴奋涨红的脸、看到的是渴望求知的清澈的眼眸。在同学们动手搭建、动手创造，或看或说或触摸或感觉的实践中，学会了简单的机械原理，学会了重力平衡，懂得了物质变化的化学现象，懂得了能量守恒，等等，在科学的世界里，同学们品出了科学的味，读出了科学的美。

(2)不一样的体育活动，学生动起来。

我校举办中古“友谊杯”足球节，呈现出班级联赛形成规模、人人参与形成系列的局面。学生展现出充满热情、充满朝气、充满活力，展现出“和美中古少年”的风采。为了队友的一次失误而相互勉励，为了给队友加油喊破了喉咙，甚至还为了彰显班级的形象自费购置定做了足球服和写满了鼓励与祝愿的横幅……在高参小项目的支持和协助下，我们与多所学校建立友好关系，经常性组织开展一系列的体育嘉年华活动。刚刚结束的大型亲子体育节，使学生们认识了正规的赛道，充分体验了体育活动带来的快乐，在活动中学生锻炼了技能，增长了见识。

(3)不一样的艺术活动，学生美起来。

为了给学生营造一个全方位的艺术氛围，把“和美”教育气息引入家庭，学校组织了两场家长学校的讲座：“不忘初心 方得终始”“国学教育 奠定孩子的人生底色”，从学国学，涵养底蕴文气、理解传统文化中，让国学艺术浸润童心。在校内，我们让学生按年度参与，感受中国文化中所呈现出来的艺术魅力：“中国传统艺术欣赏”“汉字之美”“书法艺术”“我爱吟诗”“插花艺术”“仁者无敌”“海昏侯墓的艺术发现”“学而时习之”。学校现已举办21届艺术节，通过艺术周、民族艺术进校园、艺术实践课堂、艺术讲座、艺术演出、个人作品展示、艺术沙龙等多种形式的活动，让学生感受和体验艺术的魅力。我校学生参与学校兴趣小组的参与率达 97.9%，兴趣小组有传统绘画、音乐基础、书法、动漫、朗诵等多个艺术类普及活动，很多学生因为长期参加小组的学习，已经从兴趣向特长发展，为他们未来的个人素养的发展奠定了很好的基础。在学校艺术教育活动中，各美其美、美美与共的画面不断浮现。举办“个人艺术成就”专场、小型歌奏会、器乐沙龙、艺术作品展等个人专场展示和演出，激发了学生的艺术潜能。

2. 熏染中滋养文气

由于中古是一所对外窗口学校，多年来注重礼仪教育，形成了自己独特的文化积淀。学校精心设计，不断潜移默化，熏染滋养着学生身上那独具魅力的健康、文雅之气。

树中古“和美”学生健康形象，让学生弓下去的腰板直起来！这是学校纠正“坐姿、走姿、站姿”的目的。结合学生在校的学习生活，我们首先关注了学生的书写，因为正确的写字姿势和良好的写字习惯，是写好字的保障，而且有利于学生的身心健康，将使孩子的一生受益无穷。学校安排了每日 10 分钟“笔韵时刻”的练字时间，在班主任老师的管理，以及书法、语文、数学、英语老师的指导下，学生对写字的重视程度提高了。在问卷调查中发现，全校有 66%的学生能认真对待书写，有 56%的学生自评书写有提高。这种改进在期末试卷中也有体现，语文、数学学科老师在期末阅卷时感受到了书写潦草、不认真的学生人数少了，一些孩子的字体和上学期相比有了明显的进步。在对我们的努力感到欣慰的同时，我们更感到了责任的重大。有 33%的学生有时能认真对待书写，有 45%的学生有时写字姿势符合标准。千方百计让这部分孩子认真写字、养成习惯就是我们的努力方向！学生良好的写字习惯形成了，细心、认真的写字态度和随之形成的优良品质，将会融入学生各方面的学习、生活中去。这种慢慢渗透、不断内化的态度和意志，对学生的成长，将是一笔不可缺少的财富。

3. 共育中和谐发展

“以人为本，至和至美”的理念引领着中古全体教职工投入教育事业，由原来的就事说事，到现在的策划育人，无私奉献、兢兢业业中还多了一份责任与担当。因此，“共育”“和谐”成为这里的风景。

每个生命主体的自我成长过程，就是一个文化传承和创造的过程。教育以协助每个人文化自觉为使命，从而实现文化的传承与创新。在中古人开展每一项工作中，我都深切地感受到一种文化的自觉，从每学期开学的准备开始，教师团队是引领学校文化的先行者；每一项活动的开展，年级组长是领航者，全体教师是践行者。如本学年我们在节日课程中，在体育节的大型活动时段，老师们上下齐心，全员德育在每一个老师身上都可以看到。

通过家长学校、家长会、家长开放日、家长课堂，形成家、校良好教育网络。创办《中古家校报》，通过宣传校内教育教学信息，开办家校互动栏目，促进学校、家庭相互协作，共同办好教育。学校有校级、年级、班级三级家长委员会，并在一至四年级实行家长志愿服务制度，学校与家长携手共同进行校园周边安全的管理。

此外，完善警校共建机制，聘请月坛派出所、阜外派出所的同志担任学校法治副校长，并到校进行安全讲座，开展消防安全教育，培养消防安全技能，通过广播、主题班队会、手抄报等形式，深化学生的法治观念，帮助学生提高自我保护意识和能力。与社区间开展文化活动，积极参与社区组织的文艺会演、故事会、科技作品展示、限塑教育等多种形式的活动，与社区、周边单位共同携手，为学生学习生活创设了广阔的教育天地。

总之，我校在 UDS 项目专家的引领下，在总结、挖掘、传承学校办学优势的基础上，促进了学校内涵的发展。在学校管理、德育、课堂教学、师生活动等方面，体现出以"以人为本，至和至美"为核心的办学理念。同时，在区域综合改革的背景下，我校也面临着新的挑战。随着我校办学规模逐步扩大，扩充了新的校区。在新的生源变化的冲击下，学校不断引入新的教师力量，有的已经是骨干教师，有的是新毕业的大学生。如何保持住中古已有的积极文化，同时还要兼顾、吸收其他外来文化的优势，进行学校文化的进一步发展，这是我校现阶段面临的巨大挑战。然而，挑战即机遇，我们全体中古人有理由坚信，我们"和美"的干部和教师团队，一定能够处理好未来所面临的新矛盾，在更大的机遇和挑战面前，继续将中古带向美好的明天。

（校长：雷燕琳；驻校专家：杨英）

在改进中变革，在变革中发展

西城区椿树馆小学

2017年我校有幸成为“基于UDS合作学校自主发展共同体建设”项目学校。三年时间里，我们在UDS项目组的各位专家引领下，坚持项目组“改进在日常”的工作理念，追求卓越发展，以“爱满校园，人人发展”的办学理念为引领，在自主发展的道路上不断前行。

一、加强“三划”制定，落实日常改进，促进学校发展

一所学校就是一个小的社会，发展规划的制定能明确学校发展的长期目标、实施路径以及每一位教职工的角色、责任。学校管理层一旦确定了管理活动的目标后，就要通过计划来使之具体化，落实各项工作时更要完善策划，并谋求管理系统的外部环境、内部环境、决策目标三者在动态上的平衡，实现管理决策所确定的各项目标。因此，项目组提出“学校因规划而长远”“工作因计划而扎实”“生活因策划而精彩”的“三划”能力建设目标，以促进学校的主体而整体的发展。为此，我们紧紧围绕“三划”能力建设，开始了学校从宏观到微观的全方位变革。

(一)以问题为导向，计划制订得翔实具体

我校领导班子参加UDS项目组假期培训后进一步明确：学校要做好工作，实现既定目标，关键要有一个源自校本的翔实可执行的工作计划。

我们认为，有指导意义的学校工作计划，可以提高工作效率。一是通过多种途径让学校各职能部门、全体教职工都清楚工作目标和工作任务后，可以调动大家的积极性，增加工作的统一性，防止盲目性、随意性。二是可以形成工作整体性。学校工作要形成一个有机的整体，必须遵循办校规律，学校的各部门工作应该形成一个整体，相互协调，紧密配合，使工作主次分明、先后有序，妥善安排轻重缓急，充分发挥其整体效应。三是可以合理使用学校的一切人力、财力和物力。对于学校来说，人力资源的浪费是最大的浪费，因此，必须按学校编制标准科学地配备工作人员，合理安排每一名教职工的工作，充分发挥每个人的作用。

通过学习UDS项目组下发的有关学校工作计划制订的相关资料，我校在制订工作计划时注意了以下几点。

导向性。制订学校工作计划时，首先要研究上级有关指示、决议、政策，领会精神实质，以此明确本学期的主要工作方向，确定中心工作的任务和要求。亟待加强的薄弱环节，进行必要的说明。

全面性。学校工作计划包罗了全校一学期工作的全部内容。应从指导思想、工作任务、具体目标、保障机制和措施等方面进行周密考虑，依次列项，以便眉目清楚，重点工作可集中叙述，做到重点工作突出、导向明确；常规工作安排具体，全面详尽，切实可行。

规律性。学校工作规律性是很强的，制订计划时应把重大节假日、大型活动、期末测评时间以及每月固定活动内容的时间安排好，便于教师日常工作的安排。

实用性。计划条款中，一切要从实际出发，要留有余地，反对把工作任务简单罗列堆砌。要着眼于学校的实际，突出学校计划的特色，考虑到计划实施的可行性。

针对性。对学校的方方面面工作，要进行深入认真、系统全面的调查研究。根据轻重缓急，要有针对性地安排与布置。一般来说，重要紧迫的工作应排在前面，可缓的安排在后面，委派适合的人选去负责执行相关的工作，科学地处理好重点与一般的关系，分项工作与组合工作的关系。

简明性。计划内容要简明扼要、明确。既不要议论，也不要叙述过程。只要把目的要求交代清楚，做什么？怎样做？什么时候做？做到什么程度？要言简意明写出。

期望性。计划制订后，要在执行目标上，提出希望和号召，并把草案交与全体人员讨论，在充分吸纳群众意见的基础上，补充、修正，使之更加完善，以成为大家共同的奋斗目标。

计划制订完成后，我们将以往由校长一人解读计划，转变为各年级组、教研组、班主任团队学习讨论理解计划，通过各个领域的内部学习分析，有针对地找到工作的落实点，同时每一位老师参与了多个团队对计划的分析、解读，更了解了计划“多个维度的规定动作和自选动作”，从之前的盲目跟从，转变为明确职责自主参与学校的各项工作。

(二)以目标为靶心，策划充分到位

通过参加UDS项目关于学校活动策划的培训，观摩兄弟校组织的多项主题活动，我们进一步明确：策划就是为了实现活动的目的，审时度势，提出新颖的策略(或创意)，并制定具体的实施方案的创造性活动。

我校往年的新生报到工作都是从怎样利于学校、教师开展工作的角度进行的，却从未从孩子的角度认真思考过新生报到工作该怎样做更好、更有意义。在项目组专家的引领下，我们认真思考，力争使一年级开学季有趣、有教育意义，能使孩子们对学校充满好感、幸福感，愿意上学，真的能在孩子的心中留下美好的深刻印象，成为一段美好的回忆。

老师们认真回忆自己的童年第一次入学时的心情，总结这些年来新生入学常常遇到的问题，结合儿童年龄特点和认知规律，我们设计了一年级开学季的活动方案。通过讨论、实际演练，查找问题反复细化方案。校长讲话、班主任的站位、背景音乐的选定、学生礼物的包装等具体事宜都逐一落实，责任明确，相互连接。活动当天在孩子们喜爱的儿童歌曲背景音乐的衬托下，家长陪同孩子走红毯、接受高年级大哥哥姐姐佩戴的红花、走过写有“我要上学啦”彩虹门的进校活动，“走过彩虹门，我就是小学生啦”。

开学季活动得到了老师、孩子、家长的高度认可。没有孩子再胆怯不敢进校门，都是牵着爸爸妈妈的手快乐地走在红毯上，在家长陪伴下，在红地毯上、彩虹门下幸福地拍照。孩子上学对于家长来说是一件很重要的大事儿，通过我们的改变，孩子们上学成为一件很幸福的事儿。家长全程参与了孩子们开学季的活动，全过程见证了孩子的入学成长，见证了孩子们的誓言。家长们纷纷发朋友圈儿，兴奋溢于言表。参与活动设计和过程的干部、老师们更是感受到来自家长的信任、尊重，更是被此时的气氛所感染，激动不已，责任感、自豪感油然而生。

活动中，高年级同学承担了活动前做红花、迎接新生戴小红花的任务。他们看着红地毯、彩虹门充满了羡慕，高个子的男生为一年级小同学佩戴红花时也是极其认真、温柔的。在活动中他们收获了成长与责任，学会关爱与呵护。

我们依据学校工作计划对各项常规工作都有具体的策划，包括新一年级家长培训、科研培训、班主任工作培训、学生文明习惯培养、运动会、艺术节、工会活动等，并成功策划召开了学期工作总结会、读书分享会、党的专题组织生活会、新党员发展会、青年教师拜师会、教学研讨会、新年联欢会等。现在，活动策划已经成为干部落实日常工作的必不可少的一个环节。干部的全局意识、统筹安排、组织协调能力得到培养。

(三)以总结提升为目标，形成工作闭环

通过 UDS 项目的引领，我们更加关注让总结发挥更大的提升引领作用，我校每项工作的开展都有计划有过程有总结。

在学校的日常教育生活中，有很多例行性的教育活动，如“六一儿童节”“校园节”等。这些活动具有丰富的教育意义，带给学生们无限的欢乐。同时，因为这些活动每年都搞，也给组织者带来挑战：如何让活动常做常新，不断在原来的基础上加以改进？项目组专家提示我们要及时总结，持续跟进，这样才能形成发展的上升螺旋。

“科技节”是我校特色活动之一，内容丰富，引领着孩子们积极投入科技节各项活动中。科技节开幕式上最受同学们欢迎的科技表演带给全校师生强大的视听震撼。其中会跳舞的机器人，在金融街科技馆周仁老师的编程和指挥下，随着动感十足的音乐，十个人形机器人动作整齐划一、步调一致，时而舞动手臂，时而旋转跳跃，时而做起了灵活的前滚翻，时而演绎着充满时代气息的劲歌热舞……孩子们被深深吸引，为机器人表演的高难度舞蹈动作欢呼雀跃、鼓掌点赞。低年级小学生则按捺不住对机器人的喜爱，情不自禁地走到机器人面前想要看个究竟，更想和这些人形机器人成为好朋友。“神奇的科学实验室”更让在场师生惊叹不已，科学刘红伶老师带领着五年级三个学生分别进行了“会跳舞的泡泡”“大象牙膏”“泡腾片熔岩灯”有趣的科学小实验的展示，师生由衷地为他们的表演点赞，台下观众在三位科技小博士的介绍下，了解着科学实验中蕴含的科学原理，他们争先恐后地参与互动，进行体验。

我们在行政班子总结会上认真反思这热闹的场面，因为孩子们的热情空前高涨，都想上前看个仔细，好奇心战胜了纪律要求，场面一度有些失控，低年级班主任拉回了这拨儿同学，那拨儿又跑过去了，高年级同学遵守纪律，但因为距离舞台远，机器人的表演和小实验有看不清楚的，也有因大家身高差不多前面同学的遮挡看不见的，有些遗憾，进而也就影响了活动的预期效果。怎么避免这些问题呢？经过总结反思，我们认为，在设计活动时要考虑更全面一些。比如请学生拉开适当的距离坐在操场上，避免大家相互遮挡视线；把机器人表演的舞台再搭高一些；租一个大屏幕(要考虑资金投入)。这也再次提示我们活动设计考虑问题要全面。

“椿之声”新年音乐会是我校艺术团成立之后每年师生迎新年的主要活动之一。师生非常喜欢每年一届的新年音乐会。新年音乐会不仅给校队各艺术团组的学生搭建了展示的平台，而且使全校师生共同感受了艺术的魅力。

音乐会后，我们班子成员、班主任、艺术教师又认真观看了音乐会录像，各个部门边看录像边评议思考，每个环节都有哪些问题，应该怎样改进等，从舞台背景大屏幕的应用、音乐的切换到舞台的调度，从学生观众礼仪培养到艺术欣赏的常识教育等，都提示着我们活动应再精心设计，考虑再全面，更应调动教师的全部力量，在这个舞台上也应培养我们的教师们。

学期结束，进行工作总结，这是常规工作，其意义在于让教师在回顾梳理的过程中积累经验，使将来的工作得以更好地开展。可实际效果呢？我们将本学期教师的总结进行了“变脸”，组织了以“我们共同走过的2019”为主题的年度总结活动。

(1)明确目的，确定形式。

本次总结活动旨在帮助教师正确认识学期总结的意义，梳理一学期教育教学典型事例、提炼经验，为新学期有效地开展各项工作奠定基础，同时促进教师间相互了解，相互疏导，形成积极、团结的教师队伍。

(2)细致策划，分层实施。

为了保证总结活动良好的进行，学校在元旦联欢活动时就尝试开展了团队形式的趣味游戏，使教师们在轻松的活动中接受这一活动形式，体验合作、愉悦、热烈的团队活动氛围。活动开始之前的两个星期中，学校根据教师的性格特点、年级教师情况，分别与重点教师、组长进行了前期的沟通，使他们对总结活动有心理准备、材料准备。前期沟通中我们解决了一个问题：该抓什么来讲？工作亮点明显的教师就不用发愁，新教师会显得慌乱，工作平平的教师不知从何说起。我们就逐一地进行提示，引导老师把自己当作故事的主角，发现故事的主旨，有省察地表述自己的教育事例。

(3)营造氛围，及时疏导。

总结活动开始之后，主持人利用数据讲述了本学期学校的发展，使教师们对学校整体的变化有了更具体的了解。每一个变化和发展都与学校的各个岗位的尽职尽责、每一名教师的辛苦工作密不可分。

在说明总结安排及要求之后，各组教师积极行动起来，每一位教师都审视自己，反观自己，找出自己身上可以言说的亮点与困惑。就班级工作而言，有如何与问题孩子斗智斗勇的，有如何建立班级文化系统的，有如何与家长成为盟友的，有如何关爱弱势孩子的，有如何处理班级微信群突发问题的……就学科教学而言，有如何减少错别字现象的，有如何以游戏教学促进学生数学思维发展的，有如何开展情境教学的……每名教师都在组长的组织下，书写了自己的总结核心词，在设计讨论纸版面环节老师们的热情高涨，有的充分发挥特长，有的到别的组考察借鉴，有的梳理总结小组汇报内容。会场被老师们的积极、合作、欢乐的气氛点燃。

(4)积极展示、总结激励。

展示交流环节之前，我们将展示顺序安排变换成为大家非常熟悉的“猜拳游戏”。这一环节再一次将活动气氛推向高潮，给交流展示的老师们创造了一个轻松、欢乐、包容、热烈的平台。

在职业倦怠高发的情况下，用什么去激发教师的工作热情？当我们越来越多地沉溺于琐碎而平庸的日常教育生活之中，如果我们不能从中找到生命的意义，那么，工作就会成为我们生命之中不能不承受的一种沉重的负担和压力。这时候，学校管理者就需要去更多地创设适合心灵释放与成长的空间，让老师们以他者的姿态来反思回味自己的教育生活经历，立足日常工作，又能从日常工作中超越出来，提升自己的工作意义与质量。

二、推进项目理念，促进学校工作变革

在项目组行动研究范式的带动下，学校的领导团队打破以往定势，注入创新思维，不断改进优化，在计划的整体布局下，借助一个个生动、精彩，富于实效的策划案，重构日常教育的生活空间。

(一)变革管理模式

随着学校办学规模不断扩大，年级组作为学校管理的基层组织，在学校管理中发挥着重要的作用。正是看到这一发展趋势，学校领导班子在UDS项目专家的指导下创设了以年级组建设为途径，双组长管理制为手段，以自主协调、统一管理为模式的学校管理工作结构。我们每个年级组设置了行政、业务两个组长。组长不只是完成上传下达的工作，更要体现出他们工作的创造性，培养其创造管理才能。本学期各年级组长策划并主持了本年级家长会，从中我们看到了各年级组长的工作热情和巨大能力。活动后，我们召开了年级家长会总结会，各组长在全校教师大会上做总结，反思工作，为下一步工作积累了宝贵的经验。

2019年5月，我校召开了四场别开生面的年级家长会，各年级组组长组织教师集体讨论，结合本年级学生特点、本学段学生的一些共性问题、本年级重点工作明确家长会议题，选择聘请的专家，沟通专家讲话的主要内容、互动方式等，使家长会更具针对性和实效性，受到各年级家长的广泛欢迎，同时家长会主题的多元化进一步丰富了我们家校共育的研究课题。其中三场家长会我们分别进行了网络直播和重播。一年级家长会重播点击率1 208人次，二年级家长会直播和重播累计点击率达到3 276、4 536(共7 812)人次，三、四、五年级家长会直播和重播累计(2 283)人次。家长会上由青年组长和青年教师主持，青年教师和组长的精彩展示也

是可圈可点的，非常好地展示了我校良好的教师形象和组织能力，四位年级组长代表在学校召开的家长会总结会做总结，汇报了家长会怎样选题、活动效果、组织过程中应注意的问题等，德育干部郭主任以《聚年级之力促家校共育》为题，从“需求调研，精准供给”“组内研讨，精心规划”“家校互动　方向引领”“积极反馈，反响强烈”等方面进行全面总结，鼓舞了年级组工作的士气和自信心，同时又是一次对开展年级组工作的培训。后续我们会将这些宝贵的教育资源在学校家校共育平台中进行上传，通过不断的积累，促进教师发展，使学生家长受益，在创新家校共育模式与实践中，办家长满意的学校，促进学校育人品质的整体提升。

(二)提升干部管理能力

通过参加 UDS 项目的培训，促进了干部个体工作的反思，改变了学校现有中层干部的工作思维模式和工作策略，增强了干部自我发展的责任意识与角色意识，提升了中层干部组织策划能力与计划能力。各位干部分别以教研培训、升旗仪式、运动会、科技节、新年联欢会这些日常主管工作为载体，发挥主动性、自主性，精心策划、研讨、布置，使活动组织出了新意，引领着学校面貌发生着无声的变化。可以说干部队伍是在项目引领下，在具体工作中成长着。

(1)完善学期计划，思路清晰，措施有效。

在 UDS 项目专家杨英校长的引领下，各部门干部在制订计划时认真思考各项工作的针对性、可行性、实效性，并将每项活动进行了细致的任务分解，细化落实的标准、具体时间、执行人、责任人，并在开学初就下发给老师，使每位老师对学校总的学习目标有统一的认识，对每个部门每一周的具体工作内容有清晰的把握，老师们说：“有这样的细致安排，我们可以提前做好准备，减少随意性，使工作更有效，即使有临时性的工作也不会打乱学校日常的教育教学秩序。”

(2)推进活动落实，目标明确，注重过程。

以主题研究为核心的德育工作，认真进行各项德育活动的策划、执行，在过程中推进班主任队伍建设，培养学生综合素养。

德育干部组织班主任进行活动的设计、筹备，调动班主任的自主意识，确保每一名班主任都在德育研讨过程中承担任务。开学初，德育干部就与班主任进行了各主题活动的研究，使老师掌握各项准备工作的要求，明确自己的分工。利用每周的班主任例会与班主任进行细致的沟通，把握活动的落实情况，及时统筹活动的进程，确保了每一项德育活动在日常教育教学过程中得以落实和渗透，使得学生在每一项活动中获得成长。

本学期通过召开“班主任带班育人方略”主题沙龙活动、“魅力德育，美丽绽放——2018年学校德育研讨会”“孩子，把你的手给我——读书交流会”，进一步巩固了班主任专业思想，促进了班主任队伍的专业化发展。

(三)畅通家校沟通渠道

鸡蛋由外打破是死亡，由内打破是新生。真正的文化变革必须要建立在学校内部主体意识的觉醒与生命力的勃发之上。学校内部成员对此常常处于熟视无睹之中，很难进行自我问题发现，进而自己从内打破和改变。因此，学校变革就需要借助外力，形成多主体参与的合力，才能撬动变革。

随着生源变化，我校现在家长受教育的程度很高，博士、硕士是普遍学历，他们对教育的需求很高，对教育也很有自己的理解，经常因为一句话与老师要沟通很长时间，提出自己的想法和见解，甚至否定教师。这给原本教育教学工作繁重的教师们增添更大的心理压力，有的青年老师在与家长沟通交流时产生了畏难情绪、倦怠；有的老师觉得自己是弱势群体了，做事瞻前顾后；也有的老师对家长避而远之。这样的局面必须改变，否则教师失去自信心，工作的热情逐渐降低，直接影响到学生的发展。

为此，我们把这项工作当作首要任务进行研究解决，通过开展调查研究，帮助教师找到自信，找到解决问题的策略。

学生家长受教育程度高，事业有成，因自身成长的经历对教育孩子更是有自己的独到见解，对于学校、教师提出的教育理念、要求提出疑问。加之家庭教育面对的是一个孩子，每天只关注自己孩子的情况，家长很难理解学校教育的情况。

面对家校沟通的新情况，教师只考虑到家庭教育环境有所不同了，但是对家长对学校教育的质疑没有心理准备。当面对家长的质疑，教师没有及时调整心态予以良好的专业引领，造成情绪不稳，在多次沟通不妥之后甚至出现了失去专业自信的现象。这说明教师心理承受力和调节能力需要不断提高，以应对新问题；在新理念学习方面确实不够，不深入。

分析出问题出现的原因之后，当务之急是使教师树立自信心，不忘初心，安心育人，坚持用爱感动学生，感动家长。在杨英校长的指导下，学校党政工团联合开展了“做最美西城教师”系列活动。演讲中，老师们一个个感人的故事，一件件具体案例的描述，诠释了自己对教育、对教师的理解。教师们以充实的内容、饱满的激情、生动的语言，讲述着对师德师风的深刻体会和感悟。师德讲演活动，促进了教师职业道德建设，充分展示广大教师爱岗敬业、无私奉献的精神风貌，弘扬教师教书育人、为人师表的责任感、使命感。通过讲演活动，教师们形成共识“最美”——爱，爱学生、爱工作、爱生活等。党支部书记做《细微之处见暖暖的爱》的演讲，以生动的事例、随机拍到的温暖人心照片、家长的感谢信等，积极肯定教师们爱岗敬业的信念与行动，家长能感觉得到教师对学生的真爱，引导教师一定要走进孩子的心里真正懂孩子、包容孩子，站在孩子、家长的角度思考问题、解决问题，这样就不会只看到家长对教师的指责，能理解家长的所思所想，利于工作的开展，利于与家长的沟通。接着学校继续开展“寻找身边教师的最美”征文与摄影活动，引导教师对“爱”的思考，真正做到“爱满校园，人人发展”。教师们表示一定秉承“爱满校园，人人发展”的理念，扎扎实实做好本职工作，传播正能量，努力做好学生们的“领路人”，不忘初心，牢记使命。

通过一段时间的问题跟进式管理，教师们能正确面对家长的意见，同时得到家长的理解；接纳并分析学生的行为表现、心理特点，开展适合年级学生的教育活动，又找回了工作的自信心和乐趣。

三、促进教师队伍建设，全面提升教育教学质量

教师队伍建设是对教师队伍及教师所从事工作的关系进行的管理。教师队伍建设的职能就是要谋求学校与教师之间、教师与学生之间、教师与教师之间以及教师与教育教学工作之间的相互适应。因此，我校在 UDS 项目组指导下，开展了“以人为本理念指导下的教师队伍建设研究”。通过一个个精心策划的校本培训活动，调动教师的工作积极性、挖掘教师的内在潜力，来促使教师更有效地履行教书育人的职责；促进教育事业的发展的同时，促进教师自身的发展和人生价值的实现。

(一)发挥骨干教师示范引领作用

骨干教师的示范引领是学校教师队伍建设的重要环节。我们通过策划，继续落实骨干教师校级带头人示范课校内教研活动。活动中，上课的老师们通过用心细致的备课、精彩的语言组织、严谨的授课结构和有趣的师生互动，展现了我校教师以研促教、打造高效课堂的教学理念。

在校带示范课中，王晶华老师以生动有趣的课堂语言和多样的组织形式，为一年级的小同学讲授汉语拼音 g k h；二年级的王勇老师，让学生通过自主探究的形式，发现数学“搭配”的方法，同时培养学生自主学习的能力；三年级赵海燕老师，深入浅出地让学生对周长有初步的认识；英语满运捷老师将教师的讲授与学生的口语练习相结合，让学生熟练掌握 *What can you see?*；体育老师张欣为六年级讲授蹲踞式起跑，获听课老师广泛

好评。

(二)为教师提供专业发展平台

我校一直以培养学生阅读能力为研讨主题。研讨会给学校师生提供展示的平台。

三年级组承办本学期题为“从小培养阅读兴趣，养成阅读习惯”的研讨活动。三年级组长段老师做主持人，老师们在会上各抒己见。于秀军老师交流了她在数学绘本阅读方面的体会与做法——绘本中生活化的故事情节与生动的图文呈现，使学生不仅能产生兴趣、持续高度的专注力，并乐于探索与联系数学绘本中隐含的数学知识，产生强烈的学习动机。张旭老师对培养学生阅读兴趣和习惯也是做了很多研究和老师们一一分享。她抓住典型，树立榜样，营造氛围，带动读书，为学生搭建舞台。她召开了以“我阅读，我快乐”为主题的班会，让学生展示自己的读书单、自己制作的阅读小报，并通过看图猜名著、猜成语、诗词大会等有趣的游戏展示阅读的成果，感受读书的快乐。通过晒晒我的读书单环节，很多孩子看到了其他同学是怎样读书的，激励他们学习。

我校各个年级、各个学科的所有老师都在潜心研究提高学生阅读能力的策略，并积累了许多宝贵的经验，切实把阅读研究落在实处，争取更多的研究成果，以促进椿小学生的全面发展。教导处倡导老师们带头说规范化、写规范化，带头和学生一起阅读，努力提升自身素质，为学生终身发展服务。

为了做好小学与初中的衔接工作，使学生更好地适应初中生活，开展了广通教育的教科研，数学教研组进行了“提升小学生数学学习力的课堂策略研究”课题研究。在研究过程中，各年级段教师根据问卷调研分析的问题，制定小专题研究，并在课堂教学实践中不断探索适合学生的教学策略、方法，使学生在数学学习中养成良好的数学思维品质、习惯，促进数学学习力的提升。

学校还分阶段开展“小中衔接的实践研究”，让学生、家长了解初中学习情况，让高年级学生提前了解初中生活，学校会在每届五年级伊始，进行第一阶段的小中衔接课程——“合格的小学毕业生应具备的能力”专题讲座。本次课程特地邀请了原15中副校长何秀华老师到校给家长们做专题讲座。向大家介绍了初中的特点，并从学生心理、学习方式、课程设置、课程学时的变化等方面介绍了衔接与过渡期的注意点以及可以采取的准备措施；详细介绍了处于中小学过渡期，学生在学习、教育上的表现，以及身心方面的转变，并为家长们提出了相应对策。科学的方法、踏实的作风、执着的信念，传经送宝为椿小孩子顺利进入初中生活铺路搭桥。

(三)运用教育叙事促进教师专业发展

UDS项目专家团队带领我们对以教育叙事案例为载体的学校改进和教师发展之路进行了持续的探索。我校选派干部教师参加了项目组的专题培训，并结合学校教师队伍情况，对撰写教育叙事的培训、评选活动进行了精心设计。

实例解读式培训。通过对两篇优秀教育叙事的解读分析，使教师对教育叙事的特点、结构要求有了清晰的认识。

现场操作式培训。充分调研老师想写的教育叙事构思，在培训中选取典型事例进行撰写辅导，使教师明白在撰写教育叙事时事例要：真实、具体；背景介绍清晰简明；问题成因分析有依据；问题解决的过程要有理论提升；理论提升可以通过找关键词、找理论来源，结合具体案例总结出措施方法。

问题解答式培训。通过前两次的培训，老师们已经初步尝试完成一篇教育叙事，在第三次培训中，教师将撰写过程中遇到的问题提出，教师分组讨论，如果在分组中有不能解答的问题，就提交培训者进行统一回答。

交流分享式培训。每次教研组活动之前的十分钟为教师叙事分享时间，教师在分享叙事的同时，要讲解叙事撰写的过程，使老师们再一次深化对教育叙事的认识，激发了老师们写教育叙事的积极性。

叙事，改变的是教师的职业状态，提升的是教师的专业素养。每一位教师都是一座富矿，只要善于挖掘。当叙事成为工作中的一部分，意味着我们的教师会保持一分敏感，随时留心关注、充分关注工作中的故事及其细节，意味着对自身职业生活的不断探问、反思和观照成为一种新常态，意味着叙事成了教师改变自我日常生存状态的契机。教师从中收获到都将更快地促使他们成为一个更专业、更幸福的教育人。

(四)为青年教师成长助力

1. 低起点，细提示，让新入职教师尽快适应学校的教育生活

学校面向新入职教师举办内容丰富的讲座，根据专题内容聘请讲座人，有学校的干部、本校首席班主任、经验丰富的老师和外请专家等。

新毕业的大学生尽管刚刚离开学校，对学校生活是熟悉的，但是他们熟悉的是学生的生活，对教师的工作生活是不熟悉的，甚至是不清楚的。为使新入职教师尽快适应学校的教育生活，学校制定了新入职教师的培养方案和青年教师发展方案，并制订学期工作计划，具体的工作措施保证了方案的落实。

(1)培养对学校文化的认同感。

学校文化是一所学校重要的表现特征，是学校教育资源凝聚和生命力的源泉所在，是教师与学生发展的深厚土壤，是学校精神的继承与发扬。新教师也只有认同学校文化，才能尽快融入学校文化，才能在学校积极组织的教育教学活动中潜移默化地影响、培养学生对学校文化的认同感，秉承学校的办学理念发展学生、发展自己，努力实现办学目标。所以在新教师入职后，在新学期开学前，校长为新入职教师宣讲学校文化，包括学校的校史、办学理念、办学目标、校徽、校歌，以及原有教师对学校文化理解的文章、语言表述等，使新入职教师对学校的文化有初步的了解，然后在学校教育教学活动中更能体会理解学校文化，爱学校的文化，增强组织的凝聚力。

(2)树立依法执教的观念。

新入职的教师对国家的教育法规有一定的了解，这在考取教师资格证时会涉及一些，但对于很多市、区的教育教学文件不了解，甚至一无所知，这样在学校教育教学中会有茫然的感觉，也会有错误的认识和做法，甚至一厢情愿地为孩子好，做出违反师德的事。本学年根据我校近几年对新任教师必须要掌握的内容的提炼，编写了《新入职教师培训材料汇编》，通过集体学、自学相结合的方式组织青年教师学习教育法律法规相关文件，包括《师德规范》《西城区教师行为准则》等，重点解读《课程计划》《学科改进意见》、减负文件等，使新入职教师明确依法执教的重要性。青年教师对国家的教育法规，市、区的教育教学文件有一定的了解，但是真正入脑入心，内化成自己的教育教学行为还需要不断加强学习、反思等。引导青年教师研究教育规律，遵守教育教学法规制度，做到依法执教，这是师德培养的前提。

(3)规范学校生活的行为。

在正式入职一月后，结合实际工作情况，向新入职教师提示日常工作中出现的问题及可能出现的问题，如教室卫生问题、收听收看校园电视广播情况等。在班主任例会中用案例的形式呈现问题，引导教师们积极讨论解决办法、应注意的事项，等等。现在的青年教师不擅长处理同事间的关系，经常会成为被动的被服务者，经常被年长的同事批评不懂事，所以在我们的培训讲座中还有如何处理好同事间的人际关系、怎样与家长沟通等内容。

2. 高站位，找定位，名师导航明确努力的方向

从我校教师队伍整体工作量和年龄结构来看，新任教师通常都会做班

主任，所以我们通过全员培训和针对班主任的队伍建设，在学习培训研讨分享中统一教师的思想认识，整体提高青年教师的理论水平和工作能力，促进青年教师的专业化发展。

近两年来，我校集体培训和班主任培训聘请的专家和主题讲座内容如下。

表1 椿树馆小学2017—2018年校本培训一览表

参与人员	培训主题	培训专家
全体教职工	做一个完整的人，获得持久的内动力	教育学心理学专家侯玮
	朗诵的魅力	UDS项目专家李文华
	全员德育与隐性德育	北师大教授班建武
	家校协同育人	德育专家朱洪秋
	教师心理健康辅导	教育学心理学专家侯玮
班主任（含青年教师）	如何提高班会实效性	教育学心理学专家侯玮
	《正面管教》导读	德育专家朱红秋
	班主任日常应急情况处理	郭智伟主任和首席班主任
	三阶段四环节班级家长会方法指导	郭智伟主任
	师德故事大家谈	各位班主任老师
	《夏山学校的百年故事》读书交流会	各位班主任老师

对青年教师的培养都是先校内培养，两三年后再请专家提高。这学期我校尝试对即将入职的新教师直接由专家进入高位引领，这也源于教委为我校聘请了一位科学学科的专家来校指导科学学科教研活动给我们的启示。于是我校在期末阶段就针对即将入职的青年教师开展了三场活动，第一场是侯东芬老师的《重新开始、从心开始》讲座，第二场是UDS项目组杨英校长《做最好的老师》，第三场是首都师大杨朝晖教授和青年教师读《尼尔，尼尔，橘子皮》，谈成长的意义，理解“人类灵魂工程师”意义。

通过与专家、优秀教师的对话，引导青年教师理解生命的意义、成长的意义，树立尊重学生、关爱学生的教育理念，共同面对学生学习和生活中遇到的挫折和困惑。他们对教师职业有了更加深刻的认识，为快速实现教师角色转变，尽快提升教育教学、班级管理能力，打下了坚实的基础。从一入职，青年教师看到的、感受到的就是高水准的工作要求和工作状态，目标是高水平的。心有多高，路就有多远。我们相信在以后的教育教学中新教师们一定会高标准完成各项工作。

青年教师是学校发展的新动力。为推动青年教师的专业化成长，为学校可持续发展积蓄力量，在青年教师展示课活动中，来自各年级各学科的青年教师带来了11节风采课。

学校对本次活动进行了更加细致的策划安排，提出了明确的要求，并制定了《课堂评价表》。各位青年教师在活动中认真研究《课程标准》与学情、细致分析教材、精心设计教学环节与教学问题。同时，主动邀请同组教师参与教学设计，并向有经验的老教师虚心求教。青年教师和师傅一起对每一个知识点、教学环节反复探讨、修改，不仅使参加展示课的教师收获颇丰，而且让参与研讨、观摩的教师也受益匪浅，我们看到了青年教师的快速成长。

我校在2016年接受了区教委委托课题“小学数学教学培养学生学习力的策略校本研究”。经过干部和数学组教师三年的努力在去年底已经结题，但我们想把研究进一步扩大到全学科中，使每一位老师都从培养学生学习力出发，改进课堂教学，促进学生的发展。于是我们在行政会上统一意见：通过开展“小学数学教学培养学生学习力的策略校本研究”课题结题汇报活动引领全体教师进入，同时引领青年教师发展，树立青年教师追求卓越的思想意识。会前，我们多次研讨会议议程，多次讨论、研磨课题汇报课。校长、副校长、教学干部、教研组长和青年教师一起研究活动方案，带领青年数学教师在专家的指导下准备研究课，同时和UDS项目组驻校专家杨英校长沟通方案、改进方案，思考邀请专家等。在会前，又召开预备会，安排会务的具体细节：签到、照相、录像等。

本次活动邀请UDS项目组的教授、专家到会并做点评。研讨会上，谢蓉副校长做结题总结汇报，青年教师丁育仙和五年级(2)班的同学们带来的一节《3的倍数的特征》的现场课，课后各学科老师结合科研课题进行热烈的研讨发言，专家对该课题给予了非常高的评价，同时指明了该课题在学科课堂教学中的发展方向。会后我们班子成员和授课教师及时进行了讨论，明确了下一步的工作。

四、丰富活动内容，创新育人模式，促进学生素养提升

学校改进目的是一切为了学生的发展。项目坚持“学生第一，育人至上”的指导思想，倡导“建立以学生为中心的学校”。在这一理念的指导下，我校开展了分层次多样化的德育实践活动。

(一)建立养成教育评价机制激励学生好习惯的养成

共育班级梦想树。各班展区有班级梦想树、有班级荣誉评比栏、有班级文化展板，每个学期开学初，学校都会组织各班开展共育班级梦想树的活动，每个学生设计新学期梦想卡，并填写新学期最想实现的梦想，创设良好的共育好习惯的氛围。

评选各月“行为规范小标兵”。每月学校都会结合《小学生守则》《小学生日常行为规范》学习践行活动，开展“行为规范小标兵”的评比活动，并利用周一升旗仪式为各班的“行为规范小标兵”颁发奖状，小标兵的事迹在班级交流并在文化展板中进行展览。

班级荣誉栏评优活动。成立红领巾监督岗进行楼层巡视监督活动，发挥小干部的作用。监督内容包括课间活动情况、听广播情况、班级环境卫生情况、做眼保健操情况、文明礼仪情况、爱护校园环境情况。带班领导和辅导教师及时汇总每日学生在校情况，结合红领巾监督岗评比情况进行汇总，期末对学期全优班级进行表彰发奖。

(二)树立正面典型促进学生好习惯的养成

晒晒我的好习惯。利用班队会时间开展班级学生晒晒我的好习惯活动，再将各班事迹突出的学生推荐到学校，利用校会时间召开好习惯晾晒会，通过树立好习惯典型发挥伙伴资源的示范引领作用，促进更多学生的自我管理和改变，形成更多的好习惯。

在评优活动中树立榜样。每学期末各班推选出各项活动中表现突出的学生，竞选文明金质奖、银质奖章。候选者要对自己在全校面前展示自己在本学期活动中的收获、体会，全校学生进行投票，获奖者将在学期末结业式上进行表彰。学生在总结、聆听、评选的过程中，班主任引导他们了解他人的优点，分析自己的不足，向榜样学习。

(三)特色活动挖掘区域资源，培育“非遗小传人”

丰富“非遗小传人”课程文化内涵。学校为全面弘扬中华民族优秀传统文化，将传统文化内容纳入学校的课程体系中，开设国画和书法课程。将传统文化节日引入学校综合实践活动课程，感受节日文化的美，如中秋节、元宵节、清明节、端午节等。师生一起做月饼、画风筝、放风筝、包粽子，了解文化，感受文化，提高学生对民族传统文化的自信心。

将中华传统游戏活动引进班级课间活动。每学期学校都会召开课间游戏推介会，德育、少先队、体育、木工学科教师一起研究活动方案，引导学生开展文明有序的课间活动，已经普及了华容道、七巧板、九连环、鲁班锁、跳皮筋等中华传统游戏活动。学生们研究益智玩具的历史、意义、玩法及发展，了解了游戏蕴含的故事等，学校为各班配备中华传统益智游戏。通过游戏推介会，孩子们将连环画、翻绳、跳房子、编花篮、跳皮筋、踢毽子等游戏进行分享，孩子们在活动中了解中华传统游戏的文化，养成文明开展课间活动的好习惯。

非遗文化进校园体验活动。我校近几年每学期都开展一次不同形式的非遗文化进校园综合实践活动，让每一个孩子不出校门就可以与艺术家零距离接触、与艺术文化零距离接触。如杂技、皮影戏、戏曲等进校园，同学们得到了美的熏陶，深切地体会到我国劳动人民丰富的智慧，感受到了中华优秀传统文化的艺术魅力。

传承传统文化学做美德少年。学校开展了以“弘扬传统文化学做美德少年”为主题的社会实践活动，来到位于顺义区南彩镇的河北村民俗文化体验园深入体验非遗项目，通过观看舞龙舞狮演出、互动体验、手工制作、科举考试等丰富多彩的课程，让每一个学生在亲身实践中对中华传统文化和非遗文化赞叹不已！在非遗手工制作的课堂上，学生们不仅学习非遗技艺，更是把传承传统文化做美德少年内化于心，外化于行。孩子们在活动中认真学习、积极体验、快乐传承，意犹未尽。回到学校后，在班级中进行任务单的交流，将自己绘制的活动小报，绘画作品，活动感受在全校进行分享。活动充分发挥实践育人、活动育人的教育功能，面向全体，开展有层次多元化的主题教育活动，能够促进小学生对中华传统文化的认知和感悟，通过亲身体验丰富多彩的非遗项目，激发了每一个小学生的文化自信，不断树立做“非遗小传人”的责任担当意识，让中华传统非遗文化根植于每一个小学生心中，发芽开花结出更加丰硕的果实。

三年，在学校的发展历程中是短暂的时光，但是我们有幸在这三年中与 UDS 项目组的专家、领导相识相知。专家深入学校，调研分析学校现状，从多个维度给予细致的指导与帮助，以“成长自我，成就他人”的理念促进学校成长发展。在未来前行的道路上，我们会继续将“改变在日常”作为我们的学校文化自觉，让师生成为学校的发展主体，助力学校持续发展，走向更美好的明天。

（校长：李晟；驻校专家：杨英）

项目伴飞助发展　奋楫定远提品质

西城区顺城街第一小学

2017年，学校有幸成为"UDS项目"第四期项目校。从初期的全面介入与诊断开始，三年来，我们先后多次走进集学习研修和工作推进于一体的项目组"工作坊"。在专家的引领下，潜心学习专业发展理念，学习先进经验。在项目组倡导的"学校因规划而长远""工作因计划而扎实""生活因策划而精彩""改进在日常"等自主发展理念中，审视自己，改变自己，超越自己，进行日常文化变革的探索；通过反思性学研文化的建立，学会在习以为常中反思定势，学会在交流碰撞中获取思路；以学期工作计划、实施和总结为依托，实现发展的螺旋式上升，使学校走上可持续发展之路。

在项目的伴飞下，今天的顺城街一小在继承与发展中开拓创新、与时俱进，不断更新教育理念，提升教育品质，百年老校焕发出新的活力，以崭新的姿态迈着坚实的脚步走在成长与发展的道路上。

一、撬动思想，催生变革，促干部团队发展

干部团队是学校组织的核心力量。团队秉承的教育理念、教师观念、思维方式等对学校的整体发展起着至关重要的作用，是学校发展与质量提升的前提和重要保证。因此，工作中，干部团队把项目组提出的"成事、成人、成己"的理念当作发展目标和工作目标，立足学校、教师、学生发展实际，不断提升"'三划'能力"，强化"问题意识"和"自我反思意识"，深化实践研究，充分发挥所在领导位置的应有职能与功能，领导带动他人的能力与能量，凝心聚力，形成工作合力，共同推进学校发展。

(一)传承校史精神，构建文化体系，彰显学校特色

文化是引领学校发展的重要力量，是一所学校的发展历史、价值追求、精神面貌、特色灵魂和核心竞争力的集中体现，也是学校内涵发展、创新发展和可持续发展的内在动力。我校作为北京最早的公立小学之一，曾承载着清政府北洋水师的强国梦，代表着北京启蒙教育的发展史，是北京文化教育的先行者，文化寻根是百年老校内涵发展的力量源泉。

项目组2017年进校诊断，对学校规划中办学理念、办学思想的不明确提出建议。杨朝晖教授告诉我们，学校内涵发展是学校教育质量提升的最根本的保证性因素，一所学校因规划而长远，因计划而扎实，学校要内涵发展、特色发展必须有自己明确、精确的文化理念。

在项目组专家的引导下，干部团队本着继承与发展、务实与创新的态度，积极研究、商讨，最终确定了重塑学校文化、彰显百年老校特色的工作思路。以我校特有的百年文化中积淀的“自强精神”传承为切入点，对学校的百年校史进行深入研究、挖掘，并将“自强精神”铸魂为学校发展、师生成长的生命基因。同时，借助北京市“十三五”课题研究的机遇，学校申请了“校史精神传承促进学校文化育人体系构建的行动研究”市级课题，借助整合资源和专家引领，重塑学校文化价值，多次和专家团队开展学校文化的调研与研讨工作。结合学校传承优势与发展现状，在系统梳理学校历史传统与实践经验的基础上，结合新时期学校的发展需求，通过资料收集、全体教职工问卷调查、专家讲座头脑风暴等途径，赋予“自强精神”新的时代寓意，凝练出“百舸争流，奋楫者先”的学校核心价值观，并逐步形成学校特有的校园文化，使学校焕发出勃勃生机，赋予百年老校新的时代精神与活力。

学校文化建设是一种文化认同的过程。在此过程中，全体教职工统一思想，形成共识，对学校的办学理念、办学目标和育人目标给予了高度认可。干部团队把这种认同作为一种强大的内驱力，把学校的传承与发展的思想行为与师生紧紧凝聚在一起，以学校的百年历史与文化激发师生的使命感与社会责任感，以学校的理念文化引领师生进行文化实践，在学生、教职工、家长中进行宣传。通过几上几下的研究过程，在师生间形成对学校文化的共识，进而将精神文化渗透到德育、智育、体育、美育的发展中。在不断实践和不断探索中，逐步形成教师文化、课堂文化、学生文化，将学校理念文化渗透在学校课程、育人活动、物质建设中，落实在师生言行之中、校园的每个角落。

“百舸争流，奋楫者先”的核心价值观，赋予了顺城街一小新的时代精神与生命活力，激励着全体师生在新时代的改革中，自强奋进，勇于探索，创新发展。三年来，在学校文化的引领下，“奋楫教育”日渐凸显，“奋楫之师”“奋楫学子”逐渐形成。“百舸争流，奋楫者先”已成为顺城街一小师生一种特有的精神气质，它为学校立足自身，走自主、校本发展之路提供了方向和可能，也为学校最终实现优质办学奠定了坚实的基础。

(二)改进在日常，从制订计划开始

每个学期学校都要制订计划，这是一个常态工作。以往的工作惯例是：干部们根据上级文件精神和每年常规工作在假期制初步制订计划，开学前干部团队集体研究，开学后向全体教师公布，老师们提出意见和建议，修改后执行将计划下发教职工，年年如此，成为一种惯性的工作行为。

2018年8月，在UDS项目工作坊会议上，杨朝晖教授引领开展“学校发展从计划开始”的主题研修，把学校的计划比作灯塔、启明星、方向盘等，形象地说明了计划的重要性。一份好的工作计划就像一个完整有效的指挥系统，对学校工作起着强有力的组织指导和引领作用。于是，我校干部沉下心来，静心思考，对原来的计划中出现的问题进行梳理，大家深刻认识到：过去的计划，从内容上来说，缺乏主线，理论多，重点内容不突出，具体措施少；从篇幅上来看，篇幅过长，让人一看就烦。在专家的指导下，干部们转变思想，从学校长远发展和师生成长的高度重新看待、审视已有工作，明确工作重点，制定具体措施，将工作目标转化为切实可行的工作计划。

在计划制订之前，干部团队先分析学校的现状，特别是存在的问题，依据形势发展要求，联系学校现状进行横向、纵向比较，抓住问题实质和主要矛盾，明确主攻方向，确定工作的指导思想和发展目标，根据干部工作的分工，将德育与少先队工作整合，教学与校本培训、科研工作整合，计划中减少了交叉，同时杜绝过多的理论阐述，突出本学期的工作重点，提高了可操作性，计划的制订按照“期末总结本学期工作—寻找亮点和问题—研讨新学期目标和改进点—假期思考自拟计划—开学初共同研讨”的流程进行。学校计划聚焦学校文化，围绕学校的特色“奋楫教育”开展各项工作，采用表格形式加以呈现，目标、项目、措施、安排、重点工作提示等一目了然，篇幅由原来的二三十页缩短为五六页，可以说计划目标明确，措施具体，工作保障有落实，可操作性强，实效性高。

当然，计划是学校的顶层设计，但计划制订的过程更应是全员参与，是自下而上、自上而下的互动过程，干部不是唯一的主体。为形成一份切实可行的计划，学校调动全体教职工积极参与讨论，提出有建设性的意见和建议，各部门协商、融通，围绕学校文化、整体工作思路设计、安排，大家站在学校未来发展的高度，共同奏响和谐美妙的乐章。于是，改进，从制订计划开始。新学期，在计划宣讲大会上，教职工看到变化后的计划，情不自禁地夸赞道：“今年的计划重点内容突出，言简意赅，措施具

体，可操作性强，我看到计划就知道学校、教师、学生本学期要做什么，怎么做，负责人是谁，这样的计划是一份系统性、针对性都很强的指导性文件。我们看到了干部团队的团结协作，分工明确，老计划有了新感觉。”

老师们的肯定，给予了干部十足的干劲儿，通过改进计划制订的过程，干部们认识到“改进在日常”不是一味地创新，而是要把我们常做的工作进行微研究、微改进、微创新，干部在改进中提升能力，学校在改进中发展提升。

(三)生活因策划而精彩

每年，学校都会举办运动会、艺术节等一系列大中型活动，选一些有特长的学生进行表演，有能力的学生报名比赛项目，行政会上主管干部说想法，全体会上布置具体任务，年复一年，周而复始，干部教师已经习以为常。如何让活动更精彩，让教育更有意义？

2019 年 2 月，学校一行十人参加了项目组举办的“生活因策划而精彩”为主题的工作培训交流活动。杨朝晖教授提出策划是为了实现活动的目的，审时度势，提出新颖的策略并制定具体的实施方案的创造性活动。在项目学校的汇报中，一个个精彩的活动策划给了我们很多的启发，特别是项目组倡导的教育要“关注效率，更要关注价值；关注眼前，更要关注未来；关注结果，更要关注过程”的价值理念，激励着干部们在活动的策划中目标更加明确，方向更加清晰。思想的撬动，带来的是行动的变化，在接下来的日子里，每年的体育节、艺术节、科技节在悄然发生着变化，主管干部的精心策划，干部团队的主体参与，师生、家长的共同融入，让每一个活动精彩绽放，活力四射，效果持久。

学校一年一度的科技节也采用系列活动形式，但这一次的策划我们把目的定位在注重学生的亲身体验，让每一个学生都有动手的机会，都能亲身体验科技的魅力，从而激发学生对科学的热爱。

2019 年 10 月中旬，学校又拉开了科技节的序幕，利用升旗仪式进行启动，各班开展学科学、爱科学主题实践活动，携手家长开展走进科技馆、学习科学知识等亲子活动，并将参观体会、手抄报、照片布置到橱窗、板报里，少先队大队组织大中队干部进行观摩学习，学校利用红领巾广播进行表扬。每天由广播组利用红领巾广播时间向全体师生进行科技发明创造、科技小常识、先进科技理念等科学知识的宣传；携手西长街办事处，组织三、四、六年级开展了十项科技小制作实践活动。

11 月 11 日下午开展了全校科技节实践体验活动。学校邀请科技馆的工作人员走进学校，利用学校操场、小礼堂、教室等空间设计摆放，活动共划分三个区域：逻辑思维课程(小礼堂)、科学互动教具体验(操场两侧)、科学实践活动(各班教室)。学校干部则精心设计各年级交换时间，全场活动全员参加，秩序井然，孩子们在活动中体验着、快乐着、幸福着。

这个活动大大锻炼了学生的抽象思维和逻辑思维能力，促进了他们探索科技的兴趣。通过亲身体验和动手尝试，孩子们了解了科学实验的原理，感受生活中的科学，更深刻地感受到了科学的奥秘，激发了他们想更深入探索科学的欲望。

有了精彩的策划，才有了精彩的展示。几年来，在"改进在日常"的理念的影响下，我们依据学校工作计划对各项常规工作和重点工作都有了策划意识，包括开学典礼、成长礼、毕业典礼、各种校本培训、工会活动等，一个个精彩的策划，使我们的校园生活更加精彩，使我们的工作更加富有实效，更加富有教育的意义。如今，策划已成为干部工作中的一种习惯，管理能力也因策划而得到提升。

(四)学习分享、反思总结，形成闭环管理

在UDS项目的引领下，作为管理者，我们越来越清晰地认识到管理工作的过程必须形成一个闭环：计划在先—关注过程—总结反思(生成新的计划)。三个阶段是一个螺旋式上升的过程。

1. 自上而下启动变革

为进一步提高干部的管理能力，行政会组织干部共同学习项目组关于"基于UDS合作学校自主发展行动计划"项目方案与解读，组织干部学习万泉小学《在日常变革中追寻最好的教育》一书，大家共同分享学习心得。

每年，项目组都要组织项目校之间的参观学习活动，凡是参加项目的干部回来后都要进行参加活动的分享交流，大家边学习，边实践，干部们逐步学会在交流碰撞中获取思路，不同角度的感知、感悟碰撞在一起，使大家进一步明晰了项目的发展理念，认识了学校自主发展行动的内涵，即以队伍建设为核心，以打造管理文化为突破，以干部团队的发展带动学校的整体发展。干部们感悟最深的是发展理念。改进需要学习、思考、研究、实践和创新。改进中的三微行动、闭环机制的建立，是实现学校发展螺旋式上升的有效措施。

大家结合自己工作谈的最多的是制订本学期工作计划的收获。在制订计划过程中，一次又一次的学习研究，使计划具有引领性、系统性、针对性和执行性。干部们结合自己的部门工作谈了如何提升计划的执行力和策划的组织能力，在"成人、成事、成己"的实践中促进学校的发展，渐渐地，顺城街一小干部认真学习的状态已经成为一种常态，他们开始对学校的管理文化有了重新认识，对自己的工作提出了更高的要求，他们在工作中也不断创新、奋楫前行，在推进学校的发展中不断实现着自我超越与发展。

在UDS项目工作坊培训会上，杨朝晖教授强调：总结与计划相辅相成，总结既是对计划完成情况的鉴定和理性思考后的反馈，也是指导下一步工作和为新的计划打基础。总结意味着研究与学习，总结意味着提升与固化，总结意味着发展与走向专业，总结意味着对己对人的负责。

正是基于这一理念，为提升干部的专业管理能力，从2018年开始，教学干部们不仅要面对教师群体进行教师的教学行为研究，进行学生学习能力的期末质量分析总结，还要在行政会上针对语文、数学、英语期末考试成绩情况进行管理质量分析总结。在分析中，干部们不仅要看到成绩，更要发现问题，并在问题中进行反思，制定改进措施。干部在研讨中思路更清晰，目标更明确，工作总结和引领能力得到提升。

在行动研究理念的指引下，学校常态工作的闭环管理也在不断进行。“干部期中工作交流会总结会”“活动分析会”“期末工作总结会”……每一次反思总结的背后都是干部对工作精心的梳理、总结工作的得与失、反馈师生的参与状态、思考今后的改进措施。总结中，主管干部不再只是面对校长、同行，还要面对老师、学生，甚至是家长，量的积累慢慢带来是质的飞跃，这就是成长。

2. 带动教师，催生变革

量变带来质变。2019年，我校首届“青年教师风采展”活动顺应而生，“闭环管理，让教师成为总结会主体”的理念催生着教师这个群体的变革。

从2019年10月开始，“青年教师风采展”，历经“启动会—课堂教学比赛—教研组评课—总结会”四个环节，于2019年底圆满落下帷幕。干部们结合UDS项目专家组在上一届“奋楫杯”提出的问题和建议，认真思考，努力践行项目理念，尝试变革教学总结会模式，以教师为主体，搭建施展空间的平台，实现人人都是学校的主人，先成教师，再成学校。

(1)智慧策划，我们在创新。

让教师站在舞台的中央，给不同层次教师不同的平台，本着这个理念原则，干部们积极出谋划策。如：改进总结会由教学干部主持，现为主持人由青年教师担任；改进以往青年教师课上展示亮点、特点由主管干部提炼总结，现为每一位青年教师把自己课堂的亮点或以说课或以微格片段或以情景剧或以展示互动等形式展现在全体教师面前，发挥每位青年教师的潜在能力，展示他们别样的风采；改进以往颁奖环节由学校领导颁奖，现改为由老教师、教学师傅或骨干教师为教学徒弟颁奖；总结会则增加了教学干部、有经验的老教师、骨干教师发表感言。

(2)精彩绽放，我们在实践。

活动紧紧围绕“坚持全面育人，培养关键能力，关注实际获得”这一主题，由青年教师组成的5个小团队，围绕各自主题，进行教学反思。现场会上，我们看到了青年教师勤思善考，朝气蓬勃，落落大方，他们或现场亲身示范或创设情境，或以“舞台剧”表演吐露心声，13位青年教师各有千秋，各有特色，虽然他们还不够完美，但是他们在自身的不懈努力和指导教师的悉心指导下，经过淬炼，将逐渐成长为学校的骨干。

教学干部借助本次总结会平台，进行了《教学中要“用活”教材》的校本培训，骨干教师、教学干部发自内心的期望，专家的精彩点评，激动人心的颁奖环节，校长的殷切寄语将总结会推向高潮。13位青年教师共同齐诵诗歌《我骄傲，我是一名人民教师》。听着年轻人激昂的声音，在座的每一位教师心潮澎湃。

纵观整场活动，层层深入、环环紧扣，体现了学校、教研组、教师“三位一体”管理机制以及“U”(大学)和“S”(学校)相结合、共同发展的管理模式。

三年来，我们努力走在闭环机制的坚决践行中，总结的形式丰富了，总结的主体多元了，总结的主体鲜明了，闭环管理让我们逐渐走在了螺旋式发展的快行道上，让师生收获颇丰，更让干部收获了成长。

二、立足校本培训，促进教师专业发展

叶澜教授曾说：“教育是直面人的生命，通过人的生命，为了人的生命质量的提高而进行的社会活动，是以人为本的社会中最体现生命关怀的一种事业。”学校管理以人为本，不但以学生为本，更要以教师为基。学校教师发展是学校发展与质量提升的核心内容，“教育质量”聚焦人的发展和培养，培养什么样的人取决于什么人来培养，只有建设一支高质量、高素质的师资队伍，才能使学校的办学质量得到提高，才能在激烈的竞争中持续发展。

三年来，在项目组理念的影响下，学校管理团队在日常工作中积极创建特色活动，以鲜明的主题为旗帜，拓宽教师队伍建设的途径，以深刻的内涵为灵魂，以新颖的形式为手段，以教师深层次的参与、体验、感悟为根本，通过主题鲜明的活动使教师自我教育、自我提升，实现自我价值。

(一)体验式培训促专业成长

随着我校近年年轻班主任的不断增加，加大班主任培训的力度与广度成了德育工作中一项迫在眉睫的重要内容。

2019 年，学校召开了以“打造魅力班队会，提升班主任专业化”为主题的班主任案例培训活动，老师们不再是活动的观众、听众，而是活动的参与者、体验者。

(1)首席引领，活动课展示。

培训的第一个内容是由首席班主任李老师召开了一节以“欣赏有魔力”为主题的活动课展示。活动课以英语老师发给班主任的一条表扬小聂同学的短信导入，主持人对小聂同学和英语老师分别进行现场采访，老师用欣赏的眼光发现了那个在我们眼中并不完美的他，从而引出主题“欣赏”的魔力。“魔力大转盘”活动环节，让学生围成六个圈开心地、满怀期待地进行活动体验。同组同学不重复地说出他人优点，学习多角度欣赏他人，使学生切身体会到被人欣赏的愉悦感。两两结合，互相写一写欣赏对方哪些优点并写在“欣赏卡”上，亲身体验欣赏他人、包容他人的快乐。同学们把“欣赏卡”贴到班级成长树上，使得大树花团锦簇。一个始终不离班主任左右的特需生也得到了老师为她写的“欣赏卡”。她第一次为同学读了课文。三年了，当她终于放声读出课文时，同学们纷纷发出由衷的赞叹。欣赏他人的种子悄悄地在他们心中生根发芽，这就是班队活动课的魅力所在。

(2)“工作室”助力，活动课评课。

首席班主任工作室的老师们从方案设计的理论背景、实践背景和学情背景出发向老师们娓娓道来，从心理、学生、教师、目标等不同角度进行了条理清晰的精彩评价。班主任从小聂同学受到英语老师表扬，取得很大进步的事例入手，让孩子们感受到我们可以更多地关注身边同学的优点，从多角度欣赏他人的优点去观察身边的同学。活动从一个普通学生的点滴进步开始，用身边事教育身边人，从发现改进到初步感受，再到亲身体验，进而反思自己的行为，促进每个孩子成长，层层递进的活动让学生体会愉悦的同时，逐渐形成欣赏他人的意识，达成活动目标。整个过程环环相扣，层层递进，让学生在不知不觉中感受爱、学会爱。工作室的老师们认真、翔实、具体的评价，给予听课班主任们很大的启发与思考。

在主题活动课结束之后，西城区教育科学研究院生涯规划中心侯玮主任对本次活动进行了专业点评与培训：以班级的积极现象为主导模式，使学生在活动体验中形成积极向上的情感体验和感悟，有利于形成以传递正能量为主旋律的班级氛围。

(3)全员参与，主题研讨。

我们将全体班主任和1名心理教师按年级分成四个大组，结合学校本学期德育工作计划和教育重点，围绕不同主题进行开放式主题活动课创意设计研讨和现场汇报活动。老师们通过观摩活动课、现场点评及专家面对面互动式培训等环节，均形成自己的理解与感悟。根据本组的主题进行积极、热烈的研讨，结合学生年龄特点、心理特点，设计了一个个生动、有特色的活动。六年级组研讨出以“老师，我们爱您”为主题的毕业季系列活动；四、五年级组研讨出以“小脚丫丈量祖国大好河山”的爱国主义活动课内容；中、低年级大组也分别结合“行为习惯”和“我爱祖国”教育主题及学生年龄特点进行了认真的研讨，我们充分感受到老师们的聪明才智和团结合作。

对于这次案例式的培训，项目组专家在点评中这样写道：顺城街第一小学的“打造魅力班队会，提升班主任专业化能力”的培训活动生动、深入、精彩。此次活动是学校加强班主任队伍建设系列培训内容之一，即“主题班队活动课如何开展”，在培训形式和途径上也进行了新的实践探索。首先是策划让首席班主任李谨老师指导的“欣赏有魔力”主题中队活动课进行展示，充分体现了以学生为中心的理念，带领学生在自主参与、亲身体验，生生之间、师生之间的自然互动中感受到了欣赏带给自己和他人的自信与动力，活动课令人赏心悦目。培训中，几位班主任工作室的骨干教师对活动课的精彩点评给老师们以启发与引领。培训活动最引人关注的是专家点评之后老师们的互动研讨，以年级为单位，根据本学期教育重点结合学生年龄特点、心理特点，设计了一个个生动、有特色的活动方案。现场互动、现场生成，老师们的汇报展示了学习的收获。这是自主参与学习的体验。

(二)为青年教师成长搭台助力

三年来，学校在项目组的指导下，致力于教师特别是青年教师的自主发展，以青年教师队伍带动整体教师队伍，为更多教师搭建舞台，进一步转变教育教学观念，改进工作方式，成为学校教育教学的重点工作。连续两年，教学干部以课题“基于学生多元素养发展的课堂教学内容评价的研究”为抓手，聚焦课堂，研训一体，秉承“一个中心、二项目标、三种活动、四条举措”的工作理念，贯穿于青年教师队伍培养中，开展了丰富多彩的校本培训、角逐激烈的“奋楫杯”“风采展”等赛事，还有常规的师徒听课、评课，从各个方面促进青年教师快速成长。

学校策划校本培训之——“学习课程标准，促进青年教师专业成长”系列活动，旨在通过青年教师说课展示交流，加大青年教师培养力度，同时发挥骨干教师示范、引领、指导的作用，体现学校“教师第一”的教师观，并努力实现“成长比成功更重要，成人比成绩更重要”的教育观。活动流程如表1所示 。

表1 “学习课程标准，促进青年教师专业成长”活动流程表

时间	系列活动	内容
2018年9月	教师基本功培训	学习课标，促青年教师专业成长
2018年9月	学习课程标准讲座	1. 语文课程标准实施例谈； 2. 学习课程标准，指导我们的教学； 3. 课程标准如何落实于课堂
2018年10月—2019年1月	教学实践操作	教学师傅与徒弟一起备课、听课、评课
2019年1月	教学沙龙	青年教师谈学习体会
2019年5月	说课动员启动会	1. 教学干部培训； 2. 骨干教师说课引领
2019年7月	教师说课展示	1. 青年教师说课展示； 2. 教学师傅、骨干教师点评

我校前期在开展以“学习课程标准，促进青年教师专业成长”为主题的青年教师教学基本功培训活动后，后期继续为青年教师搭建说课展示平台，以此创设教师学习、研究、交流的氛围，促进青年教师业务能力尽快提高。通过“青年说课展示—骨干教师点评”形式，本着“相互学习、相互交流、共同提升”的原则，指导今后课堂教学的目的，展示了青年教师知识水平、教学水平、理论水平的综合素质，并由教学师傅进行点评，这种用事件说话的总结方式，取得了良好效果，也进一步推进学校教师的专业发展，为学校青年教师的学习和成长提供有效的上升空间。通过说课展示，落实学校课堂文化，关注学生实际获得，促进学生发展。

总结本次活动“改进在日常”的亮点，我们认为有以下几点：

转变做总结的主体——由青年教师主持，每一位青年教师站在舞台上说课5—8分钟，重点说教师在教学过程如何落实教学目标，以此来检测教学目标制定的准确性，教学师傅进行点评(优点、建议)；

转变总结的目的——青年教师在听课中感悟着，并积极对比、反思、向同伴学习，在不断完善和改进中得到提升和发展；

转变总结的形式——由常规的领导总结性发言，转向为“说课”的方式总结会，师徒互动，教学相长。

三年来，我校德育教师队伍建设也有很大提升。我们以加强班主任队伍建设、提高班级管理能力和育人素养为重点，以“首席班主任工作室”为依托，开展了以“奋楫扬帆，协同育人”为主题的系列培训、研讨，以及师带徒、青年班主任沙龙等活动。通过老师们集体备课、研磨，骨干教师的教育活动展示课，加强班级建设的指导与培训，通过指导青年班主任开展主题活动课，进一步拓展和创新了学校德育工作的方法和途径。

为全面提高我校青年教师的师德修养水平，提升青年教师教学基本功，2018 年，学校利用全体会组织了 35 岁以下的青年教师进行了主题为“师道酬勤，无悔青春”的师德演讲活动。青年教师或以自己亲历的事或以身边的教育劳模、优秀教师的感人故事为内容，他们的文明仪表和声情并茂的演讲感染着在场的每一个人，他们讴歌人民教师的敬业爱岗、甘为人梯、教书育人、默默奉献的高尚品格，他们感悟着“人民教师”这个崇高职业的责任和使命。自我认知，自我驱动，自我努力，撬动着青年教师乃至更多教师的自我发展。

三年中，学校还组织青年教师多次开展了“做新时代奋楫青年”的系列研讨活动和“不忘初心，牢记青春使命”的组织生活会，从“奋斗目标、发展规划、成长足迹”等方面为青年教师设置了《青年教师成长档案袋》，积极引导、鼓励青年教师要志存高远，脚踏实地，用奋斗向青春致敬。

(三)科研助力教师专业成长

进入 UDS 项目以来，科研助力学校整体发展的理念逐步深入内化。在学习、实践中，学校的科研工作方式发生着改变：从关注任务完成到关注教师需求；从被动接受工作到自主创造设计工作环节；从布置、监督、执行的工作定位到为教师成长搭台引领；变布置检查为与教师共同学习成长；变有始无终的常规工作为持续跟进、及时反思总结的闭环管理。我们努力通过改变常规工作的惯性思维，寻找工作契机，推动学校科研工作深入开展，助力教师专业化成长。

学校于 2018 年、2019 年先后两次参与 UDS 项目组织的案例评选工作。此前，学校科研室每学年都会组织教师参加市级、区级的各类论文、案例评选。每一次，科研室都是根据评选要求编写征文通知，利用学校内网发给教师自愿报名。按照以往的经验，每次征文的活动主题虽不同，愿意参与的却总是集中在那十余位干部、教师。如何改变这样的局面呢？如何才能让更多的教师主动参与进来，在活动中提升、受益呢？于是，改进发生了。

在这次活动布置前，科研室干部有意识地和不同年龄段的教师沟通，了解他们的想法。在闲聊中，发现许多老师在教育教学上都有自己的一些想法和好的做法。不愿意主动参与征文活动的原因也不尽相同：年轻人担心自己的资历和工作经验不足，不够资格参与活动；老教师认为自己工作压力大、负担重，没有时间落笔成文；等等。

了解了老师们的真实想法后，意识到帮助教师增强问题研究意识，挖掘他们内心的需求，在教师的工作实践中挖掘和生成案例，是撰写案例的前提。所谓“知之者不如好之者，好之者不如乐之者”。教师只有在感觉到自己所做的工作的意义时才乐于开展落笔，乐于反思，乐于深入研究，进而在工作中激发动机，体验成功，获取自身价值。著名质量管理大师戴明曾说：“管理的角色就是改进过程而不是一味地驱使人。”

为充分调动老师们的积极性，让老师们自觉自愿参与活动，科研室将以往的通知布置改为专项培训，先从学校的区级、校级学科带头人、骨干教师以及40岁以下的青年教师入手，向老师们传递这样的讯息：好的案例不是写出来的，而是做出来的。我们这些一线的教师才是能写出优秀案例的人。人们常说，教而不研则浅，研而不教则空。撰写教育教学案例不受教师的年龄、教龄、学科的限制，它应该记录的是我们最真实的经历、体验和思考，它不需要大篇幅的理论支撑，案例的撰写应该是最易于我们一线教师接受的一种研究。

在学校动员培训后，学校有26名干部教师提交了教育、教学案例，占干部教师队伍的43%。学校科研室抓住契机，对上交案例逐篇认真阅读，逐篇标注出修改建议，面对面修改篇数达21篇，涉及干部教师25人次。每篇案例统一格式要求，努力透过细节反映出学校对于此次案例征集工作的整体规划和管理，将工作细节作为体现学校管理的一个侧面，展现出我校干部、教师的良好素质。

此外，学校科研室充分发挥“教育科研”在基础教育改革中的引领作用，从选题到申报书的撰写等进行了细致辅导，就申报中的共性问题集中交流，进一步规范教师的研究路径，并就“西城区教育科研管理平台”的使用进行了专项培训。在前期微研究、小问题的研究收获和体验的基础上，此次区级课题申报工作，教师的关注度和参与率都明显增大，研究意识和能力都有了显著提升，共有八项课题如期申报，其中两项为校本专项，六项为教师专项。11月，在西城区教科院科研管理中心公布的拟立项课题名单中，我校有一项教师课题、一项校本课题通过初审。

为进一步提升教师的实践研究能力，科研室利用12月初举行的顺城街一小“西城区教育科学规划2019年度专项课题”开题会积极推进学校科研层级管理，特别邀请了UDS项目驻校专家作为评审专家参会。会上，学校科研室安排了我校通过区级初审的两项拟立项课题的负责人进行了开题陈述，请评审专家分别对两项课题进行了评议，并对课题研究提出了建议与思考。会上，科研室宣布：本着自愿的原则，除区级课题外将其他申报课题作为校级课题进行立项管理，并颁发立项证书，至此学校科研课题的层级管理模式初步形成。

加强课题实践研究，进一步发挥课题组成员的辐射作用，带动课题组外成员共同学习进步，通过科研层级管理促进学校整体教师队伍的专业成长，我们引领着教师在专业化发展的道路上越走越扎实，科研对学校的队伍建设和持续发展起到了助力推动作用。

（四）让故事在校园流传

2017年，“区级优秀班主任”的评选即将开始了，上级分配给学校2个名额，学校是像往常那样全体教师一投票一选举能完成上级下达的任务，还是借这次评选的机会树立优秀班主任的形象，加强班主任队伍的整体建设呢？围绕这个问题，行政会议进行了讨论。大家在思维的碰撞与深入的分析中思想逐步统一，达成共识：“优秀教师”的评选不是一次评比活动，而是传播教育理念、教育智慧的过程，是一次提高教师师德修养和业务素养的过程。于是，学校确定了这次评选工作的目标：一是把这次评选工作做成一次班主任工作经验交流，力争借这次评选的机会让更多的老师了解班主任工作的复杂性和重要性；二是让班主任之间相互交流传播更多更好的教育理念和教育智慧，使班主任工作更具专业性；三是让优秀班主任脱颖而出使青年教师有榜样可寻。接着，学校制定了本次评选活动的主题和方案。主题即“当好铺路石，做好引路人”。具体的流程为：首先，德育主任根据班主任工作要求确定述职范围，要求所有班主任必须进行自我反思总结；其次，班主任老师在本年级组内针对上一年的工作进行述职总结，然后由年级组长组织本组全体教师进行评议并以无记名投票的方式推选区优秀班主任候选人；再次被推选的候选人在全校进行述职总结，全体教职工再进行无记名投票选举，最后行政会议研究推荐，上报教委。

功夫不负有心人。6位被推选出来的班主任候选人做了精心准备。他们中有经验丰富的老班主任，也有富有特色的中年班主任，还有干劲儿十足的青年班主任。老师们的发言涉及的内容也很广泛，有个别生的教育，有班集体的团队建设，有小干部的培养，有家校合作的经验，等等，老师们在交流中享受着教育的快乐，感受着教育的幸福，提高着专业水平。

三年中，学校抓住各种机会为教师搭建平台，让故事在校园流传，为教师提供了“站在前排”的机会，校本培训会、年级组展示会、教师节表彰会等都成为优秀教师故事流传的舞台，他们的教育智慧和教育理念成为广大教师特别是青年教师学习的榜样并将继续发扬。故事的流传唤醒了教师的主体参与意识，引发了共情共鸣，在流传的故事中，我们体验着教师自我价值的实现，感受着教师职业的幸福，学校的凝聚力大大提升。

三、建设以学生为中心的学校教育

三年来，在项目组的引领下，秉承“学生第一，育人至上”的工作理念，积极拓展教育空间和内容，创新教育方法和途径，以课堂教学为主渠道，以课程建设为切入点，以形式多样的活动为载体，积极探索促进学生发展的新路子和新方法，增强教育工作的针对性和实效性。

(一)加强课程建设，促进学生核心素养的提升

1. 构建“奋楫课程体系”

课程改革的核心就是“育人”。强调关注学生的全面发展、个性发展和可持续发展，关注学生生命的价值和意义，关注学生的实际获得，关注学生的综合素养。根据《北京市实施教育部〈义务教育课程设置实验方案〉的课程计划(修订)》和《西城区九年义务教育课程计划(修订)》的要求，学校规范课程设置，强化课程对学生发展的整体促进作用，即关注课程的综合化、主题化发展趋势，强调课程整体育人的功能和价值。

我校发挥市、区文件赋予学校的课程自主权，坚持在课程构建上所秉承的三级课程整体建设的实施思路，在严格落实规定学时和周活动总量的基础上，按照学校的培养目标和学生身心发展规律科学安排课程，加强跨学科实践活动的研究，有效推动学生学习方式的转变，为学生健全人格的形成和态度、能力、知识等方面的学习与发展创造条件。

目前，我校课程建设关注两个基本方向：一是校本课程的开发和利用，二是学校根据自身特点对国家课程进行校本化的编创和实施。围绕各学科对学生核心素养的培养，将国家课程、地方课程及校本课程细化梳理，归纳为三层五类奋楫课程体系，见表 2。其中，古诗文品读课、语文阅读课、学科实践主题活动课，精彩课程(城宫计划)为学校的校本课程。

表 2　三层五类奋楫课程体系一览表

类型	语言与阅读	科学与创新	生命与健康	艺术与审美	修身与立志
基础类	语文、英语	数学、科学、信息技术、劳动技术	体育与健康、心理健康教育	音乐、美术	道德与法治、品德与社会

续表

类型	语言与阅读	科学与创新	生命与健康	艺术与审美	修身与立志
拓展类	古诗文品读课程、阅读课	校内外实践活动	社会实践、讲座	写字、传统文化	百舸争流、奋楫与社会
个性类	快板、相声	机器人、科技无线电、科技航模	排球、篮球、田径、健美操、瑜伽、乒乓球、抖空竹	民族舞、踢踏舞、合唱、京剧、泥塑、刮画、面塑	手工剪纸、橡皮章、棋类、布艺、鬃人、水晶花等

2. 完善“年级实践主题活动课程”

根据国家课改精神，自2017年始，要求在不增加学科课时数的情况下，用不少于10%的时间开展学科实践活动课。活动的目的是习得一种思维方式，学科实践活动是有效的载体，弥补学科不足，解决虚化、弱化的问题，开展学科实践活动也是课程标准的要求，是培养学生核心素养的重要渠道。

基于以上认识，学校努力探索一条符合本校学生年龄特点和认知水平的综合实践活动途径，建立并完善一套较为合理的、具有可操作性的学科实践课程的操作模式和管理模式，改进教学观念，提升学校的办学理念，提高学校的办学水平，改进我校的课程结构，形成具有我校特点的校本课程——“学科实践主题活动课程”，见表3。

表3　学科实践主题活动课程各年级课程主题一览表

年级	活动主题	年段目标
一	我上学，我快乐	1. 认识到自己是一名小学生，喜欢上学，热爱学校，勤学向上，为校争光； 2. 养成良好的学习习惯、劳动习惯等； 3. 与老师、同学融洽相处
二	我爱北京——我的家	1. 培养并激发学生热爱北京的情感； 2. 了解北京的名胜风景、风土人情等
三	科学探索乐趣多	1. 培养学生从小学科学、爱科学、用科学的科技素养，激发学生学习的兴趣； 2. 开发学生的智力，让学生从活动中感悟科学，继而学习科学，应用科学； 3. 丰富学生的科学生活，让学生体会到科学给我们的生活带来的巨大影响

续表

年级	活动主题	年段目标
四	寻找生活中的美	1. 引导学生体会美的内涵与外延：美可以是自然界中景物或事物，亦可以是美好的品质、精神； 2. 通过观察，发现自然界、生活中美好的事物，感受生活的快乐、幸福，心存感激
五	走进中华传统文化	1. 学生了解中华传统文化及文化特色，互相交流活动成果，互相学习，增进对传统文化的了解； 2. 培养热爱中华传统文化的情感，弘扬中华传统文化
六	踏着爱的足迹前行	1. 通过活动，进一步提升学生爱祖国、爱家乡、爱人民、爱学校、爱父母等品质； 2. 在活动中丰富爱的内涵，学会关爱他人，增强责任意识，树立远大理想

具体做法举例：

三年级——“探索宇宙的奥秘”主题实践活动

三年级组从各学科的视角设计，制定了“探索宇宙的奥秘”主题实践活动并于天文馆顺利开展，共涉及语文、数学、英语、美术、体育等 5 门学科。

四年级——“寻自然足迹，探万物启示”主题实践活动

四年级组教师在语文、数学、英语、科学等学科进行整合的基础上，带领学生走进天坛和自然博物馆，开展了“寻自然足迹，探万物启示”的主题实践活动。同时，还通过采用家校合力、多维互动的方式为本次综合实践活动注入一股鲜活的生命活力。

六年级——“我是长征精神传承人”主题实践活动

为了更好地帮助孩子们深入理解红军在长征中展示的革命精神，六年级组教师设计了以“长征精神”为核心的实践活动，主要包括“我是小小演说家”和“参观李大钊先生故居”两个环节。

3. 关注节日课程——开展“中华传统文化”的实践活动

学校科任学科通过多学科体现同一主题“共塑中国风”，将中国优秀传统文化教育引入，通过专题式学科实践活动的开展，发挥各学科特色，整合学科优势，发挥学科特长，研究学科间联系与整合的途径、形式，探讨跨学科整合相关的教材内容，营造传统文化的学习氛围，形成我校传统文化的教育特色。

“端午粽香情”的主题活动，追求思想品德与社会、劳动、综合实践、

古诗文诵读、体育、信息技术、书法等学科融合，带领学生了解端午节的来历、品味端午诗歌、动手结扎编绳、追念历史人物、龙舟竞渡、包粽子……深受学生喜爱。跨学科实践等活动形式指导学生体验、探究，向学生们传播中国传统文化，培养学生的爱国主义情怀。

通过“年级实践主题活动课程”的开发与实践，使学生关注自然、体验生活、走向社会，培养学生关心他人、关心社会、关心自身的可持续发展，促进学生爱自然、爱生活、爱家乡，进而爱社会、爱祖国、爱中华传统文化等方面积极的情感、态度和价值观的形成，努力培养学生积极参与社会实践、勇于承担社会责任和积极履行义务的态度，培养合作精神和自我发展意识。

4. 科研月展示汇报促提升

2017 年 12 月，学校抓住区级科研月活动契机，以“学科实践活动课程促进学生核心素养发展研讨”为主题，举办了教育科研月专场活动。西城教委挂职主任助理张鲲，西城教委小教科石虹副科长，西城教科所林春腾所长、彭波副所长，西城教委 UDS 项目组专家张梅青校长、高玉兰校长，西城区师范学校附属小学集团校领导、老师，河北省保定市白沟新城教育局 14 位校长、我区兄弟学校的校长、老师及我校学生家长代表一同参加了活动。

此次活动，学校主要与大家共同分享和探讨了课程建设中的一些做法、经验与思考。校长代表学校结合区级课题“小学学科实践活动课程的研究”进行了专题发言。老师们从“单学科”“多学科”主题式学科实践活动两个角度通过数学学科实践活动现场课、科学学科实践活动汇报、科任学科组“共塑中国风”主题实践活动案例分享、年级主题实践活动交流汇报等活动，展示了学校近两年来不断挖掘、丰富教育教学资源，探索新的课程实施形式、实施途径和策略，展示了学校开展的研究过程及成果。活动得到了与会领导、专家、老师们和家长代表的一致认可。

(二)增强典礼仪式，促进学生心灵成长

学校是一个充满仪式行为和活动的地方，仪式是一种经历和体验，是一种行为的约束，其承载和蕴含着丰富的情感和育人功能，它向学生传递着特殊的信息和意义。三年中，学校精心策划各年级典礼，从内容到形式，改进在日常，让教育更有意义。

如一年级开笔礼。在开学典礼上，全校师生为一年级新生举行了隆重的“开笔礼”。团支部书记宣读《告文》，带领新生向家长、老师行“附手礼”，领导嘉宾及一年级教师为新生进行朱砂启智，祝福学生从此眼明、

心明；德育主任进行“人”字解读，引导学生理解简单好写的“人”字的丰富内涵；六年级学生向新生赠送学校的校本教材《古诗文品读》。仪式虽然简短，但给新生和家长留下美好而又深刻的印记。

再如十岁成长典礼。十岁，是人生成长的一个转折点。结合我校四年级学生特点，行政班子协同四年级组成员及年级家委会，精心策划、认真筹备了“十岁成长典礼”活动。活动以“奋楫少年　健康成长”为主题，设置了亲子共同制作“成长册”、亲子课本剧、阅读亲子信，以及学生通过家长讲堂学习到的国学礼仪向老师和家长行礼等环节。通过“成长典礼”的系列活动，既提升了学生的自我认知水平，培养了学生的集体认同感和对集体的更多关注；又培育了学生健康的心理和积极的自我体验。

毕业典礼。每年的毕业季，学校都要为即将毕业的同学举行隆重的毕业典礼。领导讲话、表演节目、家长写信、颁发证书已成为常态形式。如何不走寻常路，让学生成为典礼的策划者、组织者、参与者？在项目理念的影响下，干部教师有了不一样的想法。

毕业生们在老师的指导下，自己策划、组织，在充分发挥每位同学特长的基础上，将全年级同学分为“书画童年”“唱响童年”“舞动童年”“诵读童年”团队，以及分别以感恩同学、感恩老师、感恩家长、感恩母校为内容的演讲团队。每个团队自己推荐组长，策划内容和形式。这一改进极大地调动了同学们的积极性，典礼不再是被动接受，而是主动承担，在老师、家长的帮助支持下，在同学们的共同努力下，各团队向在场的每位家长、老师、母校，展示出了顺城街一小六年级同学独有的风采。

每位毕业生在“母校恋歌”的主题幕布上郑重地签名留念。典礼在六年级全体同学动情的朗诵中掀起高潮，在品尝美味蛋糕中画上圆满的句号。

四、反思与收获

学校日常生活不仅决定着学校内部所有成员当下的生命质量，也影响着学生未来的生活和品质。作为学校的管理者必须以优化日常的组织方式、工作流程、管理习惯做好工作。几年来，“笃行于微”“改进在日常”等不断更新的理念、思路与方法，促使我们不断进行日常文化的变革，工作中从关注事到关注人，从被动应对到自主创造；干部工作作风也变监督为搭台；变布置检查为参与策划；变前台演员为后台导演；变居高临下为平等尊重……这些微改变不断完善着干部的自我，实现着“成事、成人、成己”。

工作中，干部们强化问题意识，重视调查研究，强调理性反思，尝试推动行为跟进，去调动、激发师生的主体性，有意识地尝试改变惯用的工作模式和方法，学会在熟视无睹中发现问题，学会在习以为常中反思定式，尝试着在交流碰撞中获取思路。在工作中做个有心人，不断地发现我们工作中的真问题，思考解决策略，尝试改变现状：从无到有，从有到优，从优到精，从精到特，从点到线，从线到面，从面到体，从表及里，撬动变革，自主发展。

三年来，UDS 项目组围绕"计划、策划、总结"实施的一系列研训和行动推进，学校非常荣幸在谋求新发展的关键时期加入了 UDS 项目组，强大的专家团队支持和务实的项目推进策略，是我们实现转变的强有力支撑。我们欣喜地看到：干部的角色定位、思维方式、教师观、问题意识、工作推进的策略、工作状态和作风……潜移默化地改进着。改进会带来不适甚至阵痛，但是我们累、痛并快乐着！

（校长：刘江宁；驻校专家：高玉兰）

小天地里微改进，造就学校大作为

西城区香厂路小学

转眼间，又是一年盛夏时节，校园里槐花随风飘洒，枝头上柿子果实初结，我校参与的第四期 UDS 项目已接近尾声。三年来的教育实践，让我们切身体会到，UDS 项目通过专家团队对学校具体工作的指导，使教育科研真正融入学校。每周专家的到校跟进指导，在不断的微改进中伴飞引领，真正实现了学校管理文化的悄悄变革；在校际间的交流和互访中，实现了 UDS 项目学校实践共同体的共同发展。

一、学校管理提升从确立理念开始

通过 UDS 项目三年的实践，我们在学校管理中逐渐形成了“内涵发展，服务师生，高效融合”的学校管理理念，这一理念的形成还是起源于学校的实际情况。

(一)专家把脉，形成理念

目前我们学校一校两址办学，一至三年级在本校，四至六年级在分校，还是平房，操场都不大，学校占地面积只有 3 367 平方米，建筑面积 3 587 平方米。学校一校两址，最大的劣势是场地狭小，尤其是学生运动场地严重不足。分校是平房，部分教室的面积不足，无法承担 30 人以上的班级。整体学校空间狭小是制约学校进一步发展的最大困难。

然而，学校虽小，也没有阻挡学校的发展。从 20 世纪 80 年代开始，我校就进行教育科研实践。特别是从 1998 年开始，学校进行两轮小班化教育实验研究，取得了丰硕的研究成果。从香厂路小学走出了吴国通、颜凤岑、韩桂新、支运珍、谢普兵等一批优秀校长。学校的少先队活动、教育科研工作很有特色。然而，近年来，学校遭遇了发展的高原平台期。

由于天桥地区的历史文化原因，生源素质参差不齐，家长的职业、文化层次、经济水平呈多元结构。近几年由于学生数量逐年递增，专业教室、教师办公室和教学设备严重不足。

学校现有教学班级 24 个，学生 801 人，教师 76 人。教师队伍多数具有良好职业素养，工作积极主动，但年轻教师所占比例较大，缺乏冒尖的骨干教师和学科带头人，没有形成有效的开展教育科学研究的氛围，专业技能型的教师和后勤管理人员配备不足。

为此，在UDS项目专家把脉会诊、点拨指导下，我们逐步诊断学校目前的实际问题，逐渐明确发展方向，干部教师达成共识，形成了“内涵发展，服务师生，高效融合”的学校发展理念。

内涵发展，就是始终秉承教育家陶行知的“生活即教育”“社会即学校”的理念，这是香厂路小学几十年坚持开展劳动教育、设计校园文化、实施实践活动的重要内涵思想。学校校训“学热爱，能吃苦，会创造”也蕴含有这一理念。生活决定教育，教育改造生活。这说明教育可以从生活中汲取营养，不断总结提升，又可以反过来指导生活，这是学校开展教育活动的重要内涵支撑。

服务师生，就是秉承学校多年坚持的以人为本的教育思想，尊重学生个性发展，服务教师和学生的全面发展。

高效融合，就是本校分校教师工作有序轮换，通过多种教育教学活动凝聚教师合力，改进学校管理手段，增加两址教师之间的交流频次，提升教育教学工作效率。

在参与UDS项目的实践中，专家团队对我们的思考和实践给予了充分的肯定和认可。

(二)落实理念，实践探索

1. 形成科学有效的管理体系，保障学校健康发展

在实践中，我们逐步摸索建立了符合学校教育健康发展的管理体系，即在学校管理中实行扁平化下沉式管理，学校中层干部全部在各年级组，直接面对一线教师，这样能够及时了解教师实际现状和发展需求，及时发现和关注学生平时的健康学习状况。同时，学校的发展理念、育人目标能够更好、更快地在一线教师和学生中得到有效落实和监督。在这个体系中，学校始终把目光放在教师和学生的发展，然后是学校的发展。因此，学校的各项保障制度着眼于促进和保障教育教学的实践研究，进一步强化自主管理和发展，让其成为学校健康发展的有效保证。

对于教师和学生而言，学校的管理突出人性化和自主发展。我们重视管理的制度创新，培养干部教师的合作意识和责任意识，将学校管理上升到管理文化的层次。从学校制定的校章、课程建设实施方案到各项教育教学管理制度的出台，处处彰显民主管理的氛围。

2016年学校制定了“十三五”学校发展规划，规划制定中广泛听取干部

教师意见，召开不同层次的教师会、家长会，不断修改完善，最终形成发展规划，指明了学校发展的目标和方向。2017 年，在项目组专家的指导下，我们重新修订了学校的校章，增加了促进教师和学生健康发展的内容，并组织干部教师分层学习；根据专家意见，细化和改进青年教师教学基本功的训练，每学年制定具体的训练内容和方式，由主管副校长牵头，并落实到学校每学期工作计划之中，学期结束前进行相应的总结和展示。

学校的管理充分考虑学校干部、教师、学生和家长的利益，通过人性化的课程管理制度的有效监督和调控，让它们形成发展学校的合力，达成共同健康发展的共识，形成教育发展共同体，从而促进学校的发展和提升。例如在学校组织的综合实践活动课堂上，我们根据杨英校长的建议，邀请家长代表作为家长志愿者共同参与，每次每班 1—2 名家长，负责组织同学分组开展实践活动。家长们踊跃参与，他们认真负责，主动参与学生的小组实践，和学生一起走进大自然、走进博物馆；在财会学校的课堂中共同体验制作蜡染、毛猴、京剧脸谱、古法造纸、麦秆编织等。

这些活动，增进了家长对学校工作和教师的了解，拉近了家校之间的距离，更加吸引家长主动参与学校的各项工作。之后，学校家长委员会的成员就主动与学校沟通协商，帮助维持学校门口的放学秩序。

2. 精心打造教师发展平台，助力学校教育质量提升

在学校教育发展的实践中，我们非常重视教师队伍建设。教师的教育理念、专业技能是做好实验的核心要素。因此转变教育观念、提高教师的专业素质是全面落实课程改革目标、实现教师角色转变和学生学习方式转变，创造性地实施课程改革、提高教学质量的关键。在项目组专家的把脉下，我们改进工作方式，打造多种促进教师发展的平台，开展多种富有成效的研究活动，提升教师的专业素质，以此作为学校教育教学管理体系的重要保障。

学校抓好校本教研。校本教研活动对转变教师的教育理念、提高教师专业技能有着重要的意义。因此课程改革以来学校开展多种形式的校本教研活动，以促进每一位教师发展。在校本教研过程中，我们始终以专题研究为依托，以学习教育理论、更新教育观念为基础，以新课程实施过程中教师面对的各种具体问题为研究重点，以一线教师为研究主体，研究探讨和解决教学中出现的实际问题，总结和提升教学经验。为此，在校本教研过程中，我们做到三个结合，即校内研讨与专家指导相结合，课例研讨与专题研讨相结合，教研组互动与伙伴互助相结合。

学校抓好教研组建设。首先强化教研组的作用，加强教研组的学习功

能和研究功能。一是常态下的研究，做到有时间保证，有学习内容、研究内容和重点，每次研究活动要达到一定的目标。二是教研组在专题研究和问题探讨中要发挥应有的作用，通过集体学习研究达成共识，再通过反复不断的课堂教学实践，推动专题研究的进展和课堂教学改革不断深入。在教研组中，教师开展同伴互助、专家引领、师徒挂钩、自我反思多种活动，相互依托，互相补充，不断开拓新的活动方式，提高活动效果。

学校抓好专题研究的平台。在专题研究过程中，倡导教师的团队精神，把教师个人与教研组紧紧捆绑在一起。每学期以教研组为单位进行专题汇报，把探讨交流的过程，变成自我经验和他人经验相互建构的过程，在交流互动中让教师感受真实，产生共鸣，激发思维，在共同参与中相互促进、共同成长提高。引导教师有针对性地进行理论学习，从理论层面解决认识问题、观念问题。理论学习使专题研究有了根基，有了方向，为教学实践奠定了扎实的理论基础。

“成长＝经验＋反思”。反思是一种手段、一种过程、一种有益的思维活动和再学习的活动。个人反思是前进的动力。因此，学校注重引导老师们在教学后进行反思，然后用课例、案例或教学随笔、教学札记的形式记录下来。同时，充分发挥区校两级骨干教师的专业示范引领作用。为他们搭建展示的舞台，以点带面激励教师的自主发展。

3. 不断优化校园育人环境，提升学校文化氛围

香厂路小学的德育活动，特别是少先队工作有着光荣的历史文化传统，很有口碑，多年来坚持开展的特色教育活动曾经引起广泛的社会关注。虽然校园面积不大，但学校在教育实践中充分利用学校的狭小空间，在“小天地中有大作为”。为了贯彻立德树人的教育目标，落实学校服务师生发展的理念，香厂路小学创新育人环境，更新育人模式。

在项目组专家的指导下，为学生创新教育设施，使他们在潜移默化中受到教育。这不仅是陶行知先生早在 19 世纪就已提到过的生活教育思想，更是学校多年来领导干部和教师努力的方向。

“问渠哪得清如许，为有源头活水来。”充分发挥校园环境中每一项设施的育人功能，使之成为很好的课程资源。将学校的校园环境建设纳入教育科研实验研究的整体规划，从曾经的百米画廊、攀爬墙、声控灯、富有童趣的教室布置，到近年布置的琴棋书画体验，天桥民俗文化展示，手控电子阅读书，安溪会馆故址纪念碑，信息技术、航天科技、共和国勋章获得者的宣传都充分展现了立德树人、服务师生发展的理念，成为学校整体办学理念的具体呈现，使方寸之地继续哺育新苗茁壮成长。

学校通过群团组织经常开展文体活动和教师生日关爱活动，营造良好的工作氛围；办好食堂、改善办公条件，帮助教师解决生活工作中的困难，增加教师的幸福感和归属感。此外，学校工会利用现有条件组织开展运动会、节日民俗体验、退休在职困难教师走访慰问等活动，丰富教职工生活，使全体教职工人人参与，人人享受，为师生的共同成长提供了广阔的发展空间。

二、学校管理提升从日常工作改进做起

通过 UDS 项目的渐进式学习，我们发现，学校的组织结构决定组织的功能，只有组织的结构合理，组织的功能才能达到最完美的发挥。在专家的指导下，我们以学校计划的制订、执行和总结为依托，不断优化和改进自主发展的管理闭环，逐步形成可持续发展的运行机制。从计划开始，不断地改进，不断地实施，不断地总结，在这样的闭环运行中，所有的干部教师都习惯于在总结中反思，在反思中改进，学校的工作也在扎扎实实、一点一滴地改进。

(一)表格式学校计划带来的改进

在参加了 UDS 项目之后，我们把工作中的第一个改进放在学校工作计划上。在计划制订和布置过程中我们把遇到的问题与项目组专家杨英校长进行了沟通。在专家的指导下，我们决定尝试从三个方面让学校的工作计划从制订到布置有一个质的变化。

1. 从文本结构上，学校计划由纯文字式改进为表格式

学校从 2017—2018 学年第二学期开始尝试用表格式的计划代替原来纯文字的工作计划，并精简相应的具体内容，从各部门制订计划开始，到学校的整体工作计划完全是表格式的。从表面上看，表格式的学校计划大大压缩了文本字数。但实际上，我们把计划做了相应的梳理，让学校计划和各部门计划形成总分模式。学校计划突出总体工作思路和主线，重点工作的安排和时间。各部门计划围绕自身工作提出具体的工作内容和要求。总计划重在思路和安排，部门计划重在内容和要求，层次明确，互不干扰。

2. 从时间上，学校计划的研究由学期初商议改进为上学期末开始

计划的酝酿应该是经过一段时间思考和沉淀的。我们尝试改进原来开学前才商量计划的做法，在期末，在总结学期工作的基础上，就开始酝酿下学期的具体工作。因为有些是常规，有些是要根据上级要求进行调整和改进的，还有些安排是需要一定时间的思考才能决定。因此，在期末研讨的基础上，我们开学前再继续研讨，形成初稿。同时，在新学期开始前全

体教师返校的第一天，我们就拿出学校计划的征求意见稿，让教师分组讨论学习。通过不断修改完善，最终形成学校的学期工作计划。这样的改进，使人人都是计划的参与者和制订者，使计划只能够经过一段时间的沉淀，在思考完善的基础上再推出，使计划更加理性，学校计划由面面俱到改进为重点突出，更具有可操作性。

3. 从计划布置会到计划宣讲会

其实，以往的计划布置会，在宣读计划时挺费劲的。五千多字的计划，加上部分的解读，再利用 PPT 辅助说明，少说也要一个小时才能说完。而对于教师来说，这一个小时的计划解读他们能记住多少呢？应该说效果是大打折扣的。为此，在计划文本变为表格式缩减内容的同时，我们也在改进计划布置会的形式。我们把全体教师参加的计划布置会和各部门召开第一次例会相结合。我们通过全体会简要布置本学期的总体思路和重点工作，具体工作和要求则在各部门的第一次例会上向不同层面的教职工具体传达。这样，总体思路和具体要求有机结合，教师既能明确学校学期工作的总体思路，把握重点，抓住具体时间节点，又能明确掌握具体要求和细则，有的放矢、从容不迫地完成工作，还有效提高了会议效率，一举多得。

可以说，目前我们的计划做到了以下几点：

第一，学校计划的总体思路更清晰，重点更突出。以往的学校计划中我们总是简单地把部门的工作复制粘贴到学校计划上应有的部分，并没有做取舍。因此，这样的计划内容繁杂，结构臃肿，脉络不清。布置计划时，说的人口干舌燥，听的人昏昏欲睡。而表格式的计划，明确了学校计划和各部门计划之间不同层面的关系，梳理明确了学校学期的工作主线，重点工作突出，层次分明。布置计划时，说的人简单扼要、脉络清晰，听的人能够紧抓重点、清楚明白，大大提升了工作的效率。

第二，学校计划文本形式的改进影响着工作方式的转变。虽然学校计划只是文本的形式改变了，但是，通过仔细梳理上学期的工作，我们发现很多工作的方式在悄然发生变化。比如，在每周的班子例会上，各部门总结工作时能够紧扣学校计划的主线和时间安排，并能够更多地说到工作中的问题和解决的方法，比以往更主动、更贴近学校和教师发展的实际，更能提升工作的质量和水平。再如，各部门在具体安排工作时，由于学校计划的清晰明确，大家能够更好地、主动地相互支持和协调，明确学校工作的主次，合理安排自己分管工作的时间和资源，工作效率大为提升，避免了相互推诿，有利于大家一起通力配合、齐心协力完成学校的各项工作。

(二)活动策划方式带来的改进

以往，我们在策划教育教学活动时，都是由主管领导拿出活动方案，在例会上大家进行修改补充，全体通过后具体落实。现在，我们从开始方案的制定就引导大家全力投入、各抒己见。

比如科技节活动的策划，从一开始就是领导班子全体成员共同设计。这个方案前后经过三次例会才敲定。这样的好处显而易见，方案得到了各部门的共同推敲，除了考虑更加具体全面之外，在研磨中各部门也清楚地了解自己的职责所在，具体要完成的工作和时间节点。还有，学校由于场地狭小，长期以来都没有组织过大型学生运动会。2018 年，我们和项目组专家研讨之后决定借用育才学校的场地，在周末举行学校的第一次大型田径运动会。活动方案从策划到具体落实，从专家到教师，再到后勤工作人员，以及育才学校的领导和体育教师都参与学校运动会的策划和筹备。我们注意细化方案的每个细节、时间节点，前后三次到实际场地画线安排。并在活动中邀请部分家长作为志愿者参与运动会的前期准备和当天的举办过程。

因此，如果方案策划民主开放，前期活动准备充分，那么后期的推进和落实就会非常迅速、到位，效果也会很好。科技节开放日的活动和学生运动会的活动方案也受到 UDS 项目组专家的一致好评。活动结束后，我们还在后续的例会中专门对活动的全过程进行了总结和梳理，找出工作的不足，以便后续继续改进和提升。

(三)行政例会方式改进带来的改进

每周一上午是学校固定的行政例会时间。固定模式是学校校长主持，各部门汇报上周完成的工作，制定本周工作安排，校长带领大家进行业务或政治思想学习后结束。但是，随着 UDS 项目不断地推进深入，我们在不经意间发现，行政例会的氛围悄然发生改变。而这些改进主要体现在部门间的协作、支持和担当上。

1. 部门总结方式的改进

以往，各部门在总结上周工作时多是罗列几条，很少涉及具体效果和体会，简单直白。但是，现在则不同。大家在总结上周工作时，不仅细数工作的内容，还加上了简单的总结和评价，不忘表扬工作出色的同事，也要说明出现问题的原因和改进方法。反思之后，我们发现，最初 UDS 项目的专家杨英校长参与例会，就在我们的总结中给予了适时的引导和点拨，随着各项管理工作的推进，大家在杨校长潜移默化的影响中改变了自己的汇报方式。而这无疑能提升我们的管理水平。

2. 工作实施推进的改进

其实，学校各项工作的落实和推进在行政例会上反映得不多，功夫应在例会之外。但是，这学期，我们发现，各部门的中层领导利用例会时间沟通协调各项工作落实推进的内容增多了。这个变化是大家一开始并没有意识到的。例会上，无论是部门总结工作，还是共同商议本周工作安排，大家都畅所欲言，轻松而又热烈。其实，这样的氛围正是专家和校长所预期的。正是这样的会议氛围，正是大家的畅所欲言，我们才能更好地为工作的实施推进献言献策，体现群策群力，各项工作大家一目了然，互相支持补台。

3. 例会形式内容的改进

从 2019 年开始，我校每周一的行政例会都要邀请各组组长或是老师们来参加，每周轮换一位。老师们全程参与例会，每位参与例会的老师不但可以参与讨论学校教育教学工作，还可把老师们的困惑或是有待解决的问题向学校提出，有的建议学校能够及时采纳，通过小小的改进让学校能够第一时间了解老师的所需、所求、所困。通过行政例会的微改进，老师更加了解学校的工作，拉近干部和教师之间的距离，因而，学校工作在具体实施中就能得到更多老师的支持。

4. 会议侧重学习的转变

从 2019 年下半年开始，为了提升领导集体的学习力和执行力，我们在行政例会中增加了学期新内容——读书分享。这个环节的设立主要是引导干部更加注意自身的学习修养。每周由一位干部介绍自己近期所研读的一本书籍，谈谈自己的读书心得和体会。如 2019 年第一学期中，原校长谢普兵介绍了《目标中国》，赵献忠副校长介绍了《旧唐书》，杨桦主任介绍了《平凡的世界》，张严主任介绍了《静待花开》，刘素馨主任介绍了《脑科学与课堂》。这样的读书分享不仅使行政例会的氛围更加轻松活跃，还让大家分享到了很多重要的思想和读书体会。读书分享成为我们行政例会的重要组成部分，我们会长期坚持下去。

(四)在总结反思中不断提升和改进

俗话说“编筐编篓贵在收口”。总结和反思在促进学校发展中起着重要的作用。为此，UDS 项目组特别重视引导学校开展工作总结和自我反思。为做好学期工作总结，形成闭环管理，学校努力打破以往惯性思维，积极求改进，通过专题总结式、课例研讨式、经验分享式、总结表彰式等多种形式改进总结的方法，促进学校各方面工作的反思、分享和提升。

1. 专题总结式

总结会上，我们首先回顾了学校语文教研组从2016年以来开展群文阅读教学实践研究的历程、主要成绩和问题。然后三位语文教师代表分别从“以人物描写为例谈如何提升学生写作能力”“如何通过‘日常五项阅读法’指导学生阅读整本书”“如何巧用部编教材培养学生阅读力”三个研究方向和大家分享了群文阅读教学实践中的宝贵经验。随后语文教研组其他老师纷纷发言，分享自己在开展群文阅读教学实践中的心得和体会。接着，语文教学主任对已立项的区级校本专项课题进行介绍，重点阐述课题研究目的、重点内容、实施方法及预期成果。

2. 课例研讨式

2019年，学科教研组围绕“关注学生个性发展，聚焦多元高效课堂”开展了各项小专题研究。为展示教师风采，加强学科组际之间的交流与互动，营造更加浓厚的教研氛围，学校搭设了课堂教学竞赛平台，邀请区学科教研员、UDS项目专家、集团校名师和学校行政领导共同组成评审小组，全体任课教师全员参与听评课活动。

如数学教研组，针对课堂教学浅、平的问题，开展了提升课堂教学思维含量的小专题研究。教研组紧抓三个关键阶段开展校本研究。第一阶段是开学初的质量分析，重点是分析试卷的变化和教学的发展趋势，帮助老师们进行理念的转变，同时针对现阶段课堂教学存在的主要问题确定研究目标。第二阶段是开展骨干教师示范研讨课活动，每位骨干教师都纷纷献课，数学主管教学主任亲自做课《两位数乘一位数的灵活计算》，用自己的课堂教学例子和大家一起研讨应该怎样提升学生思维含量，让数学真正成为思维的体操。在此研讨过程中，青年教师得到了很好的引领。第三阶段是人人做课阶段，各参赛教师认真钻研教材，精心设计教学环节，同年级组、同学科教师也充分发挥团队的智慧，集体研磨，精益求精。

3. 经验分享式

班主任例会，既是德育工作的阶段总结和部署会，也是班主任工作的经验分享和问题研讨会。每次例会，首席班主任都会通过生动的实例和青年教师分享优秀的班级管理思想，分享成功的学生教育案例，分享家校合作经验做法，分享优秀班主任个人成长的故事；年轻班主任也会提出工作中的实际问题，引发大家的热烈研讨，精彩的思想碰撞，使与会者都会受益，从而产生纳百家之长解我所困的喜悦。班主任例会制将德育的总结培训工作分解到日常工作中的每个月，增强了德育工作的及时有效性，保证了德育工作的持久连续性。同时，例会为大家搭建了一个相互交流研讨和学习的平台，让班主任们取长补短，不仅达到了资源共享，也切实地促进了班主任团队的专业成长。

4. 总结表彰式

为充分挖掘教师群体先进典型，切实促进教师个体到群体的深入反思，期末总结会，学校采取自下而上的方式，先由各教研组和教学部门组织教师进行个人反思和组内交流，大家聚在一起畅谈个人成长历程：谈谈本学期最自豪的几件事，讲讲身边同事感动我的事迹，梳理本学期在教育教学工作中取得的荣誉，反思需要提升和改进的方面……在此基础上学校再召开全体大会，由教研组长宣讲本组教师的感人事迹，总结年级组工作的得与失。最后由校长做学期总结，并对优秀教师和先进集体进行表彰。

这样的期末总结会，既充分挖掘了身边精神之矿、树立了榜样，也达到了教师个体到群体的反思、梳理和提升的目的。这个过程提高了每位教师系统思考的能力，而不是仅用学校一层“面”上的“系统”梳理，来代替教师个人的反思和总结。

三、学校管理提升从教育教学实践突破

在UDS项目实践的三年中，我们逐步梳理自身存在的问题，找准实践研究的突破口。长期以来，学校不断积淀形成了“生活即教育”“学热爱，能吃苦，会创造”“小天地中大作为”等教育理念，在专家的帮助下，我们从学校课程建设方案、学校德育实践活动、学校科研课题立项引领三个维度，深入学校日常教育，从细微的实践改进中一点一滴地为学生发展服务。

(一)总结提升，建构多彩的“自主发展性”课程体系

一所好学校必须具有一定学校特色的课程体系。在多年探索和实践中，我们将“尊重、创造”的理念融入课程建设，形成了国家课程、地方课程和校本课程整体优化、和谐共处、互为补充的三级课程建设框架，形成了“尊重每一个学生需要，促进每一个学生健康、和谐、可持续发展，提升每一个学生品德与智慧”的课程理念。学校根据学生需求，开发了各种校本实践课程，如棋课、文学欣赏等。在课程开发中，教师和学生成为课程的主人，成为真正的课程设计者、实施者、评价者、管理者，不断激发和培养学生的创造能力，从而促进教师专业化发展的进程。但这样的课程体系已经不再适应学校当前的发展和学生发展的需求。为此，我们请UDS项目的专家万福院长、杨英校长来校做具体指导，系统帮助我们梳理学校原有的三级课程实施体系，结合香厂路小学几十年教育科研的实践成果，

帮助我们逐步建构学校“自主发展性”课程体系。

“自主发展性”课程体系是对学校以往教育理念的继承和发展。几十年来，我们坚持的教育的目标是学生健康地成长，践行人民教育家陶行知先生的教育理念，以“捧着一颗心来，不带半根草去”的赤子之忱，为办人民满意的学校而不懈努力。秉承“学热爱，能吃苦，会创造”的校训，我们积极探索办学规律，创新培养模式，坚持“以学生的未来发展”为本的教育思想，引导学生不断塑造健康的个性品质，德智体美劳全面地发展；教师在育人的过程中不断提升自身专业发展水平，凝聚干部教师的合力，在教育教学工作中不断开拓创造；而教师学生的健康成长和专业发展，成就学校的未来发展特色，形成基础教育特色品牌，不断通过全面实施“质量兴校，人才强校，机制活校，服务立校”的发展方略，培养高素质人才，努力把学校建设成为特色鲜明、百姓满意的优质学校。

为此，依据对学生未来发展需求的提升，我们以大课程观和以人为本的发展观相关理念支撑，对学校的三级课程体系进行了逐步调整和完善，形成夯实基础层、拓展视野层和个性发展层三个层次，以及“立德树人，启智养慧，健体强身，审美情趣，劳动光荣”五个维度的课程设置体系。这三个层次五个维度不同层次课程的设置主要是基于学生客观实际的发展需求，为学生终生发展筑牢基本知识和基础能力，形成健康向上、主动合作、自主发展的学习发展素养，对学生未来发展形成有力的支撑。

(二)有效整合，探索学校德育实践活动特色之路

丰富多彩的德育活动，是学校德育工作的有效载体，是提高学生道德水平、实现学生自我教育的重要途径。生动的德育活动能有效地发挥学生的主体作用，弘扬学生的主体性，挖掘和引发学生的自觉性，使学生通过活动彰显活力、受到教育。如何将丰富多彩的德育活动与综合实践课程有机整合，更好地发挥它的作用，一直是我们思考的问题。

在UDS项目的实践学习中，我们本着“回归原点，守正出新，尊重规律，回归本真”理念，虚心向专家求教，结合自身的思考实践，使我们更加深刻地体会到“改进在日常”的真谛、“生活因策划而精彩”的重要性。从2017年下半年开始，我校开始尝试将德育活动与综合实践课程相结合，注意结合学生特点、季节特点及地域文化特点，将学校的德育活动与综合实践课程分为四个主题开展活动：走进博物馆主题活动、走进大自然主题活动、走进校园特色节主题活动、走进财会学校主题活动。

1. 走进博物馆主题活动

此项主题实践活动结合学生年龄特点，每学期利用秋冬季季节特点，带领学生走进各个博物馆，开展社会实践活动。各学科教师根据学科特点，分年级编写实践活动手册，学生们带着学习任务参加各年级实践活动。

2. 走进大自然主题活动

此项主题实践活动根据学生的年龄特点及季节特点，每学期利用春季带领学生分年级走进大自然，进行社会体验活动。各学科教师根据学科特点，编写实践活动手册，学生们带着学习任务参加各年级实践活动。

3. 走进校园特色节主题活动

此项主题实践活动是学校德育坚持了近三十年的特色活动。每学期由学校少先队大队发起倡议，征集特色节活动名称、活动内容和方式，最后学生投票确定开展2－3个特色节。这项教育活动是以学生的兴趣爱好出发，每月开展一个节日活动，让孩子们在自己的节日里快乐地游戏，体验孩子们自己设计的自主活动，自豪地展示自己才能的——“特色节”。

4. 走进财会学校主题活动

此项主题实践活动从2017年开始，学校与西城区财会学校联合开展的学生综合实践课程活动。综合实践课程每月一次，按年级开展活动，每年级开展10—12个课程，每个课程由财会学校专职教师及我校辅助教师共同负责。课程设置和教学内容由学校老师和财会学校任课教师共同设计，根据学生年龄特点开展不同的课程体验活动，主要涉及手工制作、金融体验、民俗文化和传统技艺等领域。

在近三年的实践研究中，我们深深感到，德育活动与综合实践活动课程有机结合之后，再纳入学校整体的课程体系，可以进一步提升学校德育活动的大局观和课程观，形成学校特色的德育活动课程，这对于学校德育和实践活动来说可以相辅相成。通过实践我们初步形成了两点体会。

一是依托综合实践课程固化德育活动内容，不仅可以实现德育工作的有序化，还可以逐步构建学校德育活动特色。按照学校的总体设想，我们所打造的四个模块在逐步完善之后将长期坚持，这就给学校德育活动的实施打造了完美的平台，可以逐步构建学校德育课程体系。而这个体系的建立，学校德育活动相对固定，避免随意性，可以使学校教师在设计自身的教学工作时，提前入手，做好相应的教育教学准备实施，高质量完成实践活动的过去时和将来时的各项任务，使活动更加完整。这样，学校依托综合实践课程所开展的德育活动就会逐步形成学校的特色活动。如走进财会学校和走进校园特色节的活动尤为突出。

二是依托学校德育课程体系，可以使综合实践活动课程真正做到常态化、课程化。由于德育活动四个模块的逐步完善，经过一段时间的实践研究，学校教师逐步适应了学校各项德育活动实施的方式。年级组、教研组在学生每次实践活动中都发挥了重要作用，大家都自觉、主动地设计活动实施手册，学科教师引导学生设计活动目标，班主任帮助学生建立学习实践小组。活动结束后，教师利用班队会和学科课程延伸实践活动的成果，使德育活动更加常态化和课程化，更加有的放矢，提升了德育活动的实效性。

(三)课题引领，打开学科课堂质量提高的突破口

对于学校而言，课题的立项，对提升课堂教学质量、推进高效课堂的构建有助推和引领作用，有利于提升学校自主发展课程建设水平，达成高效课堂目标。因此，在两个区级校本专项课题的实施中，我校全体干部和将近30位青年教师组成了课题具体的实施团队。希望通过团队教师的学习、实践和引领，使学校教师在完善课程体系基础上，逐步理解、消化学校“自主发展性”课程体系的“大课程观”，提升有效课程的执行力。同时，课题的实践研究可以更好地引导教师特别是青年教师参与教育科研，不断提高青年教师的教科研能力，可以逐步丰富和完善教师的执教水平和能力，形成一批学校的教科研骨干，在高成效的执教过程中生成不断的执业成就感和幸福感，最终形成执业积极性的持续提高。

对于坚持不懈的课题实践研究，我们希望达到以下几点预期的目标。

1. 课题研究有效转变学生学习方式

课题研究有效转变学生学习方式。课堂上，学生在教师的引导和鼓励下，通过自学去发现问题，通过小组合作学习去探索新知、揭示规律、归纳学法。在课外，我们把学习与社会生活实际紧密联系，努力将学校教育延伸到博物馆、大自然、大社会中去。我们把学生从单一的教室里解放出来，给他们创设广泛接触社会、接触自然的机会，组织学生开展志愿服务，采访不同社会人士，参与社区实践活动，学习传统民俗艺术等。这些学习方式的转变，都使学生获得了课堂中难以得到的思想收益和知识营养，陶冶了情操，开阔了学生眼界，增长了课外知识。使学习充满生机和活力。学生在自己的生活中去找寻知识、发现知识、探究知识、掌握知识和拓展知识。

2. 课题研究逐步构建良好师生氛围

课堂教学更加民主化、开放化、合作化、宽松化，课堂上师生互动、生生互动建立了一种平等、民主和谐的新型师生关系。教师不仅把知识带进课堂，也把充满希望的微笑带进课堂，把富有引导性的鼓励带进课堂，把深受学生喜爱的游戏带进课堂，把各种生动活泼的教学活动带进了课堂，把对学生的尊重和理解带进课堂。同时，互动教学策略实现了教师角色的转变和学生学习方式的转变。教师不仅是知识传播者，也是实现课堂教学目标的设计者和组织者，是小组合作学习的参与者，学生疑难问题的点拨者，更是学生主动探究、独立思考、获取新知的引导者和学生发展的促进者。

3. 课题研究有效提升教师专业发展水平

随着课题研究的不断深入，我们参与实践教师的学习力、合作力、创造力、凝聚力不断得到提高。围绕着课题研究，学校营造出一种良好的教育研究氛围：课堂上，师生互动、生生互动建立了一种平等、民主和谐的新型师生关系；课下，师师互动、学习、交流、研讨蔚然成风。可以说专题研究不仅促进了学生的发展，促进了教师的发展，也使干部教师两支队伍在科研实践中日渐成熟，从而促进学校教育教学质量的全面提高，提升了教师专业化发展水平，形成学校重要的教科研骨干团队。

三年 UDS 项目的学习实践让我们收获许多，成长不少。通过管理一点一滴地改进，在香厂路小学这片不太大的沃土中，干部团队不断成长，走向成熟，教师队伍不断提高，一批批学生在香厂路小学全面发展、健康成长；师生关系、教师关系、干群关系发生了显著的变化。回眸三年成长之路，我们感觉很多工作可以做得更好，如对学校管理工作的过程性监控，特别是计划的落实推进还需持续改进，对骨干教师、青年教师的培养还要加大力度和针对性。

今年，我们将继续秉承“教师为本，学生至上”的发展理念，继续规范学校管理发展体系，提升教师执教水平，打造“德厚、业专、心定、志远”的高素质教师队伍。我们期待，学校的未来能够继续传承陶行知教育的思想，以融合高效促进管理发展，以精湛多元促进教师专业化发展，以精巧创新形成德育特色亮点，以精心实践夯实教学质量基础，从而促进师生全面健康的发展，最终达到师生精彩、学校精彩的发展目标。

（校长：谢普兵；驻校专家：杨英）

立足自主，有效借力，“三成”推进整体发展

西城区新世纪实验小学

2017年，我校有幸成为“高校支持西城区小学发展项目”第四期项目学校之一。借助高校智力资源，我们不断自主发展，努力提升学校整体办学水平。

UDS项目是以学校实践改进为直接目的，促进学校可持续发展的行动研究计划。其项目推进策略首先是从管理团队入手。项目提出干部团队不仅要学会高效能做事，还要学会领导他人，成就教师，并且在成就他人中实现自己的成长，这就是UDS项目提出的“三成”发展理念——“成事、成人、成己”。三年来，我们管理团队在项目“三成”理念的引领下，转变自身的教师观念、思维方式、工作习惯，努力成为优质发展的管理团队。

一、立足“三划”，提升管理效能，学会成事

为了提升干部团队的管理效能，项目组提出了“‘三划’能力”建设，并提出“学校发展因规划而长远，工作因计划而扎实，生活因策划而精彩”以及“在总结反思中提升”“实现发展的闭环螺旋”等理念。三年来，在项目的指导下，我们致力于五年规划落实，推进计划的改进，策划能力的提升、总结的创新，发挥着自身的主动性、自主性，引领着学校面貌发生无声的变化。

（一）学校发展因计划而扎实

“学校发展从计划开始”是UDS项目首先着手推进的实践改进。我们干部的管理能力提升也就是从制订计划开始的。历经2017—2020年三个学年工作计划的制订，经历了初定、培训、面对面指导、修改、再指导、再修改的不断改进过程。现在的计划已然不仅仅是一学期工作的宏观规划，更多体现的是微观策划，是工作能够落地的保障。在这样的过程中我们管理团队收获了成长。

1. 在"变"中达成计划制订的可操作性

工作计划制订是一项做了多年的常规工作，而且每年制订计划的初衷都是要解决工作中的问题，UDS项目专家以制订计划为主题，对领导班子成员进行了系列指导，集中一天的主题培训，面对面案例分析会诊，历经5次工作计划的反复修改，领导班子成员深深体会到了好的计划不仅仅是一学期工作的宏观规划，更是要体现出微观策划的重点，计划要有指导性、系统性、约束性和执行性。计划内容的来源要体现多主体参与，才能调动计划实施者的积极性。

全体班子成员参加培训后，召开了专题会议，大家交流培训收获体会，找准计划制订的问题点，并研讨出了下学期工作计划制订的流程。这是班子成员内化学习内容的过程，是大家达成共识的过程，是用新的观念武装自己的过程，是让学习不走过场的保障，并且会对后期实践学习成果起着非常重要的作用。

我们在实践的过程中逐步形成制订工作计划的技能。新学期计划我们很早就开始着手，在前一个学期末就布置了调研工作，出台调研问卷，汇总结果；研讨确立新学期工作重点要做的事；研讨撰写要求；研讨初稿，期间对有的策划内容又征求了班主任的意见，历经3次研讨修改于放假前基本完成了工作计划的制订。开学后，经专家指导，结合教委工作计划又进行了修订。在开学第一天就向全体教师布置了工作计划，并开始落实。这个实践的过程是我们深化认识的过程，是我们将理论转为实际行为的过程，是我们不断思维碰撞探讨修正制订计划行为的过程，最终提升了干部制订工作计划的能力。

历经这样的工作计划制订过程，我们深深感到班子同心、用心、精心的重要性。心向师生学校的发展，心向工作的不断完善改进，心向协作共促的氛围。可以说，新学期工作计划的出台，是班子成员合作协调共享智慧谋发展的结晶！

用表格展示我们计划改革的成果。

表 1　培训前后计划制订工作变化一览表

项目	培训前	培训后
制定的程序	1. 总结上一学期工作，找出待改进的问题，学习五年发展规划，找出要落实的内容； 2. 各自制订计划；（做什么） 3. 行政会议讨论； 4. 汇总形成学校工作计划	1. 总结上一学期工作找出待改进问题，学习五年发展规划，找出要落实的内容； 2. 调研征求意见； 3. 梳理以上内容，行政会研讨，确定共同要做的几件大事； 4. 研讨制订计划的注意事项； 5. 围绕几件大事分部门制订计划（做什么、为什么做、怎么做、时间节点，体现策划）； 6. 行政会议研讨； 7. 征求有关人员建议； 8. 修订； 9. 汇总形成学校工作计划； 10. 专家指导再次修订
主体的参与	行政人员	行政人员、全体教师、部分学生
目标的清晰	有目标	目标更具针对性，思路更加清晰
内容的聚焦	各自制订本部门工作计划	学校计划聚焦在两件大事（队伍建设、学生培养）上，各部门协同制订工作计划
措施的落实	叙述空泛，只说明要做的事。例如为了提升内部管理能力，向常态工作要质量，干部继续开展读书推介活动，共读一本书——《在日常变革中追寻最好的教育》	措施具体，说明要做的事及做事的原因、策略、时间、人物等，呈现的是微型策划案。例如： 1. 根据本学期工作重点，每位干部自由选取本书的导读内容，并明确学习内容与本学期哪项重点工作相关。（暑假完成） 2. 明确每位干部导读内容，确定导读时间。（9 月 7 日前完成） 3. 按照计划进行导读，其他成员也阅读相应部分，共同研讨。（11 月中旬完成） 4. 将实际工作与干部研读内容相结合，向相应教师进行有关业务指导，用学习成果指导实际工作，以达到提升工作质量的目的，从而提升领导力。（11 月底前完成，结合实际工作与导读、研读交叉进行） 5. 写出用学习成果指导实际工作提升领导力的叙事案例（学期末交流）

续表

项目	培训前	培训后
文本的优化	文本的整体性欠缺，有重复和口径不一致的情况	从行文格式到内容安排和谐、统一、清晰

培训后制订的计划，工作思路清晰，整体性强，重点工作有特色、有创新、有发展、有追求，各项工作体现了“具体、细致、落实”。

这样的计划得到了教师的认可：“学校布置的工作计划全面，措施得当，形式较以前更加多样灵活，便于操作，计划的实施更加规整，可操作性强。”

2. 在“变”中达成计划制订的实效性

(1)依据规划制订计划

几年来，我们践行项目组提出“学校发展因规划而长远”的理念，制订的计划紧紧围绕五年发展规划，落实学校文化建设；在执行中践行“改变在日常”的发展理念，在实践中不断改进工作。

例如学校五年规划中在2018—2019学年度制定的课堂文化建设目标是：完善新小“关注身心、民主和谐、基础扎实、自主探究”的课堂教学文化。坚持以学定教，尊重个性差异，加强对课程的管理和监控，稳步提升教学质量。

依据五年规划分析我们的课堂教学，我们认识到学校教学管理应加强教研活动这个环节，追求教研的实效性，向教研要质量。所以每个学期教学计划的制订都会不断调整，朝向学校五年规划目标迈进。纵观三个学年教研活动计划的制订过程，我们感到作为管理者来说，心中要有学校总体规划，每学期工作计划的制订要紧紧围绕学校发展规划目标。目标的落实要有活动载体。最关键的，也是我们最大的体会，管理者要做到对某项工作计划的某项内容心中有数，要纵向不断地推进工作进展，更要横向进行比对。这样的思维方式是学校工作闭环螺旋发展的保障。

(2)整体性思维方式促进闭环螺旋发展

“总结—反思—征求意见建议—再计划”，我们认为这样就可以保障计划制订的内容符合实际需求了。

例如在计划布置会前，我们召开了教研组长会，再次征求了意见建议，对照已制订的教研工作计划又进行了完善，涉及的内容如下：更加明晰了不同层面的教师弱点和亟须解决的问题，由此制定了相应的专项培训内容；了解到任何教师基本功都要通过课堂教学得以体现，所以制定了骨干教师和青年教师课堂教学展示月的内容。在此过程中，学校教研活动管理办法经过征求意见得到了组长们的认可，成功出台。出台后老师、组长都认可，为其落实奠定了思想和组织管理基础。

开学以后，大家严格落实计划，通过人人做课、师徒做课、“世纪杯”青年教师课堂教学竞赛、骨干教师课堂教学展示等多种形式来体现计划内容。在展示的过程中，有一些老师的课得到了本组教师、校领导、教研员的充分肯定，由此看到了研究的轨迹与成效，看到了这样制订计划的实效性。

(二)学校发展在总结反思中不断更进

总结是管理中的重要环节，是建立反思性学研文化，培养有思想、有反思力干部的重要途径，是形成科学的闭环管理机制、助推学校管理百尺竿头更进一步的根本保障。在项目组组织的主题研修活动中，通过学习与研讨，我们对总结有了新的认识，并在实践中探索形成了“制订计划—组织实施—检查—评价、总结、反思”的工作模式。

1. 总结成工作常态

我们的总结工作也在改进，力争通过总结与反思，达到积累经验、寻找不足、及时跟进，推动学校工作不断提升。

自 2017 年，贾校长带领干部实施了周总结制度，每周一，干部们都会回看部门工作计划，将一周常规工作进行小结，尤其对重点活动进行专项小结、效果自评。在周一例会上，校长立足学校学期发展目标，带领大家肯定优长，查找不足，为后续工作提出建议和具体措施。我们有每月由校长主持的行政干部工作总结会，主管干部总结本月工作，在此基础上召开全体教师参加的学校工作月总结会；我们还有教学质量分析会、期中工作总结会；运动会、科技节、研究课等专项教育教学活动结束后的总结会。期末校长带领我们回顾部门工作，大家对照计划反思实施情况，力求通过期末总结，达到积累经验、寻找不足和促进发展的作用。

2. 总结主体多元化

在往年干部作为总结主体的基础上，我们增加了教师群体，让老师们走到前台进行总结。

2020 年 1 月，学校召开了“以‘研’促教，借‘研’提能，追求更好的教育”为主题的 2018—2019 学年度第一学期教育教学工作总结会。此次总结的指导思想是体现 UDS 项目自主发展、闭环管理的理念，聚焦学校工作计划的落实情况。本学期提升教师的教育教学专业水平、提高课堂教学实效的校本研修活动成效显著，我们一定要认真总结成果和收获，策划的总结会形式和内容一定要有所创新。首先，要让老师参与总结会，让教师站在前台讲自己的成长故事，改变以往那种干部进行总结，教师被动接受的形式。其次，要以青年教师在骨干教师引领下，在团队研讨中成长的案例为主要内容。同时也让中年教师把自己成功的生动的教育教学案例分享给大家，引起老师们的互动共鸣，给予大家深度引领和思考。

本次总结会召开之前，学校领导班子进行了精心的策划。总结会通过骨干引领促成长、团队研讨促质量、自主发展促专业、总结反思等四个环节，总结了本学期重点工作的成果。

这次总结会发言教师 18 人，占全体教师的 32%，参与前期研讨人数达到 100%，发言的老师代表了不同的研究团队：各学科教研组、青年教师团队、自主组合的教研小组、班主任团队、骨干教师代表，充分体现了学校在教师队伍建设上的凝聚力。项目组驻校专家高校长在点评中肯定了本次总结会体现了项目组自主发展理念，让教师站前台，展示了骨干教师的作用，凝聚了青年教师团队的力量，发挥了教研组的合力。

(三)策划让学校在微改进中不断提升

依托计划，我们认真参与了项目组开展的“让策划走向教育的深处”培训交流活动。在杨朝晖教授的解读中，我们认识到，策划就是为了实现活动的目的，审时度势，提出新颖的策略和创意，并制定具体的实施方案的创造性活动。在项目学校的汇报中，一个个精彩的活动策划给了我们很多启示，也进一步激励我们的干部努力改进工作，力争在一个个精彩的活动策划中更好地实现计划目标。本着每项工作“准备精心、过程精彩、成果精品”的原则，三年来，我们策划了许多教育、教学活动以及教师活动。

项目组提出“生活因策划而精彩”的理念。对于学校德育工作起到了很好的引领作用。本着这个理念，我们精心策划毕业季，给孩子们留下精彩无限的美好童年印记。

毕业季对我们来说每年都是要进行的，但我们现在每年都尝试着一种新的形式让毕业季鲜活起来。六年级组的老师们在一年前就已经开始思考研究了：变就变得更加精彩，变就变得记忆深刻。于是策划围绕“变”从三部分进行：

(1)内容策划上改变

这一年来，毕业季感恩教育贯穿始终。从九月份教师节开始，学生们感恩老师，自主为老师策划教师节活动：在教室里画画、写字，布置环境，为老师们送上祝福，带来惊喜。12 月份庆新年感恩伙伴，老师为孩子们集体过12岁生日，同学之间回顾一起走过的童年，感恩帮助过自己的小伙伴。三八妇女节，孩子们感恩母亲，为妈妈写祝福语，感谢妈妈的养育之恩。毕业典礼孩子们感恩学校，通过自己策划的节目展现了学校的特色，为学校送上美好祝福。每个班级还召开了以经典诵读为主题的班会课。孩子们通过诵读经典学会了感恩，同时也养成了良好的行为习惯。这一系列丰富多彩的感恩教育活动，内容充实，教育主线鲜明，爱在点滴中渗透，浸润着孩子们的心灵，孩子们知感恩，会感恩，今后离开母校走向社会同样知道感恩社会。

(2)人员策划上改变

所有孩子都应该成为毕业典礼上的主角，都应该成为当天一颗闪亮的星。于是我们的毕业典礼不再是学校全程策划实施，变成了年级组、学生和家长共同策划。通过学校、教师、学生、家长多方合作策划，共同参与设计，展现出精彩的、不同寻常的毕业典礼，场面生动鲜活，生生情、师生情、亲子情、家校情弥漫在整个校园，余波延续了两天：各种留影、道别。这就是我们毕业典礼“变”的实效性，将感恩教育植入学生心田。

(3)特色创新上改变

毕业典礼上呈现出学校德育工作特色。“四好娃”评选是我校学生养成教育的亮点，许多孩子六年来每年都被评为“四好娃”，今天的毕业典礼我们为孩子们颁发了第一届“美德少年”奖杯，那金灿灿的奖杯承载着学生的成长，伴他们扬帆起航，使行为习惯养成教育在学生心中留下深刻的印记。

总之，在UDS项目倡导的“学校因规划而长远，工作因计划而扎实，生活因策划而精彩”的理念引领下，我们的工作理念、思维方式、工作习惯发生着微妙的变化，我们的管理文化也在微创新微改变中，形成了“确定规划—制订计划—精心策划—组织实施—反思总结”的闭环工作模式。

二、理念引领，促进队伍建设——成人

发展他人，成就他人，为学校教师发展提供动力，创造条件。我校管理团队以提升干部作为校本教师领导者的身份角色意识为出发点，通过优化学校现有提升教师的日常发展途径与做法，提升组织的领导力，成就教师发展。

(一)加强校本教研，为提升教学质量助力

三年来，我们注重开展立足校本的教师发展探索，将校本研修作为促进教师专业发展的主要方式，以干部参与式管理，促进校本教研不断优化。

1. 校本教研，提升实效

在回顾以前的教研组研究形式上，我们发现，一个大的教研组围绕一个主题进行研究虽然整体目标明确，但是也有一些问题存在。比如和学生年龄段的差距，教师个人研究的水平不同等。

为了能够更好地落实《课程标准》中对学段的要求内容，2019 年第一学期，在制订教学计划和教研组计划的时候，我们把语文、数学两个任课教师比较多的学科聚在一起。开学后，语文、数学组的老师们利用大组活动时间进行研讨，依据上个学期的质量分析、学生情况和教材、课标要求，按年段确立了研究内容。

表 2　语文、数学学科校本教研一览表

学科	年段	研究内容
语文	一、二年级	如何更加合理地安排一二课时的内容
	三、四年级	如何归纳段意
	五、六年级	夯实双基　提高质量
数学	一—三年级	加强读的训练，不断提高学生审题分析能力
	四—六年级	加强基础知识教学，及时检测，扎实掌握

从老师们制定的研究内容可以看出，大家围绕主题开展研究，有学科特点，考虑到了学生年段特点，通过人人做课、师徒做课、骨干展示等多种课堂教学形式来体现自己的研究内容。而且在展示的过程中，有一些老师的课得到了本组教师、校领导、教研员的肯定，能够看出研究的轨迹与成效。

2. 拓宽思路，借势引领

我们经历了多次区教学专项视导，以往反馈方式是召开全体会，向大家反馈视导意见并提出改进措施，但是整改的效果往往不尽如人意。为提升视导反馈的实效性，我们改变了反馈方式，具体如下：

其一，整理反馈意见，发放到组长手中，与组长研讨整改措施，后期组长将改进措施带入校本教研，推进落实。

其二，针对视导问题召开骨干教师研讨会，达成共识，并启动了骨干教师课堂教学展示活动，将整改理念带入课堂中，在听评课中很好地起到了引领作用。

其三，召开青年教师视导后交流会，每位青年教师提交了心得体会，由团支部书记汇总成总结，同时将整改措施落实到周研究课和月汇报课中。

其四，召开全体会，反馈总体情况。在会上播放课堂片段加以说明；团支部汇报青年教师整改情况；英语组长汇报几位老师在视导后，第二周围绕视导提出的问题进行的第二轮研讨和做课情况。这些课堂教学都看到了明显的变化。

这样反馈程序与方式的变化，将骨干教师和组长融入整改措施的制定的过程，将骨干教师课堂教学展示活动与视导反馈紧密结合，对后期整改措施的落实起到了很好的组织引领作用。在本次视导中，可以说我们青年教师的这支队伍得到了教研员的肯定，后期交流会的召开将青年教师积极向上的势态引向教研的深入，我们欣喜地看到了他们的成长，有的青年教师已然多次上了整改课。

视导反馈改变了呈现顺序，丰富了形式，我们在“变”中落实视导反馈的实效性。

3. 师徒结对，促进成长

学校为每位青年教师配备了师傅，他们就是本组的骨干教师。作为老教师担当起“青年教师发展的促进者和指导者”的角色。同时建立相关的制度以及有效的激励机制，出台《青年教师管理办法》等，通过基本功训练、常态课、评优课等各种活动促进青年教师迅速成长。

依托日常教学，把师徒研讨落到实处。教研组的有效研讨是改善和提高教师执教能力的重要途径。青年教师是教育的新生力量，是未来学校教育教学发展的中流砥柱。日常持续且有效的组内研讨是非常重要的。我们经历了区教研室的跟踪视导、“育才杯”青年教师课堂教学展示活动，以及“骨干教师”开放月的活动，每一次活动的内容都与课堂教学紧密联系，把“关注学生的实际获得”放在首位。语文老师高岚坚持每周走进徒弟的课堂进行指导，自己每周向徒弟开放课堂，毫无保留；语文骨干于哲老师也在低年级组，不仅向一、二年级的老师们开放课堂，还指导刘博旗阳老师的一年级语文教学；语文骨干樊华老师在近一年内每周二坚持开放课堂，欢迎所有的语文青年教师观摩；美术骨干高博书老师指导徒弟进行了三次课堂教学展示活动……秦凯老师说：“对于我们缺乏教学经验的青年教师，我清醒地认识到：指导老师不仅仅是自己的同事，同时还是自己在教学路上的引路人。要虚心向老教师学习，并且还要在日常工作中多观察。比如樊老师，教学经验丰富，积累深厚，经常能够在很多有难度的问题上给我解答。她善于把握学生的思想动向，通过与她进行教学交流以及了解他们在日常教学中的安排，我不仅学到了书本上所没有的教学方法，也学到了宝贵的教学经验。”

4. 为个性教师专业成长搭台

图书管理教师退休，这个岗位将如何安排？我们管理者首先学习，为这个岗位定位。面对教育改革的深入，阅读的价值越发显现，真可谓是得阅读者得天下。那对图书管理者来说就要担当起学校阅读组织引导的责任，不只是注册图书、向班级书架提供图书这么简单。

干部在微改变理念的引领下，经讨论，最后有了初步设想：其一，将阅读纳入课程，让学生天天有熏染，周周有深读；其二，物色合适人选，摒弃这个岗位是养老岗、照顾岗的概念，让它成为一个蕴含教育理念的岗位，一个具有创造性劳动的岗位，一个需要默默付出持之以恒的岗位。最终我们将这个岗位安排给了一位做事踏实、爱读书、乐于主动克服困难、富有创造性劳动能力的青年教师。经与他沟通，两天后这位教师就拿来了他的“悦读乐享会”方案，经过一学期的实践，“乐享会”得到了师生的好评。“乐享会”的诞生是转变岗位设置思路的成果。

(二)让教育故事在学校中流传

我校组织老师积极参加每年项目组组织的教育故事评选，参与率和获奖人数逐年增加。在参与的过程中，由于写的就是自己的身边事，大家由一开始的畏难到逐渐适应。

1. 研磨案例故事，促进反思提升

案例培训是项目管理中重要的组成部分，从教师成长和学校整体发展的需要出发，融入教师教育教学的实践研究活动。并且，学校把研究的主动权交到教研团队手里，我们请项目组专家为青年教师进行互动式培训，由他们来确定研究的方向、方式。每位教师都在专业案例的讲述中找到自己的位置，并不断成长。

在每一次项目组征稿之前，学校都先自己进行案例评选，青年教师、骨干教师、干部全部参与，项目组的专家高校长和干部、老师们进行面对面的指导，共同梳理反思，进行多次复批。老师们非常认真地对待案例修改。大家利用休息时间，反复修改2—3次，更有修改4次，从而有效提升干部、教师的写作水平。案例最大的作用就是反观事件，反思促改，经过这样的案例写作，我校的案例写作水平整体提升的同时，更促进了教师思考“为什么”和“怎样做”，这在教师的教育教学实践中是十分宝贵的思维方式。在师德演讲、学科整合交流、课题研究分享会上，教师们的发言都证明了案例的撰写在一定程度上促进了教师整体实践水平的提高。

2. 共享研究故事，互促专业流传

学校抓住一切机会，在学期工作总结会上，在教学专项总结会上，在德育专题研究会上，在评优、评选活动中，鼓励教师讲自己身边的教育故事，让他们的故事在校园内传播。

青年教师秦凯在德育工作总结会上以《成长在路上　研讨在日常》的案例故事，讲述德育主任和骨干班主任引领青年教师开展德育小专题研讨活动的情况。开学初和德育主任、骨干班主任一起分析学校青年班主任现状，了解青年班主任在工作中存在的问题以及遇到的困惑，根据大家棘手的问题，组织开展了“三研讨”活动。

第一次研讨“如何开好第一次家长会”。骨干班主任带领青年班主任对家长会的内容和形式进行研讨。如在家长会上如何进行班级现状分析，怎样评价学生，如何进行班级活动展示，如何进行班级习惯培养的汇报，如何把家长会办成学生作品展示会……一系列小而实的问题得到了解答。培训后，青年教师设计了自己的第一次家长会，召开得非常成功，会后纷纷写了自己的真实的感受。第二次研讨“如何关爱特需生”，提出了研讨的三个主题词——“真心对待、耐心引导、重新开始”，并提出了具体要求。第三次研讨的题目是“如何建立良好的班风”。老师们交流了从心出发关注学生的特点与优势优化教育方式的体会。骨干班主任讲的一个个生动的案例故事给了青年教师深刻的感悟。

在教学研讨中，青年教师刘雨彤老师讲述了在骨干教师樊华老师带领下，语文学科几位青年教师开展研究的故事。大家把“如何在日常教学中扎实落实统编版教材”作为研究的主题，以参与、研讨“风采杯”的课堂教学活动为载体，一起分析单元内容，制定教学目标，反复修改教学设计，进行不同形式的试讲。在樊老师的带领下，刘老师前后修改了 13 次教案，进行了 3 次试讲。除了本组的青年教师参与听课，还带领低、高年段的老师们参与其中，深入研讨。刘雨彤老师感动地说：“在磨课过程中，是樊老师和一个强大的团队在后面支持我，每一次磨课都是一次成长，一次蜕变，我在一次次磨课中不断进步，不断成长。”

不同学科，不同年龄段的教师也有自己的特色故事。音乐教师刘伯旗阳讲述了带领我校五年级学生参加抽测工作的收获。他用视频前后对比展示的形式进行了汇报，使老师们生动鲜活地看到学生通过训练，音乐能力与素养的不断提升。为了提升学生的能力，刘老师在不断地学习和思考，实现师生共同学习提升。

曹梦梅老师汇报了参加美术学科“风采杯”展示活动的收获。美术组的几位老师也一起研讨，确定教学目标和重难点。她一直利用空节的时间到教室里进行练习，不断调整范画，给学生完美地展示。她的现场说课和板书展示，让老师们感到十分精彩。

刚刚入职半年的青年班主任分享了她的教育案例《以研代教、从心出发》。学习先进理念提高自身素养；优化教育方式；建立师生平等互信；关注特需学生；通过“我们共成长”“特色展风采”“感恩寄真情”三个主题活动来增进班级凝聚力，突出每位学生的特点与优势。郭琳老师结合自己的亲身经历和工作实践与大家分享了《教育孩子就是在塑造大脑》主题经验。

学校也即将开启下一个循环，为老师们继续搭建“让故事在校园流传”的平台，让好的故事得到经久的传颂。

三、学会学习，促进自身成长——成己

干部在成事、成人的同时，也要通过不断学习、实践，促进自身业务水平、能力提升，促进工作价值感的获得，促进心灵成长，最终实现“在成事成人中成己”。

(一)读书推介提升管理能力

干部管理能力提升从学习入手。我们以读书推介的形式落实。有理论共享，有研讨共识，有策略出台，共同破解管理难题。我们的图书推介分三个阶段：从异书推介变为同书推介，再变为同题推介。我们在“变”中体现学习推介的实效性。

1. 第一阶段：异书推介，导读给予同行者不同的滋养

在本阶段，干部将实际工作与干部研读内容相结合，向相应教师进行有关业务指导，用学习成果指导实际工作，以达到提升工作质量的目的，从而提升领导力。

根据学校工作计划制定方案，每位干部自主申报读书推介时间和内容。介绍书目和自己体会，共谈共享。

贾校长：推介跨越时空的美好——《背包十年》一书。书中记录着作者游走的过程，更有着深刻的思想，所有的艰难都笑对，都当作生活赐予的独一无二的经历，让我们看到了游者思想的深刻性。

姚洁：推介《表现性评价在综合实践活动中的应用》。这就是一场学术报告，激起了大家的研讨，进一步达成和加深了在综合实践活动中加强表现性评价是达到育人目的的有效保障的认识。

高博书：重读刘心武的《钟鼓楼》，再现了一个古老四合院那些美好的

记忆，引起了大家的共鸣。

常楠：介绍杨澜的《世界很大　幸好有你》，让我们感知着一位女性的典范——她美丽、智慧、优雅、知性，还有着自己对孩子教育的观点——孩子也是一个独立的个体，要尊重他们，要以豁达开朗的方式教育子女。

周宁：《好好说话》向我们介绍了沟通、说服、谈判、演讲、辩论这五种说话场景的注意事项及应对策略，并结合教师身份和大家共享成为会“说话”的老师，建立和谐的师生关系、家校关系，提高教育教学实效。

选择导读不同的书目能够给予大家不同的滋养，但不利于研讨专业问题。

2. 第二阶段：共学、共研、同做，改变在日常

第一阶段的导读作为读书沙龙很好，但是我们发现对于学校管理者来说，针对管理的价值就凸显不了，为了提升内部管理能力，向常态工作要质量，干部继续开展第二阶段读书推介活动，共读一本书——UDS项目专家推荐的《在日常变革中追寻最好的教育》。同读一本专业书能够使大家的思维得到聚集，结合工作实际论成功，谈改进策略，使专业问题得以研讨。为了提高导读效率，我们分章导读。

时岩涛：第一章“方向比行动更重要”。要正视管理对象中存在的种种积极与消极的现状，坚持正确导向；明确教育的最终目的——为学生幸福人生奠基；队伍建设的重点是教师内驱力的调动；对于管理工作要制定好内容与程序，重过程重细微，加入评价，且呈系列化，如同课程一般。

贾校长：第二章“学校变革从干部做起”。大家要认识到干部变革的现实意义：干部变革体现在“三个有”上，即工作方式有变化，即工作过程有策划，工作效果有影响。

周宁：第三章“做一个幸福的教师”。教师的幸福来源于学生，教师的幸福来源于学校，教师的幸福来源于家长的信任、尊重和肯定，教师职业幸福来源于自己。

高博书：第四章“携手走向教研深处”。在深入学习了这一章后，我有几个思考引起了大家的共鸣：教研一定要从问题入手，不大、不空；深入背后找问题，要经常反思。无论是课堂，还是课程，教师都应当把学生变成主人。

使教研走向更深处，需要我们转变，转变观念，转变行为，从内打

破。管理者也应该思考采用什么样的教研形式和内容更容易触动教师的转变。研究路上，且行且思考。

姚洁：第五章“小课题引出大变革”。主要介绍了如何以“平稳度过一年级”课题为推动，以家长会变革为主要抓手，变革家校合作文化、提升教师实践性知识、促进学校整体变革的历程和成果。这使我们认识到要善于发现工作中的问题，化为小课题研讨，呈现系列大策划的问题解决策略，在原有的基础上寻求新的突破、新的发展，实现自我发展、自我完善、自我提高与超越，在小改变中引发学校日常管理变革。

常楠：第六章“学生在我心中”。在第六章中一共有三节内容，每一节都用了许多真实的案例，也找寻到了我们教师队伍中的“学生在我心中”的点点滴滴。

作为管理者同书推介较之异书推介研究主题已然紧扣学校工作，但我们觉得还不够深入，所以第三阶段导读我们又继续改进，内容从学校棘手问题入手，进行问题导读，将导读变为针对工作中的重难点问题、在理论指导下的班子成员进行思维碰撞的过程，集中解决问题、进行工作过程策划与研究的过程，由此稳步推进学校工作不断提升。

3. 第三阶段：异题异书推介，在“学”中实现能力提升

第三阶段进行的是异题异书推介。根据本学期工作重点，大家各自确立一个重点工作落实点，自行学习，研究策划实施，以重点工作总结或案例的形式交流学习成果，阐明理论学习给予的指导性，从而提升领导力。

贾校长：《人格与命运》，正视九型人格的存在，用此分析教师队伍建设中存在的问题，提出共性的教师队伍活动策略——主题式宣讲引领，提出个性化的解决方案——个别交流达成共识。

姚洁：推介《决定你人生高度的领导情商》一书，告知大家作为教师每个人都是领导者，要组织领导多位学生、家长，教师要用高情商在烦累的工作中追求职业快乐、职业幸福。

周宁：推介《做温暖的教育》一书，用大量的事例说明了温暖从心开始，要用自带光源的言行与他人心灵接触，只有自己暖和，别人感到温暖的教育这才是真正的教育。最后周宁出示了一张行政集体十年前的合影，赞叹着我们这个有爱的集体，这个有爱的团队。这有温度的读书推介温暖着我们每个人。

高博书：推介《教学勇气——漫步教师心灵》，告诉我们教学不是一项简单的工作，它是学生与教师共同参与的有苦有乐的双边活动。面对教学、面对学生、面对自己，教师都需要教学勇气。教学勇气是用心灵教学的教师所共有的特质之一，它是真正的教学的源泉，也是教师自身成长的必备素质，同样也对学生的发展具有很大的影响力。

常楠：推介李镇西的《做最好的教师》一书，书中全方位地阐述了李老师的教育观、学生观、班级管理、思想工作、心理教育以及语文教学的理念与实践。李老师把他的教育思想、教育机智、教育技巧与教育情感融为一体。语言朴实而富有诗意，形象而充满激情。读着书，让人不禁为之激动、赞叹、折服。

时岩涛：推介《学校总务管理案例》，告诉我们要名为后、实为先，以精心、细心、耐心抓好后勤服务管理，为学生的平安服务，为学校全面工作保驾护航。

班子学习的开展，有内容推介、有思维碰撞、有更进策略的出台，提升了干部管理能力，我们还将开展同读一本书或同看一个视频，然后围绕一个主题的研讨，突破管理的重难点，使得读书推介对于工作的指导性更强，推进学校工作。

(二)管理理念方式改进

学校管理工作，首先是思维的转变，让学校工作生动起来，“改进在日常”成为干部的口头禅，主动承责成为干部管理工作意识之一。在这一意识主导下，校本教研、科研培训、“西城杯”“育才杯”教学大赛、青年教师培养、工会活动、教学研讨会、学校工作总结会等每一项工作都形成闭环管理。主动承责的管理意识促进干部为自身管理角色定位，对学校负责、对教师负责。思维的转变带来管理行为的优化，干部在工作中践行服务理念，为教师工作提供引领、到位指导和精准帮扶。

1. 潜心指导带来潜移默化的改变

项目组专家高玉兰校长每周必参加我校周一下午的行政会议及学校重大事宜的策划。会前，高校长先与贾校长沟通班子会内容，确定工作方向及基本原则；会中，班子成员逐个发言后，高校长给予大家鼓励性评价并指出事物的本质属性，启发我们理性思考处理方法；会后，再和个别干部商议未充分讨论的事宜；有时还选取个案对部门领导进行具体指导。以亲力亲为带动干部团队始终处于一种积极思考、共谋事业的状态。杨教授带领的专家团队高站位的理念引领，全方位的工作指导，影响着管理团队每一位成员，促进服务型管理理念浸润、落实于每一位干部的行动之中。

2. 理念浸润，促进自主不断成长

在项目理念引领下，我们的干部团队在工作中追求着改进、创新和发展的同时，也追求着自身的成长与发展。

贾校长在项目组召开的培训会上汇报了我们干部团队的成长故事。

德育主任常楠、大队辅导员周宁在开学前就指导一年级组长根据新生培训、开学典礼、学生一日生活情况，带领组内教师认真总结，在肯定老师们成绩的同时，共同汇总学生出现的问题，并商量解决问题的办法，保障一年级新生平稳过渡。毕业季、科技节等活动策划精彩，不断创新四好娃的评价内容方式，不断形成学校的德育特色。

作为教学主管干部，高博书主任在“西城杯”“金秋杯”等评优活动过程中，变监督为有效指导。在选拔阶段，她认真学习各学科课标，初步了解各学科教学目标。每节课都认真聆听，随时记录下所思所感，并录下精彩的教学片段，课下反复观看，揣摩，认真撰写听课反思。课后组织研讨活动，肯定优点，提出建议，并和老师们共同探讨有价值的问题，提升参赛教师的教学水平。选拔工作结束，高主任代表学校进行活动总结，展示全体教师的付出和收获，起到肯定和鼓励的作用。之后带领骨干教师对参赛教师进行说课指导，修改说课稿，在不同场合进行说课练习，反复调整，直到满意为止。比赛结束后，借教学研讨活动，展示、表扬参赛教师及其团队的收获和优异成绩，激发全体教师专业成长的激情。

姚洁副校长立足于全面管理工作，加强教师师德建设，出台了新世纪实验小学师德管理办法和禁止行为清单。利用多种形式传递身边教师相互帮助、勇敢担当的感人故事。在教师节、新年前夕组织意义深远的工会活动，通过活动宣扬身边的优秀教师事迹，树立良好的师德形象。

时岩涛主任做好学校的安全保卫和后勤工作，为学校的各项工作顺利开展提供了保障。每项工作时主任都是亲力亲为，工作细致、周到，得到老师们的认可。

每一项管理工作都体现了干部对教师竭诚尽职的帮助，每一项工作的始终高校长和贾校长都会高度关注，随时指导，形成了我校自上而下服务型的管理。

干部积极参加项目组组织的各项培训，培训前认真准备发言稿，培训中认真倾听兄弟学校的经验、专家的点评，培训后认真反思，改进工作。干部们全部参与案例评选并获奖。

三年的 UDS 项目推进，我们干部集体在学习、实践中改变着日常的点点滴滴——计划制订的程序、内容、表述方式；常态工作落实的策略方法；日常管理站位的高度、视角……许多工作实现从无到有、从有到优、从优到精的改进；我们提升学习力、计划力、策划力、执行力，在共学、共研、共促中实现共同进步，实现自我发展、学校发展、学生成长。

四、以学生为中心，促学生全面发展

作为教育者，我们必须自觉肩负起培育一代新人的文化使命，杨朝晖教授倡导我们要树立“学生第一，育人为上”的教育思想。三年来，我们尊重学生，服务学生，发展学生，通过构建具有民俗文化特色的课程体系，开展丰富多彩的系列教育教学活动，实现对学生全方位、多元化培养，努力担负起培养“现代新人”的历史使命。

(一)深入开展传统节日主题式语文实践活动课程研究

学校坚持文化育人、坚持全面实施素质教育，民俗文化教育已经成为我校的办学特色。在市、区课题引领下进行校本课程研究，将民俗传统文化引进课堂，弘扬中华传统文化，提高全体学生的综合素质，丰富校园文化生活，营造学校具有民俗教育特色的育人氛围，使学校真正成为传承中华传统文化的摇篮。

1. 传承了中国优秀传统文化

学校深入贯彻培育和践行社会主义核心价值观的精神，以弘扬中国优秀传统文化为切入点，以“传统节日主题式语文实践活动课程研究”课题为抓手，引领学生了解中国传统节日，热爱中国传统节日，认可中国传统节日，过好中国传统节日，激发爱国情、民族情。

为了弘扬我校非物质文化遗产示范校的作用，广泛宣传非遗文化、中秋文化，传承中华优秀民俗文化，培养新小非遗小传人，在2018年学校启动了“传承娃”的评选活动，进行了“情满中秋”校级实践活动。各班进行中秋文化讲述，详细介绍了秋分节气的特点、中秋美食文化的起源和发展、吃月饼蕴含的丰富文化、各地制作月饼的不同方法，学校通过中秋实践活动，启动新世纪实验小学“传承娃”评选活动，号召所有教师组织学生通过讲故事、品诗歌、绘小报、动手实践等多种形式学习传统文化，了解传统习俗，弘扬中华优秀传统，培养新小非遗小传人。

在2017年8月，我校六年级的毕业生马易莹同学被彩蛋非遗传人赵伟老师收为开门大弟子，通过学校启动“传承娃”的评选，挖掘和培养民俗传统文化的传承小使者，使学校的非遗文化得以更好地开展和传承。

2. 提升了学生的文化素养

通过诵读古典诗文，学生积累了大量的精美诗词、精彩片段，并能熟读成诵，积累数量远远超出了《义务教育语文课程标准(2011 年版)》要求，通过对文学领域名人、名篇的研读，学生不仅更多了解了名人的生平及故事，还通过他们的生活了解了当时的社会制度、历史变革，极大地丰富了他们的阅历，礼效忠诚的传统价值观念悄悄改变着学生的行为。学生们还用自编的童谣、诗歌以及书法作品，赞美天桥悠久的历史，优秀的民俗文化。学生在中国传统文化的儒养下能力得到全面提升。

秉承“和谐、发展、幸福”办学理念，借助天桥得天独厚的区域性传统文化资源，结合学校民俗文化校本课程和极具特色的民俗兴趣小组，依据各自兴趣、特长，自主选择、自愿参加科技、艺术、体育、民俗等方面的实践课程。学校与校外教育有效衔接，聘请专业课外辅导教师、天桥老艺人和我校民俗工作室的老师一起组织教学，组建了内容丰富、形式多样的综合实践活动课程：风筝、彩蛋、灯彩、剪纸、毛猴、琴书、快板、相声、串珠、编结、民俗体育……这些课程为孩子们的课余生活提供了丰富多彩的课程资源，满足学生全面发展和个性化需求，全面提升学生的综合素质。

学生在中国传统文化的儒养下能力得到全面提升。学校举办的校园民俗文化节，使学生在广泛的亲身实践中充分感受到民俗文化的魅力，进一步增强了热爱传统文化的情感。

3. 课题积淀了丰厚研究成果

学校借助五大中国传统节日(春节、清明节、端午节、中秋节、重阳节)，根据学生的年龄特点，分学段由浅入深地编写了《主题式语文学科实践活动纲要》；设计了《主题式语文学科实践活动评价手册》；研制了《主题式语文学科实践活动作业手册》；撰写了校级、年级、班级的活动设计，完成了资料包：教师 PPT、视频、图片；收集了学生成果：小报 2 000 多份、书签 350 个、PPT240 多套、手工作品 300 多件、诗歌、作文 500 份等资料。主题式语文实践活动使学生在广泛的亲身实践中充分感受到传统节日文化的魅力，进一步增强了热爱传统文化的情感。

(二)创新主题实践活动促学生成长

我校在 UDS 项目组专家的引领下，不断创新主题教育活动的新模式，近年来校级、年级主题教育活动实效性逐渐增强，呈现出较为明显的育人效果。

1. 年级主题教育活动

不同内容和形式的年级主题活动，促进了学生的健康成长。一年级组师生开展了“你好，红领巾”的少先队主题教育活动。在UDS项目组进行了展示与交流。在前期的准备过程中，班主任老师根据一年级学生的心理特点，各自在班级中开展了不同形式的访谈调研，访谈结束后，大家一起讨论年级主题教育活动实施方案，从主题的确定，到环节的安排，再到具体内容的布置，每一个环节都紧紧围绕一年级学生的特点设计安排。还邀请了高年级少先队员代表、家长代表，他们分别在不同的环节中参与这次活动，班主任老师选择学生喜爱的方式，激发他们的热情，如看视频、听故事、填涂记录卡等。更重要的是，把我校的“四好娃”评价融入了队前教育，非常巧妙地将队前教育与学生习惯养成紧密结合，尝试在变革中探索主题教育活动新形式。这次年级主题活动展示使原本形式单一的队前教育变得更加贴近学生的实际，教育效果显著，受到了专家组和老师们的好评。

2. 校级主题教育活动

校级主题教育活动内容和形式有了改进和创新。我们召开的主题为“感受多彩秋天　开启科技梦想”第三届科技节活动，让学生在感受金色秋天、多彩秋天的同时，发挥自己的聪明才智，开启科技的梦想，努力争做新小科技小达人。

这次活动，我们的改进点是：第一，充分发掘身边教育资源，带领同学们走出校园，走进天坛公园开展科技节活动，不仅丰富了活动的内容，同时培养了同学们的探究实践能力。第二，这次活动分年级活动内容各不相同。低年级：感受多彩的秋天，收集赞美秋天的诗句。认识公园的树木、植物等，仔细观察知道名称，会进行简单介绍。收集树叶制作标本或叶画，发挥想象自由创作。高年级：前往科普园地分小组进行网上答题，从宣传册中寻找答案。各年级完成学习单内容，在科普园地中寻找答案。认识天坛古树，会进行介绍，可拍摄照片，回校后进行汇报展示。展示可以用多种形式绘制科技小报或者叶画创作，进行展示。第三，师生们来到科技园区，聆听科普馆金老师讲解动植物相关知识，参观科普图片宣传栏，认识各种动植物的名称，了解它们的生长习性，用记录本记录下自己感兴趣的自然知识。来到落叶飘舞的树林下，探寻植物生长的足迹，感叹自然的神奇和美丽。回到学校里，孩子们把学习到的知识进行分享、整理，让自己的观察变成积累，去开启深入探究的新课题。用颜色不一、形态各异的落叶作画，描绘美好的生活，描绘心中的梦想，一幅幅精彩的画面展现了孩子们丰富的想象、无限的创意。第四，各班还结合本次科技节活动，评选优秀小观察员、小研究员、小思考家、最佳合作者、小宣传员、小创意家、小汇报员，在激发同学们科学探究的同时，促进孩子们综合素养的提升。

3. 特色阅读活动

学校以“新小朗读者”活动为载体，激发学生阅读兴趣，创设学校阅读氛围。《朗读者》是中央电视台推出的大型文化情感类节目，由著名节目主持人董卿主持，以个人成长、情感体验、背景故事与传世佳作相结合的方式，选用精美的文字，用最平实的情感读出文字背后的价值，节目旨在实现文化感染人、鼓舞人、教育人的传导作用，展现有血有肉的真实人物情感。这档节目很多老师和学生都在收看，可以说有着一定的群众基础。上个学年，学校举行了“新小诗词大会”。本次“新小朗读者”偏重于古文以外的所有的文体，加上学生自己书写的作文等，不限内容，更加贴近学生的生活。“新小朗读者”开幕式上，我们的老师和学生一起以“让我们爱上阅读”为题进行了引读；四位同学从自己如何读书、自己读书的经历和故事入手，带领我们走入了朗读。开幕之后，全校同学踊跃报名参加，有将近90人参与到节目的录制中。孩子们选取的书目内容丰富，有散文诗歌，也有童话故事，形式也不拘泥于一个人，有的是小组，有的是伙伴，可谓形式多样。每到录播的时间，就会看到学生专注准备的样子，不断询问播出时间的情景，看出了《朗读者》给孩子们带来的极大朗读热情。

期末学校把各个班级推选出来的朗读者录制了一个专辑，给每位展示的同学颁发奖状，让所有的同学都能够意识到自己只要想要展示就一定会有展示的舞台。

五、学校自主特色发展经验

UDS项目三年来，干部在改变，干部的改变带来的是教师、学生日常生活的变化。开学典礼、国旗下讲话，从传统的说教模式变成以学生为主体的生动课堂。家长会、开学工作布置会、期末工作总结会，从被动听讲、接受训导、变成主动参与、互动研讨的开放式会议；学校借助UDS项目之力，以干部“三成”撬动变革，促进学校整体全面发展，在三年的项目研究与实践中，我们积累发展学校的特色工作。

(一)传统文化培育，促进学校特色发展

在积极探索学科实践活动课程的过程中，学校借助天桥得天独厚的区域性传统文化资源，延续了市级课题“民俗体育、艺术、民俗曲艺校本课

程的开发与学生个性特长发展的研究”，发展成学校的校本课程。语文学科与中国民俗节日文化相结合，进行跨学科的实践研究，打造着具有地域文化特征的办学特色。

2017 年 12 月学校组织了以“挖掘课程实践要素 发展学生综合素养”为主题的西城区科研月活动，学校做了专题汇报，进行了民俗文化校本课程《木版年画》和语文主题实践活动课程《我展诗情话重阳》两节课展示，来宾驻足于以“民俗传统节日”为主题学生绘制花伞、制作花灯的楼道，在我们小讲解员的引导下参观了民俗展示集萃轩。实践活动课得到与会者的好评，专家肯定了两年以来学校在综合实践活动课程的研究与实践方面取得的成绩。

学校参与了北京市美术课题“在民间美术课堂教学中材料与形式创新研究”，2018 年 6 月区课题结题，学校学生作品到回民小学参加课题组学生作品展示，高博书老师进行了《木版年画》展示课。2017 年 2 月，我校教师到宣武分院南院进行毛猴和兔爷的民俗文化培训活动。

传统文化特色课程丰富了教师知识结构，提高了教师的指导水平。无论是教育教学的渗透、教育活动的组织，还是传统文化素养的评价，教师们能够把学生放在首位，新课程自主合作探究的理念，也较好地运用到传统节日的主题实践活动中。每项活动从查阅资料、确定思路到具体实施，都从学生的实际情况出发，指导开展探究实践，激励评价促进，在参与研究与实施过程中，教师为学生发展服务的意识越来越强。

教师们沐浴经典之风，体味儒雅人生，从《诗经》到唐诗宋词，教师们触摸到了优秀经典文化的无穷魅力。教师不断地丰富和完善自己的知识结构，以适应学生发展的需要，充分挖掘资源，保障师资力量。工作室的老师在老艺人的指导引领下虚心求教，实现了民俗文化校本课程师资的校本化，使得民俗文化校本课程的落实得到可持续发展。

以传统文化为载体打造特色发展，学校代表西城区参加了北京市社会主义核心价值观成果展示会，承接了“西城区城宫计划推进暨学生课外活动展示会”民俗工艺制作部分的全部内容，在中华世纪坛参与“七彩梦想”艺术节学生作品展示。多家媒体报道了我校民俗文化校本课程的实施情况。民俗文化校本课程的开设，有力地促进了学校的特色发展。

(二)“四好娃”评价，促学生习惯养成

我校以“礼序”文化为办学特色，培养“以礼立人　修身善行”，崇礼自律、勤学善思、乐观健康的新世纪合格接班人为办学目标。开展新世纪“四好娃”的评选，制定出新小《争当四好娃　养成好习惯》养成教育实施方案和评价标准。评价采取征集“四好娃”奖章的方式进行，教师和学生家长参与并设计制作。

以下是我们的“四好娃”奖章：

1. 特色评价，初见成效，提高素养

“四好娃”评价是我校养成教育中的特色评价，经过几年来的实施操作，在学生、教师和家长中产生了强烈反响，取得了预期的效果，主要体现在以下三个方面。

(1)全面评价，鼓励进步。

“四好娃”评价比较全面地评价和衡量学生的各项行为标准，客观、生动地展现学生养成教育中的努力和成功，学生根据来自多方面的评价，奋斗目标更加明确。学生会在每月一次的评价后不断自我反思，自我改进，最终不断地自我发展。经过自己努力的付出，每个人都会在不同的方面取得进步，养成良好的行为习惯。

(2)认识自我，家长认可。

当学生经过自己一个月的努力后获得奖章，那份欣喜和自豪油然而生，因为在这里他们看到了一个有礼有序的自我、一个积极上进的自我、一个有特长的自我、一个心灵手巧的自我。在这里他们看到了自己的进步，体验到了成功的快乐，找到了自身的价值，从而激发起学生更加努力的信心和毅力。家长每个月看到孩子的“四好娃”评价手册上贴满的奖章，心情更是高兴又感动，因为在这里，呈现在他们面前的是一个自律自信的孩子，是一个积极进取的孩子，他们不仅感受到了孩子的点滴进步，同时更加全面地了解自己的孩子，于是家长会更加配合学校做好孩子的家庭教育，以身示范，在家庭中培养学生的好习惯。

(3)正确认识，转变观念。

“四好娃”评价教师积极参与，从多角度多方面对学生进行评价，这也转变了教师评价的观念，教师善于发现学生身上的优点、亮点和特点，从正面的、健康的、积极的角度认识学生，促进了教师对学生的深层次了解和研究，提高了评价的实效性。

2. 不断改进，与时俱进，创新评价

德育教育要与时俱进，不断改进，我校“四好娃”评价取得了良好的效果，为了使教育效果更加明显，班主任工作更有针对性地开展，在与骨干班主任调研后，我们尝试着将“四好娃”评价标准与《小学生综合素质评价手册》相结合，将“四好娃”评选落实在学生形成性评价中，这样既充分发挥了《小学生综合素质评价手册》的作用，同时使评价的内容更具有实效性、针对性和可操作性，更加符合年级学生的教育目标，有效促进学生的养成教育。

利用一本评价手册对学生进行全面的综合性的评价，评价手册中：

思想道德、审美素养部分就是“有礼娃”“有序娃”的评选条件；
学业条件、实践活动、我的收获部分就是“乐学娃”的评选条件；
身体健康、心理健康、个性发展部分就是“健康娃”的评选条件。

一至六年级评价指标和内容各不相同，有层次，重点突出，我们这学期尝试着进行改变，初见成效。在实施过程中，学校首先制定新学期“四好娃”评选方案。开学初召开班主任培训会，布置学校方案，组织班主任学习，并要熟知《小学生综合评价手册》内容，以此为指导落实“四好娃”的评选。全体教师了解“四好娃”评选方案，配合班主任做好学生养成教育，全员育人。通过第一次校会，组织学生学习“四好娃”评价主要内容，激励学生学期末人人争做“四好娃”，学年末人人争做“新小美德少年”。班主任组织学生学习、制定班级“四好娃”评价方案，结合“四好娃”评选的新标准，每月对学生进行评价。学期末表彰校级“四好娃”学生，颁发“四好娃”证书。

另外，为了激发学生参与兴趣，在评价的方式上我们采取游戏闯关的方式进行，利用新学期开学典礼，为学生创设情境，通过情景剧《美德少年成长记》表演的模式，向全校学生展示了闯关游戏的方式，也就是一步一步争当“四好娃”的过程，最后获得新小美德少年大奖杯的过程。这种游戏形式清晰明了，学生喜闻乐见，不用再过多解释，学生就知道如何去做，真正达到了教育的目的。学生都在通过自己的努力，做好每一件小事，去实现自己的小目标，如果没有评选上，下个月继续努力争取再次得到奖章，这样的评选大大激励了学生人人养成良好的行为习惯的信心。学期末在六年级毕业典礼上，校长亲自为全体毕业生颁发了第一届“美德少年”大奖杯。这是六年来他们经过自己的努力用实际行动换来的荣誉。这金灿灿的奖杯承载了他们小学六年的成长，也饱含了母校对他们即将开启的初中生活寄予的希望。2019 学年学校一共有 326 名学生被评为美德少年，占学校总数的 58%。我们也欣喜地看到有一半的学生获得荣誉，我们将大力表彰这些学生，树立榜样，激励更多的学生争当美德少年。

通过不断改进学生养成教育的评价和措施，从计划到逐步落实，从初步尝试到初见成效，实践证明学生习惯养成不是一朝一夕，必须长期坚持，始终把学生放在心中，把学生放在正中央，在德育工作中不断摸索、思考、改进、创新，才能让教育有的放矢，才能让教育回归本真。

“四好娃”评价体系，是我校在学生评价方面的一个重要变革，目前我们还在不断地摸索改进阶段。不能用一把尺子衡量所有的学生，要针对有特殊需要的学生采用不同的评价方式，让学生人人获得成功，这样才能使评价达到教育的目的。“四好娃”评价伴随孩子成长，让每一位学生在小学阶段都能留下成长进步的足迹，让每一位学生都能获得自信养成好习惯，这才是我们“四好娃”特色评价想要达到的最终目标。希望在我们教育者的努力下，新小少年人人快乐平安、健康成长，都能成为“有礼、有序、乐学、健康”的四好娃娃。

学校的发展目标就是以学校文化建设为切入点，形成学校文化理论和实践体系，以“尊重、和谐、发展”为核心价值观，以“为学生幸福人生奠基”为办学理念，以“树德强能提升质量促师生和谐发展，办成继承传统面向未来的优质学校”为深化学校内涵的根本，以“夯实基础、实践锤炼、传承文化”为课程建设思路，教师坚守“有教无类，因材施教”的教风，形成“以礼立人，修身善行”的校风，培育“崇礼自律，勤学善思，乐观健康”的新世纪合格接班人。

继续做好我们教育工作者的自身建设这件大事，这是我们做好教育的根本保障。我们在总结过去的同时，更是开启了未来工作的航向，让我们继续在“研”的路上行走，追求更好的教育。

（校长：贾绍清；驻校专家：高玉兰）

由微入心，静悄悄开启变革之旅

西城区西单小学

2017年，我校有幸参与UDS项目，开始实施“同心所以同行，伴飞互动成长”的伴飞旅程。项目组倡导“致力于改变，改进在日常”，指导项目学校深化办学理念，促进学校文化更新，固化学校特色与优势，不断提升学校影响力，提高学校整体办学水平。

UDS项目走进西单小学时，正值领导班子新老交替，职责更替，需要专家团队相助；此时，教育改革、课程改革也在不断地深化，学校如何定向发展也亟待专家的引领。西单小学紧紧抓住这一契机，努力深化学校文化建设，在一次次“微改进”中不断变革。

一、“改进在日常”：“微改变”实现学校的精细化管理

UDS项目从“改进在日常”的发展理念开始，对我们进行了精心设计，让我们受到了深深的触动，产生进行自我“微改变”冲动。UDS项目给西小的干部带来的可以说是“思维方式的变革”。对“改进在日常”理念的深入学习和理解，让我校管理文化悄然改变。

(一)改变从制订计划开始

每个学期的工作过程都要依托于具体计划。计划每学期都要制订，已形成常态：校长根据上级文件勾勒出学校学期总体框架和思路，干部接到指令假期筹划。开学前班子集体研究制订，向全体教师公布，教师提出建议，修改后执行。周而复始，年年如此，成为一种惯性的工作行为。通过UDS项目组的培训学习，我们对计划的认识发生了理性的转变，明确了计划是落实学校发展规划的平台，是实现改进在日常、促进学校自主发展的重要依托。我们的改变就从计划做起。

1. 在比对中反思计划制订的问题

一份好的计划是应兼具日常工作开展与学校发展功能的，是应兼具针对性、引领性、系统性、执行性、约束性的。用好的标准比对我们以往的计划，我们发现存在如下问题。

教师主体缺失。制订计划的主体是校长和部门领导，缺少教师的参与，不能反映教师集体智慧。

内容大而全。以往我们制订计划往往是结合上级部门教育会议精神和区教委重点工作确定目标和内容，目标空泛，内容齐全但缺少措施落实，实操性不强，不能反映学校发展的连续性和持续性，不能起到计划应有的指导作用。

计划呈现方式脱节。对上级主管部门交计划详案，给教职工发工作要点、月工作计划、周工作安排，通过灌输式宣讲，强化教师学习计划，被动学习的结果就是将计划束之高阁。多数教师每天知道做什么，但不知为什么这么做，重点、常规工作分工不清，限于繁多的事务性任务的完成；学校没有考核举措和评价，使计划失去监督作用和约束力。

计划中缺落实举措。我们比较注重办学理念阐述与解读，在行政要点中特别突出，但在部门计划中缺少理念和落实，所以引领性有待加强。

2. 凝聚共识，在不断改进中制订计划

校长在计划制订过程中起着举足轻重的作用。校长是学校的核心，是办学方向的领跑者，是行动的施令者。改变要从校长开始。

暑期培训回到学校，校长马上召开班子会，定调子，明观点："新学期计划制订要请教师参与，变被动接受为主动谏言；要解决学校发展过程中的实际问题，变大而全为重点突出，措施得当，指导性强；办学理念目标清晰，变虚为实，部门落实，责任到人，引领发展；要解读到位，变校长一言堂为分管领导细致讲解，回答是什么、为什么、怎么做、好不好等问题，使全体教师认同。"

专家每周一次深入学校、面对面指导是 UDS 项目组不同于其他教育研究机构的独到之处。也基于此，最大限度地调动了我们的工作热情。负责我校的指导专家王志明博士多次亲临我校，培训干部团队，修订计划文本，提出了实操性修订意见。最后杨教授从校长到部门负责人分别指导，最终完成文本。改进的过程是每名干部自我内化的过程，是对学校办学理念梳理的过程，是工作能力提升的过程。

3. 在思变创新中落实计划

(1) 落实计划，制度跟进。

通过计划的制订，干部团队的思变意识得到提升，由计划的制订，我们进而思考制度的跟进，以良好的机制和体制保障计划的有效实行。我们边定计划，边新建、修订制度。

例如修改完善学校内控制度：办公用品低值易耗用品管理制度，合同审批管理制度，学校固定资产管理流程以及制度，支票管理制度。德育处修订完善了《班主任一日常规管理规程》《40条教师忌语》《家长委员会章程》。教学处修订完善了《西单小学教学管理制度》《教学岗位职责》《创建“平安课堂”目标责任书》，在征求教师意见，达成共识后，教代会通过执行。

(2)策划先行，精细管理。

策划让计划执行更精细，让成果更精彩。在项目学习中，一个个学校的精彩策划给予我们很大启示。好的策划是科学的、目标清晰的、可操作的，更应该是可反馈的，可以通过师生乃至家长反馈效果。

比如我们针对新学期工作计划，一年级新生工作既是常规又是重点工作。新一年级开学前工作繁多，新任年级组长凝聚本组教师主动承担，策划了假期家访、新生培训、新生入学三个活动。9月1日，“新生入校，学长牵手，走红毯入泮门”活动，一改“家长送，教师接”的传统做法，使小孩子一下子有了安全感、亲切感，消除了上学第一天的恐惧心理。

(二)策划让教育教学工作走向深处

我们认真参与了项目组开展的“让策划走向教育的深处”培训交流活动，在杨朝晖教授的解读中，我们认识到策划就是为了实现活动目的，审时度势，提出新颖的策略或创意，并制定具体的实施方案的创造性活动。

1. 策划意识成为干部的工作习惯

在项目学校的汇报中，一个个精彩的活动策划给了我们很多启示，也进一步激励我们的干部努力改进工作，力争在每次活动策划中更好地实现计划目标。在做每一项工作之前，我们首先考虑为什么要做这项工作，这项工作对于计划的落实有什么作用，怎样才能使这项工作完成的实效性更强。在有利于反馈和检测的前提下做好策划，进而达到目标明确、方向清晰、贴合学生、主体参与、方法灵活、操作性强、效果持久的目的。

几年来，在“改进在日常”理念影响下，我们依据学校工作计划对各项常规工作都有了策划意识，包括班主任工作培训、“五个中心”活动、工会活动等，并成功策划召开了学期工作总结会、教师节表彰会、党的专题组织生活会、新党员发展会等。一个个精心的活动策划，使学校工作计划执行得多姿多彩，使我们的校园生活更加活力充沛，使各项工作完成得更加富有实效。如今策划已经成为每位干部一种自觉的工作习惯。

2. 常规工作改进中影响教师学会策划

学校每年的常规工作因策划悄悄发生着变化。教学和德育工作中的例行活动都进行了策划，参与的教师也在被策划意识所影响。

比如每年的“青年教师基本功”展示活动，旨在为青年教师搭建成长平台，助推青年教师成长，同时发挥学校骨干教师及老教师的带动引领作用。以往的教研活动都是师傅支招、徒弟照办，师傅坐镇、徒弟展示，有了策划意识之后，我们希望能够做一些改变，使原来比较固定的流程中让老师们更有参与感。干部团队考虑，能否把师徒二人研磨过程中更有意思的互动交流加入这个活动，变“独角戏”为“二人转”的展示？把青年教师与指导教师研磨教学设计的过程作为案例在教研组中进行交流分享，让全体教师都参与进来呢？大家觉得这个办法非常新颖，有“刺激”，能够感受实践知识形成的过程。于是这次活动策划就成为干部与老师们共同商议，与语文组教师一起研讨，并按照学校“三新教师”(新调入、新入职、新转岗)的理念，确定“师徒组合”，以及师徒组合的呈现方式。2018 年的“青年教师基本功”的系列展示活动中，老师们深度参与了关键活动的策划，收获了创新的喜悦，在班级管理和活动设计中具备了策划的意识。2019 年德育处举办的班主任基本功“主题班会设计”活动中，老师们展现了浓浓的策划意识。学校五个中心由青年教师牵头后，他们也展现出很强的活动策划能力。

3. 学生自主能力培养中渗透策划意识

我校“五个中心”(少年文学院、少年工程科学院、运动中心、艺术中心、爱心社)通过课内外相结合的方式，拓展学生的学习空间。为学生自主学习、自主管理搭设平台，从而提高学生的综合素养。少年文学院提升学生文化素养；少年工程科学院激发学生对科技活动的兴趣；艺术中心培养学生艺术修养、审美情操；运动中心增强学生体质；爱心社培养学生积极健康的心态，爱国主义情怀以及责任意识。“中心”自成立以来，干部团队确立了培养教师团队和学生团队自主管理的目标，培养教师和学生的“三划”能力，短短两年来，“五个中心”已经在师生的自主管理下良好地运转。以我校少年文学院开展阅读交流分享会为例，谈谈以学生为主策划下的“校园生活因策划而精彩”。

2019 年 5 月 28 日中午，西单小学少年文学院举办了第二次读书交流分享会 ——“从分享开始，让阅读出发”。此次活动还邀请了 UDS 项目组专家及成员校的同行们莅临指导。

中午 12:10，文学院核心成员已到达会场，挂牌上岗了。随后，参与活动的 80 位同学手持入场券陆续到达会场，在文学院核心成员组织引导下有序落座。12:30 活动准时开始。汇报交流的 5 位同学，有分享读书心得的、有朗诵精彩片段的、有总结读书方法的，可谓是各有千秋。整场活动同学们都能够自觉遵守纪律，做文明小观众。主持人宣布活动结束，并指挥观众有序退场，此时核心组成员配合主持人引导观众离场。在文学院核心成员们的共同努力下，一场有内容、有质量、有秩序的读书交流分享会圆满成功。

在读书交流会后，少年文学院的核心成员对系列活动的组织做了介绍。组长王荣融同学为大家介绍组织交流会的全过程，同时对本次的读书活动进行了反思。她将第一次组织读书交流会活动的前期策划、宣传活动的彩排和最后的实施进行了全面的介绍，并讲述了自己如何在第一次活动的基础上策划组织了本次活动。少年文学院的副组长侯艺好是三年级学生，她将在组长王荣融毕业后接任少年文学院组长的工作，从她的发言中我们看到了文学院成立以来学生们变被动地参与学校活动为主动策划组织活动，变参与者为策划者。这样的转变真正使学生成为学校的主人。从他们的发言中专家和老师们能深深地感受到学生们在学校搭建的平台上能积极参与，大胆策划，锻炼能力，展示自我。

与此同时，学校的爱心社、运动中心、艺术中心的学生，在学校活动中独立自主能力、组织能力也得到了不断提高。工程科学院的青年教师代表董继超进行了“从扶到放获惊喜，我与学生共成长”的主题发言。他谈到了在工程科学院活动中对学生们从扶持到放手，最后在活动成功的不断惊喜中更深入地理解了各学院成立的意义以及与学生们共同成长的经历。董老师主要谈到了三个小主持人的事例，他们分别表现了学院活动三个方向的重要意义。第一是搭建平台，为各个层次的同学搭建更广阔的平台，给他们提供更多的表现机会；第二是培养和锻炼孩子在公众场合的发言能力，这也符合我校培养文武兼备学生的大方向；第三是这种在活动中的锻炼和提升，会反映在日常学习中，在孩子们后续的学习和生活中产生“平方效应”。

“让策划走向教育的深处”意味着让策划从干部走向了老师，更走向了学生。学校能够在这样的一种策划的引领下，能够有目的、有实效地去施加影响，西单小学会进一步深入开展各项活动，给学生提供展示的舞台，让活动策划变成学校文化。

(三)总结成为学校管理根本保障的助推器

总结是管理中的重要环节，是建立反思性学研文化，培养有思想、有反思力干部的重要途径，是形成科学的闭环管理机制、助推学校管理百尺竿头更进一步的根本保障。

过去，我们的总结重在将所做的工作进行罗列，缺乏深入思考，不能理性分析工作的得与失、优与劣，对未来工作缺少跟进式策略。在课题研究过程中，项目组推出“今年我们这样做总结”的暑期研修活动。通过学习与研讨，我们对总结有了新的认识。(1)总结不只是对工作的梳理，更应该是学校办学理念和目标的再宣传再学习，因此，应该回看规划。(2)总结是本学期管理闭环中的最后一环，同时又是下一个良性循环的起点，特别是一学年中的第一个学期，既是总结，又是制订下学期计划的基础，因此，要回看计划。(3)总结是结果更是过程，要充分展现每个环节的特点，因此，需要策划。我们从总结内容、总结形式、推进过程以及“对总结的总结”进行了要求。

为了更好地进行总结，我们进行了专题行政会。王志明老师参加并追问大家：“通过总结，我们都要问问自己，我做了什么？为什么做？如何做的？效果怎样？微改变在哪里？创新点是什么？对今后工作有哪些帮助？”专题会后，大家对照计划反思实施情况，力求通过总结，达到积累经验、寻找不足和促进发展的作用。

1. 从总结内容上我们抓部门工作的特色

在全面梳理学期工作的基础上，希望各部门找准本学期的亮点、特点做具体的总结。比如教学工作以特色课程为切入点，梳理了三个课程项目组的工作重点内容及特点，有思考，有实践，有积累，有总结，有展望；以及创新点“五个中心”，充分展示了学生在学校搭建的平台上如何自主开展活动、有序参与体验、自信彰显优长，让不同层面的学生在一个活动中都有所收获，有所成长；还有教研组建设这项工作突出了对青年教师的培养、骨干教师的引领等方面的总结，强调了各层面的教师都要加强自身素质的提高。

德育工作抓住 2019 年的特殊年份，围绕“我和我的祖国”“五星红旗，你是我的骄傲”为主题的系列活动开展，体现了爱国主义教育要在实实在在中坚持，在潜移默化中浸润。青年教师的培养工作依托德育研修组对关键事件的研讨，关注发生在校园中的真实案例，使青年教师们遇事不慌，解决有方。总结会的现场进行了首批品牌班级挂牌颁奖仪式，让全体教师感受班主任工作中的智慧，表彰老班主任的坚守，激发年轻班主任的干劲。

工会工作紧紧围绕暖心工程进行总结，与教师谈心，走进年级组，结合工会各项活动进行宣传，了解一线教师最关心最需要解决的困难，第一时间给予帮助。让老师们的压力得到释放，困难得到解决，感受到学校就是最温暖的家。

总务后勤工作从开学前的准备、固定资产入账与报废、财务制度改革、合同审核、资金管理、卫生工作几个方面进行总结，让教师们对学校整体情况有了更清晰的认识。

2. 在总结准备过程中落实大小研讨交融

学校在期末总结会准备过程中，各部门精心策划了小范围的总结会。五个中心就活动开展情况、核心成员工作情况、下学期工作的设想和打算进行交流；各个项目组针对本学期的课程开发情况进行研讨；德育处围绕着“好习惯成就学生未来”和“品牌内涵滋养班级，特色设计温暖校园”话题进行总结；教研组、工会、后勤也在不同时间召开了不同层面的总结会。不同层面的小的总结凝聚了团队力量，形成了核心内容，为学校的大总结奠定了基础。

3. 在总结会形式上我们更注重教职员工全员的参与

学校以板块方式推进，关注总结的呈现与展示。我们选取了有代表性的内容进行总结：学科组长、课程教师、中心指导教师、新入职的教师、默默坚守的老教师。大家都很珍惜学校提供的这一方舞台，将平时的工作智慧进行分享，在呈现形式上更是异彩纷呈。

4. 在总结会后我们注重及时反馈和反思

总结会后，我们找到总结者和聆听者两部分教师倾听反馈意见，并梳理此次总结策划的成功所在，梳理了这样四点：

(1)总结工作不再仅仅是学校管理层的任务，而应是全员参与。

(2)激发了老师们参与学校教育教学管理工作的参与意识，更有利于教师对自己工作进行反思，从而不断完善自己。

(3)充分参与总结过程，使各层面教师为学校工作发挥其智慧与才能。

(4)有利于学校将老师们的期望和期待化作继续前行的动力，使总结工作真正形成了闭环。

总之，在 UDS 项目倡导的“学校因规划而长远，工作因计划而扎实，生活因策划而精彩”的理念引领下，我们的工作理念、思维方式、工作习惯发生微妙的变化。形成了西小“确定规划—制订计划—精心策划—组织实施—反思总结”的闭环工作模式。今后，我们会继续基于学校内部主体意识的觉醒与反思，不断实现日常工作理性思考、管理习惯自我转变、强化问题意识、谋求改变与创新，努力提升学校理性办学能力，建立发展的目标意识，让研究的意义发生，让教育的意义实现。

二、“改进在日常”：微研究中看见“人”的发展

行动研究是UDS项目推进的重要途径，如何以行动研究深化校本教研，提升组织的领导力，成就教师发展？我们通过校本研修的规划与落实、参与式校本培训的策划与组织，运用行动研究，优化学校管理以及教师专业发展的日常发展途径与做法。我们积极参与项目组倡导的“让故事在校园中流传”，引领教师学会运用叙事案例表达、分享、传播自我的成长故事。接地气的微研究中看到干部和师生的成长。

(一)有效教研的探索：变任务为成长需求

为教师成长创设机会、搭设平台是教研活动的重要任务，但如何推动更多老师在教研实践中锻炼，在各级各类教育教学活动中提高，在课题研究中成长？我们对有效教研做了一些探索。

2018学年“青年教师基本功”展示活动，我们希望在教学设计展示这个环节做一些创新。能否把青年教师与指导教师研磨教学设计的过程作为案例呈现，在教研组中进行交流分享，让全体教师都参与进来？

以往的教研活动都是师傅支招、徒弟照办，师傅坐镇、徒弟展示，现在怎样才能把师徒二人研磨过程中更有意思的互动交流加入进来，变“独角戏”为“二人转”呢？在进行活动策划之前，老师们进行商议，大家觉得这个办法非常好，新鲜，有“刺激”，能够感受实践知识形成的过程。于是我们一起研讨，并按照学校“三新教师”(新调入、新入职、新转岗)的理念，确定了三组“师徒组合”。

我们发现，师徒的特点各有不同：有的是徒弟有一个好的想法，师傅运用自己的教学经验帮助其实现；有的是徒弟有一个很好的创新，但是遭遇了师傅的质疑，两人经过了激烈的讨论分析后，达成了共识，共同将这个创新点落实好；还有的是徒弟擅长绘画，故事线描绘清晰，但需要师傅去帮助提炼落实在课堂教学中。在教研活动中，我们还抓住时机渗透一项重要的改革尝试，就是在适当的时候变“教师教”为“学生讲”，注重培养学生自主学习的意识和习惯。这种方式的改变，更有实效性。真正做到了关注学生需求，学生确实有实际获得。

活动结束后团队进行了反思。教研组长感受到了这是针对教师的需求开展的教研活动。她说，平时的教研活动，就是根据学校的要求布置工作，对于教学中的问题，大家的讨论只停留在表面现象，没有深入挖掘根源，也没有讨论到“策略”的层面，更缺乏理论结合实际去研究。本次教研围绕平时老师都会出现的普遍问题进行探讨，有案例，更加强了针对性，

老师们发言积极，思维活跃，真诚提出自己的看法，使教研活动充满活力。参赛的青年教师验证了组长的观点，这次活动帮助老师们找准了平时教学和备课中存在并迫切要解决的问题。因为自身有需求，所以在与指导教师和组里老师们一起交流碰撞的过程中是主动参与的，很投入，也因为师傅和组内老师们诚恳的帮助，收获很大，感到很温暖。

变教研任务为教师的成长需求是教研活动的基本起点。首先，要真正实现有效教研，就必须找准“真问题”，找准要解决的问题，诱发教师参与教研活动的内需。其次，教研活动中深入剖析问题，说出真实想法，坦诚地提出建议是奠定有效教研根基的有力保证。有效教研的落脚点应放在教师理念的提升、行为的改变和能力的提高等方面，要让教师实实在在地感受到研之有用、研之有得、研之有效。

(二)科研思维催生青年班主任成长系列计划

班主任每天独立面对班上不同的学生和不同的教育情境，需要对各种问题做出迅速反应，并且在较短的时间内找到解决问题的合理策略，这就对班主任的独立研究能力提出了更高的要求。班主任的成长之路是一条专业的成长之路，团队合作是后援保障。我们在班主任培训中开展以班会案例为载体的行动研究，对班主任如何实施教育活动进行深入的探讨，并以“关键事件促进班主任成长”为研究主题提升青年班主任队伍的研究能力。

学校开展“青年班主任基本功比赛”，通过专题培训、理论考核、沙龙活动、班会比赛、总结表彰的系列活动，以培训夯实基础，以展示促进提升，推动班主任队伍专业化建设。专题培训分为两个阶段，涉及理论与实践层面。理论培训重点解读主题班会与队会的区别，同时通过聆听参加区级比赛老师的感受和经验分享，让老师能有更加直观的认识。引领大家结合宏观政策、理论基础对学校文化进行深入的学习。实践层面召开了“仁爱温暖生命，智慧创造幸福”的班主任沙龙活动，活动中3位教师代表进行了案例分享，“紫禁杯”优秀班主任、西城区首席班主任与青年班主任进行了现场互动访谈；活动围绕习惯养成、家校协同、特需生帮扶、突发事件处理等内容，深入探讨了班主任工作深刻内涵。

利用主题班会设计提升班主任的研究能力。主题班会的组织与设计是班主任工作的重要内容，也是班主任的基本技能之一。班会设计具有针对性，“说话宝盒”针对一年级，让学生在不同情境中学会说话；针对班中特殊学生进行主题谈话，进行正面管教、正向引导、正确疏导。班会不是内容的平面展开，而是围绕某一个小主题纵向深入。班会形式具有创新性：寓教于乐、寓理于情、富有趣味性与启发性，实现了促进道德内化的目的。班会过程体现学生主体性。能够观照到学生的参与，给予学生自由表达与平等参与的机会，活动形式灵活多样，体现了教师价值引领与学生自主建构的有机统一。班会内容具有延续性，将“小集体需要、大社会需要，积攒友善心”进行整体的、系列的设计，同时考虑一次教育活动的延续和跟进问题，要善于把一个主题分次完成，体现螺旋式的设计理念。

(三)推广叙事研究：“让故事在校园中流传”

UDS项目专家团队带领我们对以教育叙事案例为载体的学校改进和教师发展之路进行了持续的探索。案例撰写和评选活动，为干部教师在研究中的解放与赋权找到了途径；为干部教师开展教育研究提供了适宜的方式；为干部教师实践性知识的生成提供了载体；为干部教师观念和行为的转化找到了突破口。

第一年，驻校专家王志明老师为全体教师进行了“成为更好的叙事者”案例通识培训，旨在帮助老师们梳理案例的结构，明确案例与论文的区别。通过对教学中困惑的抽丝剥茧，去伪存真，一步步发现表象背后值得研究的真问题，从而写出更有研究价值的案例。此次培训对教师进行教育叙事案例的写作和研究有了极大的启发和帮助。正如王老师在讲座中提到的：教师做叙事研究可以帮助教师认识自我和世界，进行自我表达和自我重构，形成和发展教师集体意识，进而使用研究结果改进工作。

三年来，我们开展了三次案例撰写活动，每一次活动都经历了“聚焦问题→培训指导→撰写案例→查找不足→修改完善→评选推优→展示传播”的过程，干部教师从了解案例的基本写作方法、掌握优秀案例的创作手法到针对问题提升创作技巧，经历了从不愿写、不会写、写不好到有撰写的渴望、会选取有价值的题材、知道如何撰写，知道怎样才能写得更好的成长历程。UDS专家团队通过深入实践现场、进行典型引路、关注日常事件、提供学习范例、重视过程修改、制定评价标准等途径，引导教师走上教育叙事研究之路，使小故事发挥大效应。

教育叙事案例是进行学校文化建设鲜活的载体，我们结合每年常规的青年教师系列培训活动，以“让故事在校园流传”为主题，将这些故事传播出去，从而打动更多人的心，影响更多人的行为，一点点浸润学校文化。

在UDS项目专家智囊团的帮助下，我们转变观念，积极反思，增强了发展自信，明确了发展方向，树立了发展愿景；在各种培训活动和走进兄弟学校观摩活动中，我们开阔了工作视野，拓宽了工作思路，梳理了实施路径，增强了研究意识与研究能力，形成了及时反思的工作文化；在专家的指导下，聚焦日常生活，让行动研究的思维渗透在学校工作的方方面面，真正做到尊重主体。

三、“改进在日常”：探索中实现“微创新”

这三年里，学校在“改进在日常”的理念下，不断完善、创新管理模式。我们依托“计划、策划、规划”的改进，干部教师进行着思维方式、行为方式的变革，在成事、成人的同时，通过不断学习、实践，促进自身业务水平、能力提升、促进工作价值感获得、促进心灵成长，实现“成事”“成人”“成己”三赢。

“一所学校的发展计划不是一个人或几个人闭门造车制订出来的，智者千虑必有一失，而集体的智慧是不可小视的。项目组的工作重点是培养一个团队，这个团队就是一所学校永远常驻的专家。”从追求“结果”到“我很享受这个过程”、从“眼里只有事”到“心里开始有了人”、从关注“教”到关注“学”，我们学校的干部、教师们在观念上发生的方方面面的变化，更看到了教师生活被“搅动”后的欣欣向荣景象。

(一)“行动学习理念”促管理团队创新

自开展 UDS 项目研究以来，我校管理文化在发生悄然改变，在会议过程中改变过去传统的领导主导、专家引领、成员聆听的“被动”学习，变为每个成员主动参与、积极发表意见和建议。

1. 及时反思：“行政例会”变“深度会谈”

我校行政例会已经悄然地发生了变化，以往是以“上传下达”为主、事务性的会议方式，如今成为自由和有创造性地分享学习成果的场所，我们称之为“深度会谈”。

行政例会每个人发言分为三个部分，先谈工作实情，再谈反思，针对问题大家再进行讨论。“深度会谈”采用轮流主讲制，每次学习由主讲人和大家分享学习体会，并组织交流活动。大家彼此用心聆听、有效沟通、思想碰撞，在宽松的学习氛围中形成开放的思维状态，从不同角度深入剖析问题的本质，形成思维上的共识。

“深度会谈”激发我们对管理工作深入思考，使我们在思想碰撞、有效沟通、平等对话、群策群力解决问题的过程中凝聚团队力量。避免局限思考、归罪于外、缺乏主动性、只关注个别事件、经验主义等弊端，发展了团队成员整体搭配与实现共同目标的能力。管理智慧由读书后的思考而生发，我们通过学习而改变，完善个人，提升组织。

2. 行为更进：尊重主体，赋权承责

杨朝晖教授指出：学校想发展、能发展、会发展，其背后蕴含了“动

力、方向、能力和空间”四个要素，其中，动力是前提，状态比技术更重要。带着对这一要素的认识，张红校长致力于我校管理自主文化的建立，倡导尊重主体，赋权承责，激励管理干部时刻以积极的态度开展工作。三年来，学校管理团队以行动研究为基本路径，致力于“三会变革”“三文能力”“三划建设”，强调问题意识、理性反思、行为更进，在工作中主动承责，不断实现自我超越。

我们发生了“两变四多”的管理行为变化。

“两变”。一是变布置工作为培训。青年教师教学基本功比赛活动，为了提高比赛的质量，达到“以赛促教”的效果，在赛前召开了以“新课标理念下如何备好课”为主题的培训会。德育工作中变以讲事情、领任务、做总结为主要内容的例会为关键教育事件研讨工作坊形式，促进全体班主任教育行为的优化，提高教育效益。二是变检查工作为指导。青年教师业务的成长是学校教育教学管理中的重中之重，对于他们的班级管理、备课、上课等情况的关注只凭一味地硬性检查，效果并不理想。于是教育教学干部充分地利用学校“德育中心组”“双教研团队”促进青年教师业务的成长。我们的青年教师成长离不开团队的帮助和支持，学科教研组是大的团队，在平时的教研中还有两三人一组的小团队，是我们常用的一种教研方式。学校提倡一线教师要研究平时教学过程中所面临的各种具体的教育教学问题，研究真问题，那么这样的小团队研究就很实用，有针对性有实效性，这也是我们西单小学在教师专业发展和队伍建设中的一个重要途径，解决了青年教师在工作中的共性问题，对于提高青年教师业务水平很有实效性。

“四多”。多听、多看、多走、多思。通过“四多”的行为改变，行政干部深入一线教师和学生中间，及时发现教师教学中出现的问题、疑惑，随时解决。在上课铃响起时，干部们会在各楼层进行巡视，巡视过程中及时观察教师、学生的教和学的状态；在课间巡视学生活动的时候跟学生、老师们聊一聊，能够及时了解他们的需求、疑惑，能及时回答解决的就解决，不能马上反馈的就带回来，思考后在行政会上，与校长和行政干部们进行分享和商讨，得到校长与同事的帮助和指导，这让我们的管理工作效率大大地提高了。

“两变四多”管理行为的更进，让我们学会了换位思考，更加关注教师的需求，尊重教师的价值和付出的劳动，并能带着问题在研究状态下工作。在这样的工作状态下，教师们也开始关注学校的发展，还能积极提出建设性意见，尤其是工作的心态也开始产生着微妙的变化。

(二)“五个中心”铺设生动的教育路径

“五个中心”以课内外相结合为途径，深化学校特色课程建设。“五个中心”的成立旨在延伸课内所学，拓展学生的学习空间。为学生自主学习、自主管理搭设平台，从而提高学生的综合素养。

1. 培养学生自主意识与自我管理能力

充分发挥学生的主体意识。文学院在选拔时，没有给学生印制统一的申请表，完全是学生自己通过看招募公告，主动找到老师上交报名表。他们对照着选拔时的岗位细则，进行自我推荐。之后进行策划活动的任务式选拔，最终选拔出来的核心成员都是非常喜爱文学院的同学。

爱心社，在招募工作中也做了精心策划，通过在学校前厅布置宣传海报、发放宣传单的形式，展开招募工作。然后由爱心社骨干成员为来咨询的同学做全面细致的讲解，这一举措也取得了良好的效果。爱心社凭借成员们辛苦的工作和独具特色的活动设想，为爱心社招募到了20名新成员，为社团增加了活力与实力。

运动中心招募考虑到学生的需求，中心以自愿参与为原则开展了报名活动。学生自取意向表，填写后上交。中心组师生将报名表集中收集后，进行讨论、筛选。本学期的核心成员不仅有中高年级学生，还增加了刚刚升入二年级的低年级学生，为社团注入了新鲜血液。

培养学生自主服务和管理意识。文学院成员每次参与活动、培训会的出勤情况，以及每个人都领取了什么任务，都会做相应的记录。比如有海报的制作、制作PPT、安装抢答题、志愿者裁判、小记者团的培训、主持人等。这既是一种任务担当，也是一种激励手段。成员们会积极领取任务，使得人人都有锻炼的机会，最大化地发挥他们的优势。

运动中心针对新成员的加入，采用以大带小、以老带新的学生培训学生的方式，充分发挥老成员的作用。由于大胆放手，让学生自主开展培训活动，中心组发现了好几位学生平时难以看到的优点：即将毕业的六年级学生中好几个男孩子表现出了细致周到、主动热情的性格特点；二年级学生虽然年纪小，但也能一本正经地参加培训活动，展现了他们好学敢问的优点。

爱心社中心组成员定期举行例会，交流活动感受，及时总结工作情况，肯定优点，提出不足。在一系列工作中，中心组成员在组长的带领下，周密计划、统筹安排，根据成员年龄特点分配任务，做到人人有事做，并充分发挥成员的自身优势，画画、写字好的成员主动承担起绘制活动宣传海报的任务。比如在垃圾分类专题活动中，中心组成员自发学习起垃圾分类的知识，找资料、做PPT、做图卡等，为了在活动中更好地为同学们讲解，六年级的四位成员还深入地学习了垃圾分类的具体标准，非常主动、用心。

2.“五个中心”五育并举，携手共促学生综合素养的发展

文学院发扬传统文化，激发阅读兴趣。“古诗词大赛”活动，为学生提供了一个展示自我的舞台，培养了学生热爱中国古典传统文化的兴趣。活动分为三个阶段，班级笔试初赛、年级选拔赛、校级终极赛。全校学生参与了此次活动，活动不仅让学生领会了诗词那独有的艺术魅力，增强了他们对诗词的热爱，更激发了学生对中华民族光辉历史和灿烂文化的认同，增进他们对祖国深厚文化底蕴的了解。“古诗词大赛”以后也会成为文学院固化活动，每年举办一次，成为我校的特色活动。

举办“班级读书分享会”打造书香班级，营造书香校园。孩子们在活动中能力得到了提高，读书的兴趣也更浓厚了。以“读万卷书，行万里路”为主题的英语演讲会，参加演讲的小选手们也越来越自信，台上台下的同学在相互的交流中开阔了视野，领略了壮美河山，感悟了家国情怀。

这两项活动给文学院很大启示，文学院不仅仅是单一的策划活动要求学生来参加，更是一个载体，真正成为班级、学科教学、学生服务的平台，满足班级、学科教师、学生的需求。同时这也促使“五中心”的定位发生了变化。

运动中心关注学生体能，聚焦运动精神。运动中心鼓励学生积极参与校内外的体育锻炼，并针对参与情况进行认证；尝试在全校范围开展早锻炼运动；组织动员学生参加冬锻运动会活动；与少先队大队联合举办了西单小学首届篮球赛。在以上各项活动开展的过程中，中心关注对学生个性化的培养，激励学生用形体美展现自我，用持久力坚定自我，用极限速超越自我。校园中不再只有书声琅琅，更有阵阵的口号声、欢笑声、呐喊助威声。

少年科学院涵养科学素养，发掘创新意识。举办了两届“魔方大赛”活动，有近150名小选手参赛，在参赛人数上的大幅提高，越来越多的孩子喜欢上了这项运动！比赛成绩在整体上不断提升！如果有更多的孩子放下手中的电子产品，开始拧动魔方，那就是我们活动的最大成功！除了在参赛人数上有了大幅提升以外，比赛成绩在整体上也有了很大提升！

通过参加西城区科技节竞赛活动，不断激发学生对自然科学知识的学习热情，调动学生参与实践、大胆创新的积极性。观鸟活动培养了学生保护环境、保护野生动物的意识。少儿创意比赛的学生通过学习了解竞赛主

题、设计搭建乐高模型、制作宣传海报、介绍设计成果等活动，获得了丰富的科学、技术、工程和数学等相关的知识，发展了团队分工合作、收集信息、动手操作、语言表达等多方面的能力。不断发现真正热爱科技，敢于大胆创新的学生，有针对性地加以指导和培养。通过各项活动将传统课堂教学中对学生读、写、算能力的培养过渡到对学生批判性思维与解决问题的能力、有效沟通的能力、协作能力以及创新能力的培养。

艺术中心提升美育素养，沟通校内外艺术学习。本学期艺术中心在校内组织开展了钢琴艺术展演、美术作品展、国庆画展、科幻画展、学生个展、书法作品展；并发布了校外艺术展览信息，鼓励学生参与校外艺术实践，如看书画展、听音乐会、看演出等。通过各项艺术活动，激发学生提升艺术素养的主体意识，掌握欣赏艺术的方法，积极参与艺术实践提高欣赏评述能力。

爱心社以爱育爱，弘扬社会服务意识。“垃圾分类”，通过活动让学生知道我们所生活的环境对垃圾的承受能力是有限的，随意扔垃圾将会造成对人类生活环境的毁灭性破坏。使学生更深地了解垃圾分类的知识，逐步形成垃圾分类意识、环保意识、可持续发展意识。我们希望西单小学的同学们都来做小小宣传员以及环保卫士，在日常生活中尝试进行垃圾分类，不断地将观念和意识转化为实际行动，并且以学生为纽带，将习惯与意识带到家庭、带到社区、带到社会，由点向面进行推广。

在“楼道秩序维护志愿服务”中，小志愿者们每天早早来到学校，冒着严寒，分布在楼道每层拐角处，负责提醒早进校的同学轻声慢步、靠右行走，不你推我挤，不大声聊天，不做危险动作，礼让爱护小同学等。经过两周的服务工作，学生们在上下楼时都有了轻声慢步靠右行的意识，早进校的楼梯秩序有了明显改善。我们的志愿者同学在工作中准时到岗，认真负责，默默奉献，用最好的行动维护了楼梯秩序。这项活动的开展也更明确了“爱心社”的定位——“服务意识”。

“爱心公益活动”，国庆节前夕、新年前夕两次走进南磨房敬老院，孩子们陪老人聊天，表演精心准备的节目，给老人送水果、送蛋糕、送亲手绘制的心愿卡，和爷爷奶奶共画一幅画，为爷爷奶奶戴上鲜艳的红领巾，志愿者的热情感染了老人，整个交流活动都在轻松愉快的气氛中进行。通过活动让学生懂得虽然我们的力量是微薄的，能力是有限的，但我们的爱心是宽广的，我们作为社会中的一分子，有义务让爱心得到传递，也有义务让更多的同学学会如何去关爱身边的人，以此来创建更和谐的社会。

“五个中心”开展的活动进一步丰富了学校学习的内涵，拓展了学生学习的渠道和空间。这些活动的开展，不但没有冲击我们的教学，反而使孩子的生活更加丰富多彩，锻炼了他们的合作意识和实践能力，使他们更适应社会和我们这个快速发展的时代。同时，促进了课堂教学中学科核心素养的培养，将课堂延伸到了课外，并无限延展学习空间。切切实实对学生全面发展有促进的作用。学生在活动中经历的大场面，获得的见识，一定会运用到更加广阔的学习和生活中去，让他们有了学以致用的机会和途径。活动的开放性也促使家校携手共同关注教育，家长们通过这些活动感受到了学校教育教学工作的情况，对学校管理、教师工作、学生学习有了深层次体验和理解。这样的良性循环更促进了学生的全面发展，更好地落实了学校提出的“基础扎实、眼界开阔、学有特长、健康快乐”学生发展目标。学校的“五中心”就如同一朵“五瓣花”，虽瓣瓣不同，却瓣瓣同心！五育并举，携手共促学生综合素养的发展。

从揭牌仪式，到招募核心成员组建团队，明确职责任务培训，再到各中心陆续推出自己的各项活动，现在“五个中心”已经成为西单小学校园文化建设的重要载体，在如火如荼的活动中全校师生共同参与，共同见证了“五个中心”平台的蓬勃成长，有的中心已逐步发展成熟，创建了自己中心的品牌活动。在这一系列的工作当中，全体学生和参与其中的老师在共同成长着。

在疫情期间，我校通过“学习通”平台创建了“抗疫情自主学习共同体”，开展了线上教育教学工作。搭建了“五育并举”的教育教学平台。“五个中心”也发挥了积极的作用，各个中心开展了丰富多彩的活动：少年文学院开展了“推荐好书”“读书写读书笔记”“成语配画”等活动，品诗书、战疫情，为孩子们搭建展示自我的平台。少年科学工程院号召孩子们参与“胡萝卜搭建”“魔方挑战赛”等活动，锻炼了孩子们的动手能力。艺术中心推出“画春天”“歌唱春天”“写抗疫标语”等活动，使居家的学生感受到春天的美好，给抗疫英雄们加油。体育中心在学生居家学习期间，老师亲自录制视频指导学生做广播体操、眼保健操、韵律操。时刻关注学生的身体健康。爱心社记录了抗疫期间，孩子们绘制的手抄报、歌颂抗疫英雄的事迹，不少孩子还自发地为疫区捐款捐物，传递着正能量。虽然疫情防控期间同学们不能到校上课，但是我们停课不停学，“五个中心”的活动，培养了同学们德智体美劳的能力，促使学生全面发展。通过“五个中心”实现了学生的居家学习生活的多元化、个性化，实现了家校共同教育的及时性、互动性。“五个中心”平台是学校为师生开辟的一条生动的教育路径！

(三)德育活动深化学校育人内涵

三年来，我校将德育教育纳入课程，作为拓展课程的重要组成部分，倡导德育活动课程化实施，在开展活动之前，强调设计意识，学校有活动方案，教师要撰写课程方案，在方案中反思以往活动的不足，创生新的思路，让改进在日常落实在学生教育活动之中，通过活动促进学生健康快乐成长、综合素养提升。

1. 入学季分阶段、重规范

新学年伊始，一年级全体教师，在学校领导的支持和关注下进行了关于起始年级学生如何培养良好习惯的主题研究。

第一阶段注重培养行为习惯。在开学的第一个月，学校注重培养的是学生的行为习惯，尤其是自理能力和规则意识的培养。关注细节的培养，在学校一天的各个时间段都会潜移默化地利用小儿歌等方式训练学生的自理能力。比如说：怎么接水、如何使用卫生间；中午打饭时怎样端盘子不会洒，怎样排队才不会发生碰撞的现象，怎样倒剩菜才不会把菜汤流到地上；上下楼时，提示学生安静有序排队、靠右行走，避免和对面的同学碰到。第一个月，学生基本建立了自主管理的意识和能力。

第二阶段关注学习习惯的培养。良好的习惯不仅仅包括行为习惯，也包括学习习惯。并且在《义务教育语文课程标准(2011 年版)》中也明确提出了要培养学生认真勤奋、独立思考、合作交流、反思质疑的习惯，面对这样的挑战，如何培养学生在一年级课堂上的良好习惯显得尤为重要，第二个月的习惯培养具体总结如下：

A. 上课坐在座位上等候老师(铃声响、快坐好、管住手、管住口、我来争当小榜样)。行礼问好节奏明快，培养仪式感；

B. 学习物品的码放(角对角、边对边、笔袋放中间)，座位及柜子的整理规矩；

C. 课上保持良好坐姿(1 号坐姿)；

D. 课上不搭下茬(想说话，先举手，老师允许再开口)，发言要立正站好再大声说话；

E. 正确的书写和握笔姿势(三个一、一指二指……)。

为了统一各班学生的习惯养成情况，我们在 10 月中旬进行组内研讨，还邀请了张红校长、尹宝霞副校长、贺颖主任和王志明老师参加，并编写了《一年级好习惯儿歌》，结合儿歌和学校的评比规则，各班实行加分和减分的规则，根据分数每个月都评出各班的“十好小榜样”，由年级组统一发放小奖状以资鼓励。

第三阶段继续培养良好的学习习惯。第一学期的后期，在对学生行为习惯持续训练的同时，进一步加强对学习习惯的培养。例如逐步养成积极举手发言的习惯，锻炼完整表达的能力，训练认真阅读的习惯，培养及时改错的习惯。

2.“品牌班级”创新落实学校育人理念

以班级品牌创建为抓手，凝聚、影响、约束、激励教师和学生。本着充分发挥班主任优长、班级学生特点，彰显学校的办学理念的原则帮助班主任明确品牌创建的方向，找准施策着力点。对申报第一批挂牌的班级严格审核，从品牌特色是否鲜明、创建活动是否有效、班级是否具备品牌特点三方面展开评价。最后策划了“品牌滋养内涵、特色打造班级”的班主任总结会，六位班主任分别汇报了自己班级的品牌特点和创建过程，德育主任就创建活动做了总结，校长进行点评讲话，同时为班级颁牌。

学校育人目标是建设班级品牌的重要参考标准，从而带动和促进学生核心素养培育。在立足学校“读书工程”“形象工程”“特色工程”场域育人理念的基础上，班主任梳理场域中家长、学生、个人的实际情况，用“发现的眼睛”观察日常生活中学生的优点，充分利用榜样作用，树立好的班风；还用“发现的眼睛”发掘、形成自身的优点，使师生的优点相互契合；利用家长会得到了家长的认同与支持，师、生、家长三方共同制定了班级品牌发展方向。如蓓蕾班、凝晶班、向日葵班、雏鹰班、阅读悦美、书乡书香、和艺书斋、花羿书苑、文体书堂、百草书屋……都与学校场域文化相契合，与学生发展愿景相协调。

在教育活动中，“内容为王”自不待说，但如何让内容有一个生动活泼的形式，让好的教育在喜闻乐见或撼人心魄的方式下得以实现，活动的内容、形式需要教师独出心裁地呈现，这既要显示出教师的才智能力，也要彰显出教育的力量。班主任设计读书分享会、班级秀场、VIP 座席等班级活动，给学生提供展现自我和张扬个性的舞台，为每一个学生个性充分发展创造了空间，激发了潜能，还调动了家长的积极性，以“妈妈讲故事”“爸爸为我拍(摄)”等方式给班级文化的建设增添无限的生机和活力。

3. 创新节日形式收获快乐健康

“迎新年老游戏”嘉年华在活动前一个月向孩子们发出了“游戏征集令”：请你们在周末变身小记者，采访一下爷爷奶奶、外公外婆或者爸爸妈妈，了解一下他们小时候玩过的那些好玩的游戏，让那些传统游戏得到传承和发展，并给我们带来快乐。请把你觉得有趣又好玩的那个游戏填在表里。尽量用简单的语言清楚地列明游戏的内容和规则。

得到消息以后，家长们异常兴奋。除父母全力配合外，爷爷奶奶、外公外婆加入其列，姑姑、姑父、叔叔、婶婶……更是主动接受采访，叙述儿时的游戏，分享童年的欢乐。有的家庭还专门召开了家庭会议，按照“仅选一项游戏的要求”，分工协作，拍照的拍照，画图的画图，文笔好的撰写游戏规则。孩子们度过了一个愉快而有意义的周末。经过一个周末的努力，收集起来的游戏高达36项。从排名看，跳皮筋、滚铁环、打弹珠、跳房子、摔方宝等游戏重复率最高，占据前五位，被孩子们提及的抓石子、拍洋画、翻花绳、贴鼻子、编花篮、挑小棍等游戏重复率也不低。从游戏性质看，有适合团体活动，如五人四足；有适合体验的，如跳方格；有适合竞赛的，如象棋、五子棋等。

这些五花八门的老游戏，经过历史的洗礼，都很精彩，孩子们都很喜欢，但受到场地的影响，不可能都作为“迎新年老游戏”嘉年华活动项目。如果选择过少，打击了孩子们的积极性，选择过多又怕这次活动失去精彩，这可让老师们伤透了脑筋。在反复协商下和学生民主推荐下，最终确定了19项游戏作为本次“迎新年老游戏”嘉年华活动的项目。

“迎新年老游戏”嘉年华活动之前，为了能够让学生更清晰明了地掌握游戏的玩法，学校通过班内电视播放由学生参与录制的游戏视频，基本规则直观形象；通过微信平台，推送的文字版游戏规则，家长和孩子共同学习；再有不清楚的，学校设立游戏展板，由专门的孩子亲教亲授。活动虽未正式开始，但学生们的热情已被烘托起来。在活动的当天，学校二十几间教室变成不同样式的游戏场所，七百多个孩子体验了父母长辈儿时玩过的19项游戏。在家长为主体的志愿者服务下，现场热闹非凡，同时也秩序井然。学生深切体会了老游戏的新魅力，更深深爱上了中国传统节日和传统文化。

老游戏的活动使学生的自主性得到充分体现，天性得到尽情释放，在这样欢乐、无拘无束、自由选择的大环境中，学生创新意识得到激发，守规则、与他人合作的意识也得到培养。

在项目组引领下，我们的管理团队经历了由“纸上得来终觉浅”到“绝知此事要躬行”的改变，由单一部门的“孤立独行”到“众人同心，其利断金”的多个部门整合联动的改变，由习以为常、陈陈相因到改进在日常、在熟视无睹中发现问题、打破定式进行创新思维的改变。我们彼此欣赏，传递智慧，共同前行，实现团队“破茧成蝶”的升华。成人、成事，也在成己，呈现了西单小学干部教师团队合生共赢的发展态势。

（校长：张红；驻校专家：王志明）

后　记

《这里的改进静悄悄——基于伙伴合作学校自主发展十年探索》一书终于完稿了。它记载了首都师范大学与西城教委十年来合作助力学校发展的历程。它是西城区13所项目学校全体干部、教师参与项目研究以来多年辛勤工作、改进提升的真实写照，更是项目学校自主发展建设走过的坚实足迹。

本书是各期项目学校全体干部、教师辛勤劳动的结晶。参加编写的有：邢晓琰、胡晓峰、桑海燕、韩桂新、杨永军、郭志洁、杨芳、雷燕林、刘江宁、贾绍清、张红、李晟、谢普兵、高春岭、李斌、姚映红、刘晶、生烁、蔡京华、王晓微、康惠娟、郭颖、王爱东、王小丽、彭珏丽、孙雅冰、徐咏梅、辛萍、白杰、谢蓉、何媛、姚洁、赵献忠、尹宝霞、贺颖。项目组驻校专家苏尚锋教授、王玉华教授、张梅青校长、杨英校长、高玉兰校长参与了各校项目总结的提炼工作。张梅青校长、王吉根老师做了大量组织和文字修改工作。杨朝晖教授、林春腾副院长共同完成最后的统稿工作。

在本书即将出版之际，让我们向所有为推进小学教育的实践与研究付出努力的专家、干部、教师们表示深深的敬意！向在本书编写过程中付出辛勤劳动的UDS项目伙伴们表示诚挚的谢意！向所有为教育发展做出贡献的人们表示衷心的感谢！正是因为你们的付出，才使得我们的学校充满活力与希望，激励我们不断向上，不断向更美好的未来前行。

编者

2021年8月